ヤン・パトチカのコメニウス研究
世界を教育の相のもとに

相馬伸一［編訳］
宮坂和男・矢田部順二［共訳］

九州大学出版会

Sebrané komeniologické studie Jana Patočky

by

Jan Patočka

O nový pohled na Komenského, in: *Sebrané Spisy Jana Patočky*, sv. 9, Praha, OIKOYMENH 1997, str. 11-21.

Komenský a hlavní filosofické myšlenky 17. století, in: *Sebrané Spisy Jana Patočky*, sv. 9, Praha, OIKOYMENH 1997, str. 138-150.

Bacon Verulamský a Komenského Didaktika, in: *Sebrané Spisy Jana Patočky*, sv. 9, Praha, OIKOYMENH 1997, str. 151-160.

Komenský a Cusanus, in: *Sebrané Spisy Jana Patočky*, sv. 11, Praha, OIKOYMENH 2003, str. 219-224.

Hlubina bezpečnosti a Cusanus, in: *Sebrané Spisy Jana Patočky*, sv. 11, Praha, OIKOYMENH 2003, str. 262-272.

Comenius und die offene Seele, in: *Jan Amos Komenský. Gesammelte Shriften zur Comeniusforschung*, hrsg. v. Klaus Schaller, Bochum 1981, Ss. 414-421.

Jan Amos Komenský a dnešní člověk, in: *Sebrané Spisy Jana Patočky*, sv. 10, Praha, OIKOYMENH 1998, str. 352-359.

Die Philosophie der Erziehung des J. A. Comenius, Paderborn, Ferdinand Schöningh 1971.

Published

by

KYUSHU UNIVERSITY PRESS

7-1-146 Hakozaki, Higashi-ku, Fukuoka 812-0053, Japan

コメニウスの教育の中心的な意図を新たな歴史的状況のなかで再現させようと思うならば、かの著者が書きとめたものと格闘する用意がなければならない。……というのは、人間を真の人間にするような教育を実現しようとして、彼は全体的で合理的な学校制度を考え出したが、この学校制度は、啓蒙期以後、まったく正反対の路線をいこうとする取り組みによっても歓迎される枠組みとなっていったからである。……コメニウスの根本思想を甦らせようとするならば、おそらくはまず〈脱学校化〉から始めなければならないだろう。

＊＊＊

問題は、人間を内面において救うことである。人間に呼びかけて、それぞれの人間が根本的可能性としてのみ発見できるものへ向かわせること、それぞれの人間がその可能性に向かって突き抜けることができるものへ向かわせることが重要なのである。このように人間の閉鎖性を開示することは、同時に開放性を発見することでもある。

＊＊＊

人間はその本質、その根本構造において、光として把握される。……いかなる光にも光源があるのと同様に、人間はたしかに中心であるが、まさに光と同様に、人間も本質的にその中心から流れ出て、他の中心に向かっていくものである。人間は、他者の光を受けとって自らの光を他者に贈ることができるだけでなく、そのことを望んでいる。

＊＊＊

人間の真正さと崇高さは、受けとると同時に与えること、贈られるにまかせることに基づいている。また、身を捧げること、他者に対して自らを開くこと、献身することに基づいている。

＊＊＊

人間は所与の存在を有するのではなく、その存在を生き、その存在を「担わ」なければならない。そして、この任務の遂行は、人間が自らの外に出て「自らを開く」ことによってのみ可能となる。すなわち、人間が全身全霊を尽くし、身を捧げ、もっぱら己から去り行きながら自らに至ることによってのみ可能となる。

＊＊＊

子どもは、教育者が上から形成する対象などではない。その反対に子どもは、教育者を刺激して指導という任務に向かわせ、教育にとりくむ責任をもたせることによって、教育者を教育者にするのである。また子どもは教育者に、教育者としての自らの現存在がもつ真の根本的可能性をはじめて与える。したがって教育においては、子どもは決して純粋に受容する極ではない。それは、教育者が純粋に与える者、贈る者ではないのと同様である。

＊＊＊

真に人間的な社会は教育の社会である。真の社会改革は、社会を教育の社会にすることで成立する。……人間を人間へと導いていくことのできる存在に形成することが、どの程度できるかということによって、社会もまた評価される。

＊＊＊

新しい時代への教育は、諸事物のうちの一事物としての人間、諸力のうちの一つの力をもつにすぎないような人間によっては築かれえない。要するに閉じた魂によっては築かれえないのである。この教育は、教育する者に世界を支配し、併呑し、利用できるような主体としての権限を与えるような説ではなく、自己を献呈し、全力を尽くし、配慮し、見守るということへと教育する者を開くような説となるであろう。

ヤン・パトチカ

目次

パトチカのコメニウス研究——その成り立ちと意義

相馬伸一

本書は、チェコ二〇世紀の哲学者ヤン・パトチカ（Jan Patočka, 一九〇七〜一九七七）が、チェコ一七世紀の神学者・哲学者・教育者であるヨハネス・アモス・コメニウス（Johannes Amos Comenius; Jan Amos Komenský, 一五九二〜一六七〇）を扱った八つの論文を収録している。まず、所収論文の理解のために、両者の生涯の流れを織り合わせた紹介をしておく[1]（本文の理解に役立つと思われる語はゴシックで示した）。

二人のチェコ人——コメニウスとパトチカ

コメニウスとパトチカの祖国、現在のチェコ共和国は、首都プラハを中心とした西部のボヘミア地域と第二の都市ブルノを中心とした東部のモラヴァ（モラヴィア）地域に大別される。コメニウスはモラヴァ南東部のウヘルスキー・ブロトかその近郊の生まれ、パトチカはプラハの北東にあるボヘミアのトゥルノフ生まれである。

チェコはヨーロッパのほぼ中央に位置し、幾重にもわたる歴史の荒波を経てきた。コメニウスの時代以降に限っても、神聖ローマ帝国、ハプスブルク帝国、オーストリア帝国、オーストリア＝ハンガリー二重帝国のもとにおかれ、スロヴァキアとともに独立国となったのは第一次世界大戦後のことであった。しかし、第二次世界大戦ではナチス・ドイツに支配され、戦後は独立を回復したものの、社会主義体制をとった一九四八年からは旧ソ連の強い影響下におかれた。「人間の顔をした社会主義」をめざした一九六八年の「**プラハの春**」は旧ソ連の介入によって抑え込まれ、その状態が転換されたのは一九八九年の東欧革命であり、ほとんど無血で政権交代が成し遂げられた改革は「**ビロード革命**」と称された。

国際政治にとどまらないさまざまな問題の引き金として近代の国家主義が指弾されるなかで、かつては克服すべき対象と見なされた帝国という体制が、むしろ多様な価値の共存を可能にしていたのではないかという再評価がある。たしかに「帝国」のもとにあった時代のプラハの市民が、オーストリア生まれのモーツァルトのオペラを熱狂的に受け入れたのに見られるように、文化の融合や共存も見てとられる。とはいえ、チェコでは、長きにわたって母国語の使用が制限され、独自の文化の発展が抑えられてきたことも否定できない。こうした変転の歴史は、チェコの文化に豊かな多様性を与えた一方、独特の陰影も刻みつけた。チェコの思想史において、アイデンティティーの基盤とは何かが繰り返し問われてきたのも、大国の強い影響のもとにおかれ続けた歴史と無縁ではないだろう(2)。

一九〇七年生まれのパトチカが一一歳を迎えた年、第一次世界大戦の終結とともに、哲人政治家**マサリク**の指導のもと、チェコはスロヴァキアとともに共和国として独立を果たした。ギムナジウム教師を父に持ち、早くから古典に親しみ、哲学に関心を抱いたパトチカは、チェコスロヴァキア共和国が「実験国家」として歩むなかで多感な時期を育つ。一九二五年、プラハにある中央ヨーロッパ最古の歴史を誇るカレル大学に入学し、フランス文学、スラブ語、哲学等を学び、とくに哲学に惹かれていくが、カレル大学の環境は彼にとって満足のいくものではなかった。

しかし、パリでの修学を認められ、一九二九年からソルボンヌ大学に学び、ここで古典研究を中心とする当時のフランスでの哲学研究に触れるとともに、ジルソン、ベルクソン、コイレといった当代の哲学・哲学研究・思想史研究の大家を知り、パリに来ていた現象学の祖**フッサール**の講義を聴く機会を得る。そこにはユダヤ思想家のレヴィナスもいた。フッサールの生まれは、コメニウスやマサリクと同じモラヴィアである。

プラハに戻ったパトチカは、実科ギムナジウムの教師となるが、長くはとどまらず、フンボルト奨学金でドイツに学ぶことになる。哲学者ハルトマンを訪問し、古典学者イェーガーのプラトン講義にも出席し、ナチ党がドイツの政権を掌握した一九三三年の夏学期にはフライブルクで**ハイデガー**とフッサールについて学んだ。パトチカは、この二人から大きな影響を受けつつ、独自の思索を展開していく。フッサール晩年の門下であったフィンク、ラントグレーベとの協働は長く続いていくことになる。

ヤン・パトチカ

帰国後のパトチカは、プラハ・ギムナジウムの教師を務める一方、一九三四年にチェコの哲学者サークルの書記となった。この年のクリスマス、彼はフッサールの招きでフライブルクに赴くが、その際フッサールが若い頃にマサリクから贈られたという木製の書見台をプレゼントされたという。パトチカは、ドイツでのナチ党の台頭

ヨハネス・アモス・コメニウス
（レンブラント派の画家オーヴェンス画）

のなかでアカデミックな活動が制限されつつあったユダヤ人のフッサールを講演に招くべくとりくむ。翌年、フッサールは、五月にウィーン、一一月にプラハで講演したが、ここでの講演は『ヨーロッパ諸学の危機と超越論的現象学』にまとめられた。

　一九三五年、パトチカはカレル大学に教授資格請求論文「哲学的問題としての自然的世界」を提出し、その翌年、カレル大学に職を得た。しかし、ナチス・ドイツのチェコへの進出によって一九三九年にカレル大学が閉鎖されると、大学での職を失った。この時期、パトチカは、一方ではチェコとドイツの思想史を結ぼうと企て、他方ではチェコの思想的独自性を探求した。ヨーロッパとそれと不可分のチェコという彼の基本的な視線は、すでにこの頃に見られる。本書に収録するパトチカが最初にコメニウスにとりくんだ論文**「コメニウスへの新たなまなざしについて」**は、この時期の所産である。彼はここで、コメニウスの思想の起源として**ベーメ**に代表される一六世紀ドイツの神秘主義に注目している。

　第二次世界大戦後、パトチカはカレル大学に復帰するが、一九四八年、チェコスロヴァキアに社会主義政権が成立すると、共産党に与しなかった彼は再び大学での職を失った。一九五〇年にマサリク研究所の司書となったが、家族を養うために翻訳と補習授業もしなければならなかったという。ほどなくマサリク研究所は閉鎖されてしまうが、一九五四年からチェコスロヴァキア科学アカデミーの教育学研究所に勤めることになった。これが、パトチカが本格的にコメニウス研究に携わるようになった直接のきっかけである。

コメニウスは、チェコ語表記ではコメンスキーという。原語表記にしたがえば、コメンスキーという表記の方がふさわしいかもしれない。しかし、コメニウスという表記が日本あるいはチェコ以外のヨーロッパ諸国では一般的になっていること、コメニウスが生涯の活動期の大半を余儀なく亡命のうちに過ごし、ラテン語が学問的共通語であった当時のヨーロッパで「コメニウス」として知られたことを踏まえ、本書では、コメニウスと表記する。本書に収録する論文で、パトチカが、チェコ語論文ではコメンスキーという表記を用いているのは当然だが、ドイツ語論文ではコメニウスとコメンスキーという表記を混用している。本書では読みやすさを考慮し、すべてコメニウスという表記に統一した。

一五九二年に生まれたコメニウスは少年期に父母を失い、宗教改革の先駆者**フス**の流れを汲む**チェコ兄弟教団**のもとで育てられた。宗教改革の論点の一つは聖職者—信徒の関係と神のもとの平等という理念にどう折り合いをつけるかにあったといえるが、チェコ兄弟教団という名称が、信徒どうしが互いを兄弟と呼ぶことに由来するように、教団には平等主義的な特質があった。また、この教団は独自の印刷所をもち、チェコ語による聖書（クラリツェ聖書）を出版するなど、この時代のチェコ文化にとって不可欠の存在であった。コメニウスは後年、この教団の最後の主席監督となる。

コメニウスはモラヴァのプシェロフにある学校に学び、一六一一年に高等教育機関のある現ドイツのヘルボルンに留学した。当時は、宗教的不寛容のため、チェコ兄弟教団の者が高等教育を受けることのできる場は限られていた。彼はヘルボルンで、ルネサンス後期の百科全書主義の代表者のひとりである**アルシュテット**らに学ぶ。この時代の百科全書主義は、一八世紀のフランス啓蒙主義に代表される百科全書主義とは異なり、ルネサンスに再興した新プラトン主義を基本原理とし、その視点から世界を記述しようとするものが主流であった。アルシュ

ヨハン・ハインリヒ・アルシュテット

テットは、一六三〇年に七部からなる浩瀚な百科事典を著している。世界にいくつかの層を認め、アナロジーをとおしてそれらの層の間の調和をとらえようとする視点は、当時の錬金術などによっても採用された原理であり、こうした学問的方法論が近代哲学の祖とされる**デカルト**に代表される数学的自然科学の立場から否定されていったのは周知のとおりである。コメニウスは、知識革命の世紀といわれるヨーロッパ一七世紀の諸思想を広く学んだが、ヘルボルンで修めた新プラトン主義の視点を基本的に維持した。それが象徴的に示されているのが**神の三書**（Tres Libli Dei）という概念である。コメニウスは、神の三書（世界・精神・聖書）と精神的属性（感覚・理性・啓示）の平行関係のもとで人間認識が保証されると考えた（本書六二、二一三〜二一四頁）。コメニウスの哲学的視点をどのように評価するかは、コメニウスの哲学史や思想史の上での位置づけに関する論点である。本書に所収の**「コメニウスと一七世紀の主要な哲学思想」**には、この点についてのパトチカの理解がうかがわれる。

ヘルボルンでの修学の後、コメニウスはハイデルベルクでも学んでいるが、そこは神秘主義的な社会改革を訴える文書が発信された**バラ十字運動**の中心点であった。バラ十字団は神秘主義の秘密結社とされ、意識的にせよ無意識的にせよ、一八世紀の啓蒙主義をヨーロッパ近代の正統と見なす立場からは否定的にとらえられてきた。しかし、イギリス二〇世紀の思想史家イエイツの研究[3]によって、この運動が一七世紀ヨーロッパの知のネットワークの構築に果たしたインパクトが認められつつある。コメニウスは、この運動の唱道者とされる**アンドレー**

エからも大きな思想的影響を受ける。

モラヴァに戻ったコメニウスは、母校の教師を経て、チェコ兄弟教団の牧師となり、家庭も持ち束の間の平安を享受する。この時期の彼は、すでにチェコ語による百科全書の大著**『全事物界の劇場』**の構想を実現に移しはじめていた。ここには、後に展開される独自の知の体系である汎知学の萌芽を見ることができる。当時、前世紀の宗教改革を引き継いだカトリックとプロテスタントの対立は、依然として危機的状況にあった。コメニウスは、当時の宗教対立の危機に直面して**『反キリストに対する救い』**（一六一七年）を執筆したほか、貧しい農民のおかれた状況等の社会矛盾を告発する**『天への手紙』**（一六一七年、一六一九年再刊）も著した。しかし、最大の宗教戦争である**三十年戦争**は、コメニウスの生地を舞台に戦端が開かれることになった。

戦争の激化のなかでコメニウスは神聖ローマ帝国軍の追跡を受けることになり、潜伏生活を送る。この渦中で妻子を失うなど深い絶望に陥るが、彼は自らとチェコ兄弟教団の同志の慰めのために、一連の作品を著した。これらの作品群は**慰めの書**と称されている。このなかでとくに重要なのが、**『地上の迷宮と心の楽園』**（一六二三年執筆、一六三一年初版刊）と**『平安の中心』**（一六二五年）である。

『地上の迷宮と心の楽園』は、作者のコメニウスが投影された巡礼の若者が、さまざまな職分の検討を使命として地上世界を旅する物語である。巡礼の若者には二人の案内人が同伴するが、若者はあろうことか案内人に欺かれ続ける。また、巡礼は轡がかけられているために自由に話すこ

ヨハン・ヴァレンティン・アンドレーエ

とができず、さらに現実が逆転して見える惑わしの眼鏡がかけられている。あらゆる職分の検討を経ても、結局、世俗世界が虚偽でしかないことを思い知らされた若者は死の淵に立つ。しかし、ここで神の声を聴いた若者は、自己の心に帰還し、胸中の神と出会い再生する。——一種の教養小説の趣のあるこの作品は、豊かな寓意に満ちており、チェコ語文学の古典とされる(4)。

『平安の中心』は、『地上の迷宮と心の楽園』と比較すると、人間存在への深い洞察がみられる作品である。ここでコメニウスは、世界(宇宙)を回転する輪にたとえ、世界のあらゆるものはそれ自身と自身がめぐる中心という二重の中心をもつとする。そして、人間の不幸は、自身の外なる中心である神からそれ、あらゆるものを自身に所属させ、自身が唯一の中心となろうとする性向にあると洞察する。彼は、その性向を「**自己中心性**」(samosvojnost)と呼ぶ。

これらの作品が、いかなる思想史的文脈から生み出されたのかは、コメニウス研究の課題のひとつである。『地上の迷宮と心の楽園』は、アンドレーエからの影響が明らかである(本書一七五頁)が、パトチカは、「**コメニウスとクザーヌス**」および「**『平安の中心』とクザーヌス**」で中世末期から一六世紀にかけてのドイツの神秘主義の諸思想との関連について考察している。また、慰めの書の哲学的な解釈が凝縮されているのがパトチカの晩年に著された「**コメニウスと開けた魂**」、『**コメニウスの教育の哲学**』である。

さて、三十年戦争による社会の荒廃のなかで、コメニウスは人間社会の未来は青少年の教育にあると考え、この時期にヨーロッパ各地で試みられていた教授法改革に学ぶようになる(本書八五頁)。しかし、一六二七年、神聖ローマ皇帝フェルディナント一世は、プロテスタント信者の国外退去令を発し、彼はチェコ兄弟教団の同志とともに亡命を余儀なくされる。コメニウスは現在のポーランド中央部のレシュノに落ち着き、そこのギムナジウムで教鞭をとると同時に、教育研究を本格化させた。当時は、学問語であったラテン語の修得があらゆる学問の基礎であったが、彼は当時普及していた言語教科書に飽き足らず、自らが学んだ百科全書主義をもとに、一六三一年に**『開かれた言語の扉』**と題した教科書を出版した。この書は、革新的な教科書として脚光を浴び、ヨーロッパはもとよりアジアの言語にも翻訳され、彼は教育改革者として知られるようになる。

『開かれた言語の扉』の成功の一方で、コメニウスは、学問論的な研究も同時並行的に進めていた。教授法については、彼は何よりも**『大教授学』**で知られているが、これは一六三二年にチェコ語で著された**『教授学』**をラテン語訳したものである。『教授学』は、ラテン語原文の『大教授学』との対比で『チェコ語教授学』と呼ばれることがあるが、チェコ語の教授法の書ではないので、本書では、『教授学』または「チェコ語による『教授学』」と表記する。コメニウスは、教育方法の原理を「**技術は自然を模倣する**」というプラトン的な自然観から導こうとし（本書一九八頁）、その方法を「**自然的方法**」と名づけた。彼の教授学の原理に対しては、当時にあっても評価はさまざまであったが、具体的な教授の原理は実際の教育実践に適用される普遍性が認められる。こうしたこともあってか、一九世紀後半以降、国民国家による学校教育の普及が推進されるなかで、『大教授学』はコメニウスの主著と見なされるようになった。

コメニウスの教科書は、新プラトン主義を基盤とした百科全書主義に立脚しているが、彼は、そうした知の体系の確立という構想も進めていくようになる。彼は、ドイツ・ロストクの教師ラウレンベルクの造語を用い、その体系を「**パンソピア**」と呼んだ。ギリシア語のパン（παν）は、英語でいうユニバーサル、あるいはカトリックと近い意味だが、日本では、語呂もよいのか「汎」の字が当てられ、**汎知学**と表記されることが多い。レシュノで著された**『第一哲学』**、**『自然学綱要』**は、コメニウスの汎知学構想の取り組みと見なされる。この時期、コメニウスは、思想形成に影響を与えた人物として、イタリアの**カンパネッラ**、スペインのヴィヴェス、イングランドの**フランシス・ベーコン**らの名をあげている。

一七世紀は、ロンドン王立協会等の科学者共同体が成立した時代だが、この世紀の前半には、その先駆的形態として文通を介した知識人の自生的ネットワークが構築されていた。とくにデカルトの文通を仲介したフランスの神学者メルセンヌの活動などが知られるが、こうした知識人ネットワークのひとつにロンドンを拠点に活動した**ハートリブ**を中心としたサークルがあった[5]。ハートリブは、現ポーランドのグダンスクやエルブロンク等のハンザ都市とのネットワークを持ち、コメニウスとは少なくとも一六三〇年代の初めには文通があった。

ハートリブ・サークルは、科学的知識の共有、プロテスタント教会間の和解、教育の改革といった社会の普遍的な改革をめざしていたが、そのなかでコメニウスの汎知学構想は関心の的のひとつであった。コメニウスがハートリブの求めに応じて著した汎知学の構想は、**『コメニウスの意図の序曲』**（一六三七年、のちに**『汎知学の先駆』**として一六三九年に再刊）という表題で刊行され、多くの知識人の目に留まった。そして、コメニウスは一六四一年、内戦直前のイングランドを訪れ、知識人たちと交流した。

コメニウスのイングランド滞在時の最大の成果は、普遍的な社会改革やその歴史的意義が独自の哲学的見解に基づいて示された**『光の道』**を著したことであろう（本書二〇八頁）。新プラトン主義において注目される現象に光がある。コメニウスはイタリアの**パトリッツィ**らによる光の形而上学的考察に学び、光の発出と受容という現象を教育に敷衍し、世界を教え・教わる関係の総体としてとらえた。『光の道』は、一六六八年、イングランドの王政復古後に成立したロンドン王立協会に献呈される。

コメニウスのイングランド滞在は、しかし、内戦の勃発もあり、一年足らずで終わることになる。彼は、ネーデルランド出身で、鉱山業や兵器の製造で巨万の富を築いていた政商ルイス・デ・イェールの庇護を受けることになるが、デ・イェールが拠点としていたスウェーデンに向かう途上、ネーデルランド・ライデン郊外でデカルトと会談している[6]。スウェーデンでは、女王クリスティーナや宰相ウクセンシェルナと面会の機会を得るが、スウェーデン政府からは教科書編纂に携わるように求められる。彼は当時スウェーデンの支配下にあった現ポーランドのエルブロンクに落ち着き、ここで『言語の最新の方法』（一六四九年）といった教授学書が著された。彼はその傍らで汎知学研究にとりくみ、大著『人間に関する事柄の改善についての総合的審議』に着手した。本書では、基本的に『総合的審議』と略記する。

一六四八年、三十年戦争のウェストファリア講和がなった。「一つの支配あるところ、一つの宗教がある」（cujus regio, ejus religio）という原則が確認されたこの講和は、コメニウスにとって、生地への帰還が絶望的となったことを意味した。彼は、現在のハンガリーからルーマニアにかけて勢力を有していたトランシルヴァニア侯国に働きかけるなどの政治工作を行った。一六五一年から三年ほどの間は、自らトランシルヴァニアのサーロシュ・パタクに滞在し、教育実践を行った。ここでの周到な教育実践は、一七世紀ヨーロッパにおける傑出した取り組みとされ、教育史上の評価が高い。ここでの実践の概要は『汎知学校』（一六五一年）に示されている。『開かれた言語の扉』を学校劇の台本に翻案した『遊戯学校』（一六五三年）も、この時期の教育実践の産物である。その後、トランシルヴァニアからポーランドのレシュノに戻ったコメニウスは、ほどなくしてスウェーデン―ポーランド戦争に巻き込まれ、多くの蔵書や草稿を失うことになった。

その晩年、コメニウスはデ・イェールの息子ラウレンティウスの招きで、ネーデルランドのアムステルダムに移る。ここで彼は、たびたび神学論争に巻き込まれたが、それまでの教育学と汎知学の研究の集成にとりくんだ。一六五七年には、『大教授学』をはじめとした彼の教授学研究が集成された『教授学著作全集』が出版された。一六五八年にニュルンベルクから出版された初の絵入り教科書とされる『世界図絵』は、コメニウスの教科書研究の到達点であり、一八世紀においても文豪ゲーテの幼少期の愛読書となるなど[7]、彼の教育史上の位置を不動のものにした。

『教授学著作全集』の扉絵

コメニウスの生きたヨーロッパ一七世紀には、一方においては知識革命やイギリス内戦など、いわゆる近代とつながる側面が見られる。他方、この世紀は前世紀の宗教改革を引き継いだ厳しい宗派対立の時代でもあった。この時代、政治・宗教・経済・文化にわたる全体的な危機が訴えられるなかで、神の支配による千年王国の到来を熱望する信仰が力を得た。この千年王国論にはさまざまなバリエーションがあるが、一六世紀のミュンツァーによるドイツ農民戦争や再洗礼派によるドイツ・ミュンスターの反乱[8]等は、社会的志向性が強く現れた事例といえる。

コメニウスはチェコ兄弟教団の最後の主席監督であったが、その信仰のために生地を追われ、その後も信仰を貫きながら生地の回復を期待し、かなり政治的色彩の濃い活動に携わった。しかし、彼の願いが叶えられることはなかった。彼は自ら暴力的手段に訴えるような立場はとらなかったが、千年王国の到来を信じていた。青年期から予言者信仰の一面があり、たびたび予言者の言を編集して公刊するなどした。とくにアムステルダムに移ってからは、予言の書の出版に相当の精力を割いた。しかし、言うまでもなく、それらの予言で示された千年王国の到来は起こらず、一八世紀フランスの啓蒙主義に先鞭をつけたとされる『歴史批評事典』の著者ベールは、コメニウスに一項目をあて、そのなかでコメニウスの千年王国論に見られる非合理性を厳しく批判した。[9]

コメニウスの最晩年、政治・宗教・学問を取り巻く状況は、コメニウスの理想とは相いれないものであった。フランスでは強大な王権が成立し、ウェストファリア講和によって宗教地図は固定化され、コメニウスが期待を抱いたロンドン王立協会は、研究対象を自然科学に限定した。彼は、イングランドとネーデルランドの戦乱（第二次英蘭戦争）に心を痛め、講和会議が行われたブレダに赴き、平和を訴える書『平和の天使』（一六六七年）を送っている。一六六八年、彼は、波乱に満ちた人生を振り返り、深い諦念に満ちた書『必須の一事』を著す。彼が一六七〇年にアムステルダムで没したとき、後半生をかけてとりくんでいた汎知学の体系的著作『総合的審議』全七部はほぼ完成をみていたが、一八世紀初めまでに全七部のうちの最初の二部が出版されただけで、残りの草稿は行方不明となってしまう。彼の墓所はアムステルダム近郊のナールデンにある。

デカルトやスピノザとともに合理論哲学の大家とされる**ライプニッツ**には、コメニウスと共通の知人がおり、彼はコメニウスの死を悼む詩を草している(10)。哲学的な立場は異なるが、ライプニッツは、一七世紀の諸学問の体系化を図ったほか、当時の国際政治にも関与するなど、コメニウス的な普遍主義の衣鉢を継いだ人物とも見なされる。

ゴットフリート・ヴィルヘルム・ライプニッツ

コメニウスの生地は、ウェストファリア講和以降、ハプスブルク帝国のもとにおかれ、チェコ語の使用も抑制されるような状態が続き、コメニウスの存在はほとんど忘れ去られてしまう。しかし、ドイツでの民族主義の興隆の影響が及び、一八世紀末頃から独自の文化が再評価

ヨハン・ゴットフリート・ヘルダー

されるようになった。このチェコ民族復興運動の経過は単純ではない。一方でチェコの知識人にとっては、チェコ語が学問語としては廃れていたために、ドイツ語やドイツですでに生み出されたテクストに依存しなければならないという現実があった。他方では、ドイツの民族主義が単なる偏狭な民族主義ではなく、むしろ民族に普遍的な意味を見ようとする流れがあったことも否定できない。とくにゲーテをはじめとするドイツのロマン主義に大きな影響を与えた**ヘルダー**は、スラブ民族の文化的意義を強調し、コメニウスにも論及し、スラブ民族主義の興隆に大きな影響を与えた。こうした経緯もあり、チェコ民族復興運動は、他文化の受容と他文化との差異化という相反するモチーフをはらむことになる。この点については、マサリクが『チェコ問題』（一八九五年）で論じた有力な解釈があるが[11]、本書所収の**「コメニウスとクザーヌス」**において、パトチカはマサリクの解釈を再考している。

さて、チェコ民族復興運動が展開していくなかで、コメニウスはチェコ民族の歴史における英雄と見なされるようになった。また、一九世紀に入るとヨーロッパ各地で国民国家形成の有力な手段として国家の主導による学校教育の普及が推進されるようになるのにともなって、コメニウスはにわかに注目を集めるようになった。形成途上の国民国家にとって、急務のひとつは教員養成であり、そのカリキュラムで一定の比重を占めたのが教育史である。一九世紀半ばから教育史のテクストが著されていくが、とくにドイツの地質学者・教育者である**ラオマー**が著した浩瀚な『教育学史』[12]は、大きな影響力をもった。ラオマーは、コメニウスを科学的帰納法の祖とされるフランシス・ベーコンの徒として位置づけ、教育学的リアリズムの祖として描いた。この解釈は、教育思想史の通説となっていく。パトチカは、本書所収の論文「ヴェルラム卿ベーコンとコメニウスの教授学」で、思想史的視点からこの問題にアプローチしている。

コメニウスについての学問的な研究は一九世紀後半から本格化したが、コメニウス研究の基礎の確立に大きく貢献したのが、スロヴァキア生まれの神学者・教育学者クヴァチャラである。彼は一九一〇年に『コメニウスの生涯と著作についての研究のための記録』と題されたコメニウス研究誌を創刊した。(13) また、同年から『コメニウス選集』の出版も始まった。一九三四年には行方不明になっていたコメニウスの『総合的審議』の草稿が発見された。一七世紀末から一八世紀にかけてのドイツ地域では、宗教改革の精神を日常生活に根づかせようとする敬虔主義の運動が盛んであった。その指導者にフランケがいる。フランケは、ハレ大学教授を務めるとともに、プロイセン国王フリードリヒ・ヴィルヘルムの庇護を受け、ハレに孤児院を含む大規模な学校結合体を創設した。『総合的審議』の草稿は、このハレの孤児院で発見された。発見された草稿からは、『総合的審議』が全体の序文に続く次の七部からなる、浩瀚な知の体系であることが明らかになった。

第一部『パンエゲルシア』（汎覚醒）：普遍的な改革の必要性とそれを実現する「審議」についての考察
第二部『パンアウギア』（汎啓明）：普遍的改革を可能にする認識論についての考察
第三部『パンソピア』（汎知学）：コメニウスの哲学観に基づく世界像の考察
第四部『パンパイデイア』（汎教育）：普遍主義的な教育論の考察
第五部『パングロッティア』（汎言語）：普遍言語構想の考察
第六部『パンオルトシア』（汎改革）：国際的な学術機関、教育機関、紛争調停機関の設立についての考察

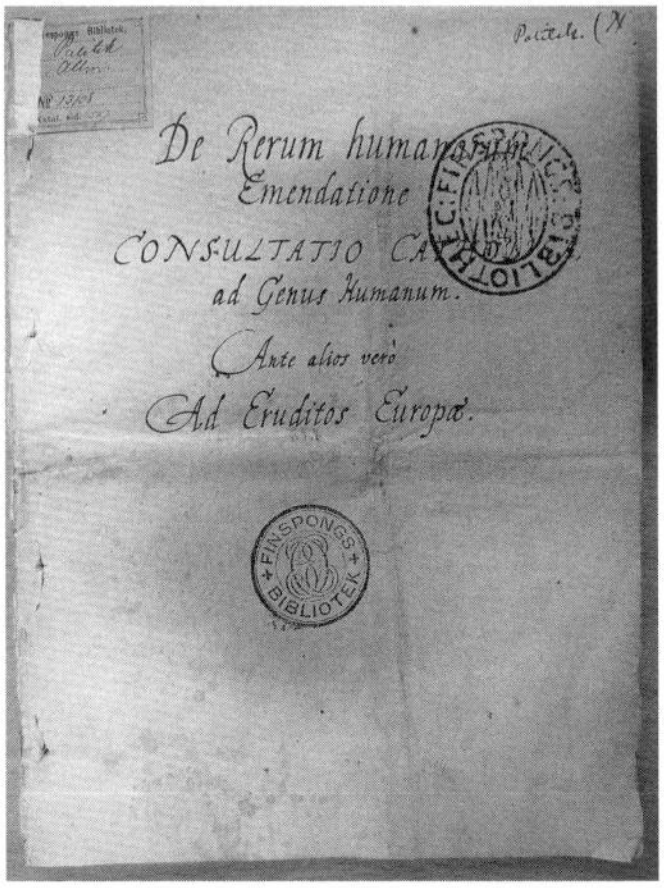

『人間に関する事柄の改善についての総合的審議』（コメニウス自身の手になると思われる草稿の表紙，スウェーデン・ノーショーピング公立図書館蔵，2013年8月，編訳者撮影）

第七部『パンヌテシア』（汎勧奨）：普遍的な改革の実現の再度の訴え

しかし、第一次世界大戦からわずか二〇年でヨーロッパは再び戦争の暗雲に覆われ、コメニウスの研究雑誌や選集の発刊は中断してしまう。その転機は第二次世界大戦を経た一九五七年であった。旧ソ連によって人類初の人工衛星スプートニクの打ち上げが成功したこの年は、コメニウスが『教授学著作全集』を発刊してから三〇〇年にあたっていた。ユネスコはこれを記念し、コメニウス著作の抄訳を収めた選集を出版した[14]。この巻頭論文は著名な心理学者のピアジェが執筆した。また、チェコスロヴァキアでは大規模な国際会議が開催されるとともに、『教授学著作全集』やコメニウス研究誌の復刊がなされた。

パトチカがコメニウス研究にとりくむようになったこの時期は、東西冷戦が厳しさを増した時期であり、東ヨーロッパにおいては社会主義イデオロギーの正統性を鼓吹するような研究が風靡した。コメニウス研究では、旧東ドイツの**アルト**が一九五三年に著した『コメニウス教育学の進歩的性格』が圧倒的な影響力をもった[15]。これに対してパトチカは、思想史的知識を駆使し、コメニウス理解の可能性を広げるとともに、思想史叙述の見直しにつながるような論考を著した。当時の西ドイツでコメニウス研究を始めたルール大学の**シャラー**との交流が本格化するのもこの時期からである。ドイツにあったコメニウスの『総合的審議』の草稿は、戦後、チェコスロヴァキアに渡り、一九六六年に大部の二巻本として出版された[16]。

パトチカは、一九五〇年代終わりから、コメニウス研究とともに、ヘーゲルの『精神現象学』や『美学』のチェコ語訳などを進め、自身の哲学・現象学研究にもとりくむ。一九六〇年代初頭からチェコスロヴァキアでは政治状況に変化が見られ始め、パトチカは一九六四年にはベルギー・ルーヴァンのフッサール文庫を訪問したほか、ドイツの各地で講演した。彼が、根づき・自己拡大・超越という三つの根本的な運動として人間の実存を把握する見解[17]を確立したのはこの時期のことである。そして一九六八年、「プラハの春」の訪れとともに、パトチカはカレル大学に復帰を果たし、哲学教授としておもに現象学やハイデガー、フッサールを講じた。しかし、「プラハの春」がほどなく挫折すると、三たびカレル大学を追われることになる。

こうしたなかでコメニウスの没後三〇〇年にあたる一九七〇年がめぐってきた。コメニウスをたたえるキャンペーンが張られるなかで、パトチカはいくつかのコメニウス論を発表した。それらの研究には、従来の研究を踏まえながらも、自らの哲学をコメニウスのテクストをとおして語っているような独特な論調が読みとられる。彼は一九七〇年に序文と三節からなるチェコ語論文「**コメニウスの哲学について**」および「**コメニウスと今日の人間**」と題した小論文を発表した。この二つの論文をもとにドイツ語で書かれ、単著として翌年に発刊されたのが、序文と四節からなる『**コメニウスの教育の哲学**』である。この著書は、二つのチェコ語論文とテーマは同じであるものの、分量が大幅に増やされているだけでなく、コメニウスのテクストに示唆を得たパトチカ自身の哲学的思索、思想史の方法論が凝縮して示されている。[18]すでに執筆の自由が制限されつつあったなかで、パトチカは自らの思考を母国語では語り難くなっていたと考えられる。また、若き日にフッサールやハイデガーに学び、戦後も独自の現象学研究を進めてきたパトチカにとって、とくにドイツの知識人に向けて書くべきことがあったといえるかもしれない。本書では、『コメニウスの教育の哲学』をテクストとして採用するが、当時のパトチカの思考の動きが少しでも伝わるよう、この第四部に対応するチェコ語論文「コメニウスと今日の人間」も収録することとした。

パトチカは、「プラハの春」後に成立したフサーク政権の「正常化路線」のもとで、一九七一年からは「西側」への出国を許されなくなったばかりか、公的に出版することも認められなくなる。彼の才能を惜しんだ西側の知識人からは亡命を勧められたが、祖国にとどまった。言論と行動の自由が制限されるなかで、彼のもとにはかつての同僚や教え子が集った。いわゆる「地下大学」である。ここでパトチカが講じた晩年の思索は、**『歴史哲学についての異端的論考』**（一九七五年）に結実していく。ここで展開された犠牲や回心といったテーマは、フランスの**デリダ**にも影響を与えた[19]が、一九七〇年にドイツ語で書かれた**「コメニウスと開けた魂」**には、『歴史哲学についての異端的論考』のテーマが思想史の問題として示されているとともに、その非業の死のために彫琢されなかったものの、コメニウスに示唆を得た**「転回の教育学」**の構想が素描されており、本書に収録することとした。

一九七七年、パトチカは、劇作家のハヴェル、「プラハの春」当時の外務大臣であったハーイェクらとともに、チェコスロヴァキア政府に人権擁護を求める**「憲章七七」**の代表的な署名者の一人として活動した。そして、秘密警察による長時間の取り調べのなかで死去した。当時の政府は、彼の葬儀の妨害さえ行った。パトチカの死後、秘密警察は彼の手稿等を押収しようとしたが、彼の教えを受けた学生たちが手稿を守り、手稿はオーストリアのウィーンに届けられた。ドイツのシャラーはパトチカのコメニウス研究を集成し、一九八一年と八四年に公刊した。

Jan Patočka, hrsg. v. Klaus Schaller, *Jan Amos Komenský. Gesammelte Schriften zur Comeniusforschung*, *Schriften zur Comeniusforschung*, Band 12, Veröffentlichungen der Comeniusforschungsstelle im Institut für Pädagogik der Ruhr-

Universität, Bochum, 1981.

Jan Patočka, hrsg. v. Klaus Schaller, *Jan Amos Komenský (II) Nachgelassene Schriften zur Comeniusforschung, Schriften zur Comeniusforschung*, Band 15, Veröffentlichungen der Comeniusforschungsstelle im Institut für Pädagogik der Ruhr-Universität, Bochum, 1984.

前者はファクシミリ版で、各収録論文が最初に出版されたもののコピーを版下にしている。なかには見開き二ページが一ページに収められている論文もある。後者は、パトチカの手稿を守った学生たちからもたらされた生前には公刊されなかった手稿の一部が収められた。これらは、『ヤン・パトチカ選集』の出版が始まるまで、パトチカのコメニウス研究に触れることのできる貴重なテクストであった。

コメニウス研究以外では、フランスでパトチカの現象学や歴史哲学の論考が翻訳出版され、ドイツ語圏ではパトチカの手稿を保管した人間科学研究所（Instiüt für die Wissenschaften vom Menschen）がパトチカのドイツ語訳選集四巻を編集・出版した（*Jan Patočka Ausgewählte Schriften*, Klett-Cotta, Stüttgart, 1987-1992）。

しかし、パトチカの思想が広く受容され始めたのは、東ヨーロッパの民主化と冷戦の終結以降のことである。ビロード革命によって社会主義体制が崩壊したチェコスロヴァキアでは、パトチカとともに憲章七七の代表的な署名者であったハヴェルが大統領に就いた。一九九二年は、コメニウスの生誕四〇〇年にあたり、チェコでもパトチカの研究に影響を受けたコメニウス研究が現れ始める。科学アカデミーにはヤン・パトチカ・アーカイヴが開設され、パトチカの手稿もウィーンからプラハに戻った。一九九六年からは『ヤン・パトチカ選集』（*Sebrané Spisy Jana Patočky*, OIKOYMENH, Praha）の刊行が開始された。このうちの第九、第一〇、第一一巻にパトチカのコメニウス研究が収録されている。第九巻と第一〇巻には公刊されたもの、第一一巻には未発表の論文や草稿が収められている。また、パトチカとシャラーらのコメニウス研究者との間の往復書簡も第二一、第二二巻にチェコ語に翻訳されて収められている。

パトチカのテクストが流布するにつれてパトチカ研究も活発になり、パトチカの手稿を保存していたウィーンの人間科学研究所等を中心に、研究成果が公にされている。

Andere Wege in die Moderne. Forschungsbeiträge zu Patočkas Genealogie der Neuzeit, hrsg. v. Ludger Hagedorn u. Hans Reiner Sepp, Königshausen & Neumann, Würzburg, 2006.

Jan Patočka. Andere Wege in die Moderne. Studien zur europäischen Ideengeschichte von der Renaissance bis zur Romantik, hrsg. v. Ludger Hagedorn, Königshausen & Neumann, Würzburg, 2006.

パトチカによるコメニウス研究論文は、生前に公にされたものが六八編、この他に未発表の論考が相当数にのぼるが、本書に収録する論文八編は、教育思想史において通説化（カノン化）されてきたコメニウス＝近代教育学の祖といった理解を相対化するような視点を提供している論文、思想史の方法論に示唆をもたらすと思われる論文、パトチカ自身の教育や哲学に対する見解がうかがわれる論文である。

本書の編集方針

次に、凡例に代えて、本書の編集方針を記しておく。翻訳にあたっては、「コメニウスと開けた魂」をまず宮坂和男が翻訳し、その翻訳方針を念頭に相馬がその他の収録論文を下訳した。オリジナルがチェコ語の論文の翻訳にあたっては、*Andere Wege in die Moderne. Studien zur europäischen Ideengeschichte von der Renaissance bis zur Romantik* 所収のドイツ語訳を適宜参照した。その上で、オリジナルがチェコ語の論文は矢田部順二と相馬が、ドイツ語の論文は宮坂が、それぞれ底本に基づいて修正を加えた。最後に、相馬が論文間の訳語の調整等を図り、注を整えた。

すでに指摘したように、本書に収録されている論文の内で最も長く、ドイツ語で著された『コメニウスの教育の哲学』は、前年にチェコ語で著された「コメニウスの哲学について」および「コメニウスと今日の人間」と密接な関連があるものの、各所に記述の異なりが見られる。そこで、ドイツ語テクストの序文から第三部とチェコ語論文「コメニウスの哲学について」の間の主な相違について、訳注として対応部分のチェコ語テクストの訳を収めた。これは、チェコで出版されている『ヤン・パトチカ選集』でもなされていない取り組みである。

本書の訳文は、宮坂の提案にしたがって、日本語としての読みやすさを優先させ、原文では長い一文となっている箇所を適宜複数の文に訳し分けた。したがって、主部や述部が繰り返されている場合がある。また、訳語についても必ずしも一語一義にこだわらず、前後の文脈から妥当と考えられる訳語をあてた。「コメニウスと一七世紀の主要な哲学思想」のオリジナルはチェコ語だが、パトチカ自身がシャラーのために訳したドイツ語テクストがある。このテクストを見る限り、パトチカ自身、ひとつの語を多様な意味に使い分けている。このほか、とくにドイツ語論文にはハイデガーを意識してのことと思われる独特な用語がみられるが、宮坂の提案により、できるだけ噛み砕いた表現を用いることにした。

また、チェコ語のlidskost、ドイツ語のMenschlichkeitについて、ここで付記しておきたい。この語は、一八世紀ドイツ哲学におけるHumanitätの理念と対置されている。ゆえに、「人間性」としてしまうのでは、パトチカの意図が伝わらない。パトチカが記しているように、いわゆる人間性の理念という概念が成立したのは一八世紀のドイツ哲学においてであり、その用語でコメニウスを理解するのには問題がある。また、パトチカが哲学的問題としての「自然的世界」にとりくんだことも考慮する必要がある。端的にいえば、lidskostを抽象的な概念としてのニュアンスでとらえるのはふさわしくないと考えられる。こうしたことから、本書では、「人間であること」、「人間たること」等と表記している。

本書では、次の文献については、左に掲げる略号と巻数及びページ数で引用を示す。

AK：『コメニウスの生涯と著作についての研究のための記録』*Archiv pro badání o životě a spisech J. A. Komenského*, Brno, 1910-
DK：『コメニウス著作全集』*Dílo Jana Amose Komenského*, Academia, Praha, 1969-
JP：『ヤン・パトチカ選集』*Sebrané Spisy Jana Patočky*, OIKOYMENH, Praha, 1996-
KK：クヴァチャラ編『コメニウス書簡集』二巻 *Korrespondence Jana Amosa Komenského*, vyd. Jan Kvačala, díl 1, Praha, 1898. díl 2, Praha, 1902.
OD：『教授学著作全集』*J. A. Comenii Opera Didactica Omnia*, Tomus I-IV, Amsterdami, 1657-1658.
PK：パテラ編『コメニウス書簡集』*Jana Amosa Komenského Korrespondence*, Sebral a k tisku připravil Adolf

Patera, Praha, 1892.
ＶＫ：『コメニウス選集』 *Veškeré Spisy J. A. Komenského*, Brno, 1910-1929.

次のコメニウスの日本語訳文献については、原典の引用ページの指示のあとに、「邦訳」と表記して巻数とページ数で引用を示す。なお、文意等を損なわない範囲で表記を変更している場合がある。

『地上の迷宮と心の楽園』藤田輝夫訳、相馬伸一監修、東信堂、二〇〇六年。
『大教授学』1、2、鈴木秀勇訳、明治図書出版、一九六二年。
『光の道』第一章～第七章、讃井太望訳、日本コメニウス研究会『日本のコメニウス』、第一六号所収。

このほかのコメニウスのテクストからの引用については、コメニウス研究者の藤田輝夫の遺稿を参照した場合がある。それについては注記した。

本文中の表記については、原文中でクォーテーションマークが用いられている箇所は「　」で示した。イタリックの箇所は〈　〉で示した。ただし書物や論文のイタリック表記は、『　』「　」で示している。チェコ語、ドイツ語以外の言語の記載については基本的に原語を示した。また、チェコ語、ドイツ語であっても、重要な概念が示されていると思われる箇所は、適宜、原語を示した。収録論文が最初に出版された際に含まれていなかったパラグラフは注記して示した。訳者が理解の便のために補った部分は〔　〕で示した。

注については、『ヤン・パトチカ選集』等の底本の注は【原注】、編訳者による注は【訳注】と記して示した。原注におけるコメニウスのテクストからの引用の指示は古い選集によっているものがあるが、本書では『コメニウス著作全集』に収録されているテクストについては、その該当ページ数を確認して示した。コメニウス以外のテクストからの引用についても、底本で引かれている以外の全集や選集に基づいて注記した場合がある。コメニウス以外の思想家等のテクストからの引用で邦訳があるものについては、その書誌と該当ページで引用を示した。なお、重要性が低いと思われる原注は割愛したほか、記述を補った場合がある。邦訳文献からの引用文は、文意を損ねない範囲で省略や改変を行った場合がある。また、各収録論文の最初の訳注に、各論文の書誌・概要を添えた。また、理解の助けとなるよう、訳注を多く加えた。人名表記は『岩波世界人名大辞典』（二〇一三年）に収録されている場合は、その表記にしたがった。

思想史と教育学の再考――パトチカのコメニウス研究

ここでは、パトチカのコメニウス研究の意義を、コメニウス研究に対する意義、思想史研究に対する意義、教育哲学研究に対する意義およびパトチカ理解に対する意義という四つの視点から記しておきたい。

パトチカは、コメニウスを単に教育学という狭い枠組みのなかに閉じ込めてしまう志向性に対して終始批判的であった。言うまでもなく、それはコメニウスの教育者としての側面を過小評価しようということではない。コメニウスが多くの教育的著作を著し、それらが広く受け入れられたのは事実である。しかし、そのことが近代国家形成の手段として発展してきた学校中心の教育学のなかで扱われると、教育は暗黙の内に既存の社会的目標を達成する手段として位置づけられ、コメニウスが残したテクストもそうした意味で解釈されてしまう。この意味で、コメニウスが扱った学校や教科書等のトピックをあえて直接的に扱わなかったパトチカのアプローチには、ひとつの意味があるといえる。本書の巻頭に、コメニウスのテクストに基づいたパトチカの考察のエッセンスを示したが、コメニウスから『大教授学』や『世界図絵』をただちに連想する向きには、パトチカのコメニウス理解は、かなり異質なものに映るであろう。この意味で、パトチカのコメニウス研究は論争を呼ぶものである。

コメニウスは、思想史的にはルネサンス期に再興した新プラトン主義の流れのなかに位置づけられるが、新プラトン主義の「発出」という基本概念は、教育という営みを考える際にきわめて示唆的である。しかし、コメニウス以前の新プラトン主義の思潮で体系的な教育思想と見なされる対象はほとんど見当たらない。先に触れたように、新プラトン主義は世界をさまざまな層、あるいは相としてとらえるが、パトチカは**「コメニウスと一七世紀の主要な哲学思想」**で、コメニウスを**〈教育の相のもとに〉**（sub specie educationis）世界をとらえようとした哲学者と見なした（本書七二頁）。この視点は、パトチカにおいて一貫している。コメニウスは教育学を哲学的に基礎づけたというよりも、教育的な性格を有した哲学を構想した、というのがパトチカの基本的なコメニウス理解である。ただ、一七世紀の主要な哲学思想のうちに、デカルト、ガリレイに代表される自然科学、ホッブズに代表される国家哲学、ヴィーコに代表される歴史学、そして第四の流れとして、コメニウスによる教育哲学がみられるという大胆な解釈には、いろいろな評価が寄せられるだろう。すでに触れたように、コメニウスは光の発出と受容という現象を教育に敷衍し、世界を教え・教わる関係の総体としてとらえた。パトチカは、ここからコメニウスの哲学には教育的特質が本質的に備わっているとみた。本書で『コメニウスの教育の哲学』の表題を「教育哲学」とはせず、「教育の哲学」としたのはそうした趣旨からである。

第二に強調したいのが、パトチカのコメニウス研究は、教育はもちろんその他の思想史研究にインパクトを与えうるということである。学問的な思想史研究は社会の近代化が進展した一九世紀に始まったが、思想史は一八世紀の啓蒙主義で掲げられた構想とその実現への過程として描かれる傾向があった。そこで強調されたのは、ルネサンスの自由の観念、プロテスタント宗教改革、一七世紀の知識革命、一八世紀の啓蒙主義であった。加えて、第二次世界大戦後の社会科学の興隆のもとでは、マルクス主義の思想も思想史記述において重視された。その後、近代化のもたらす病弊が指摘されるなかで、従来の思想史がとりあげてきた「近代的」な諸思想には批判的な検討が加えられるようになった。

パトチカは、すでに最初のコメニウス研究「コメニウスへの新たなまなざしについて」で、「コメニウスがどこに属するのかを思想史の地図の上に指し示す」（三八頁）ことを課題に掲げていた。それは、他の研究とは違う「他の方向に線を引くという課題」（四九頁）と言いかえることができる。パトチカは、コメニウスをニコラウス・クザーヌスなどの中世末期からルネサンスの思想とのつながりにおいて理解し、同時代のベーコンとの関係を確認し、さらに後代のライプニッツやヘルダーなどの一八世紀の諸思想へのつながりにおいて位置づけようとした。なお、生前にまとまったかたちで公刊されることはなかったものの、彼は、コメニウスとデカルトとの関係についても考察した。思想史研究においては、ある思想の生成にかかわる諸思想の影響関係が考察されるが、パトチカはクヴァチャラ以来のコメニウス研究で提示されてきた論点を批判的に検証する一方、単なる事実関係の有無で影響関係を即断するような研究態度も戒めている。たとえば、ベーコンとの関係については、コメニウスは「教育学や教授学の特殊な事項についてはベーコンをよりどころにしなかったが、哲学的な事項においてはベーコンをよりどころにした」（本書九一頁）とし、冷静な結論を導いている。

パトチカの思想史的展望は、全体として、思想史を単なる虚構として片付けるのではなく、思想史の新たな語り、いわば近代へのもう一つの道（オルタナティヴ）を示そうとするものであったと見なされよう。もちろん、彼の問題提起に対してはさまざまな評価がありうる。一九世紀末以降、ニーチェなどにも見られるように、一八世紀の啓蒙主義とそれに基づく教養主義に対する批判が高まった。そのなかで、一九二〇年代後半から前近代的・非科学的と見なされてきた中世の諸思想が改めて注目されることになった。しかしこれは、ナチ党の台頭に見られる伝統や神話への志向性と平行している面がないとはいえない。これは、思想史の歴史として問われるべき論点かもしれない。

第三に、パトチカのコメニウス研究は、思想史研究の方法論に対する重要な問題提起であると見なすことができる。彼の問題提起の意義は、私見では、実証主義批判、近代化批判、実存論的解釈という三つの視点からとらえられると思われる。

その哲学や現象学研究の性格からも理解されることだが、パトチカは基本的に実証主義批判という立場をとっている。たとえば、「コメニウスと開けた魂」で彼は、「われわれの時代の実証主義は歴史的意識を覆う遮蔽物なのかもしれない。合理主義的な進歩のイデオロギーによって疑わしい平均化が引き起こされているが、そこにあっても存在の深みが明るみに出るのを見てとることができるような歴史的意識が、実証主義によって覆われているのかもしれないのである」（一四六頁）と述べる。「コメニウスと今日の人間」でも、「実効的で近代的な知に関する実験は、少なからずユートピア的であることが示された。……実証的な総合の実験がユートピア的であることは一目瞭然である」（一六一頁）との言及がある。

実証主義は、科学哲学でいわれる場合と歴史学でいわれる場合とで文脈が異なり、パトチカにおける実証主義批判が全体としてどのような構造であったのかは、踏み込んだ考察が必要である。ただ、思想史研究に関連していえば、歴史学的な実証主義の行き過ぎには明確に懸念を示していた。もちろんこれは、研究にあたって、思想を支える歴史的事実をないがしろにしてよいということではない。本書所収の「ヴェルラム卿ベーコンとコメニウスの教授学」、「コメニウスとクザーヌス」、「『平安の中心』とクザーヌス」に明確に示されているが、たとえば、コメニウスがベーコンをいつ読んだか、コメニウスがどのようにしてクザーヌスを知ったのかといった論点について、パトチカは決して無関心ではない。しかし、一九世紀後半以降のコメニウス研究の進展のなかで、思想の影響関係の考察は、ともすれば瑣末な事実の有無をめぐる議論に陥りがちであった。これに対してパトチカは、科学哲学に大きな足跡を残したデュエムのダ・ヴィンチ研究なども念頭に、歴史的対象がおかれた広範な社会的背景や思想の流れをとらえる広い視野を意識した。それらの研究は、彼のおかれた状況の不遇もあり、未完に終わっていたり、完結した体系としては示されていない場合がある。しかし、彼の方法論自体に、問題を収斂させるというよりは新たに問題を提起するという志向性があったともいえる。彼のコメニウス研究が思想史の新たな語りをもたらすとすれば、それは彼の方法論に基づくものといえよう。

すでに記したように、国民国家における学校教育の普及のもとで、コメニウスは近代教育学の祖としてとらえられた。冷戦下の東ヨーロッパにおいては、社会主義社会が理想とする教育の前史的な形態としてコメニウスを位置づけることが試みられた。これはコメニウスに限らない問題でもあるが、こうしたなかで、ある思想の特定の部分が誇張される一方、他の部分はほとんど扱われないといったことが起こった。

パトチカは「コメニウスと一七世紀の主要な哲学思想」で、コメニウス研究が、「コメニウスの学説のうちに近代的な自然法則などではなくとも、少なくとも教育の自然法則のようなものをとらえるというような仕方で、その学説を近代化することに力を注ぐ」者と「コメニウスの教育学が基礎をおく方法には事物における基礎を欠いた空虚なアナロジー化しかなく、ゆえに当然のことながら真に合理的な性格など持ちようがないと見なす」者とに乖離していたことを指摘している（本書六〇頁）。前者は、ダイレクトに歴史的対象の「現代的意義」を論じようとし、対象の「近代化」に陥ってしまう。他方、後者は精緻な「実証的」研究を進めても、歴史的対象を遠ざけることで終わってしまう。パトチカは、「これら二つの見解は基本的に非歴史的であり、コメニウスが立てた本来の問題を見過ごしている」という（本書同頁）。

思想史の方法論に関しては、さらに付け加えるべきことがある。すでに記したように、彼の晩年のコメニウス研究には、彼自身の哲学的考察が反映されていると読める箇所がある。巻頭に掲げているパトチカのコメニウス研究からの抜粋は、どのように受けとめられるだろうか。一般的にいえば、テクストの解釈とそれに対する解釈者の思考（意見）は別個であるべきであり、それらが不可分なかたちで論じられるとすれば、思想史記述のあり方としては客観性を欠くとして批判されても仕方がない。歴史の隔たりを無視して過去のテクストを安易に現在と結びつけたと見なされてしまいかねないというわけである。そうした批判がきつすぎるとすれば、当時のチェコスロヴァキアの言論統制のなかで、パトチカはコメニウスのテクストを自身の思考を表現するメディアとして利用せざるをえなかったのだという解釈も可能かもしれない。

しかし、コメニウスのテクストの現代的意義などという一見すると非学問的な記述をパトチカがあえて遂行したのには、そうせざるをえなかった内発的な根拠があったのではないだろうか。端的にいえば、それは思想史記述そのものに向けられていたと思われる。パトチカは晩年の歴史哲学についての考察のなかで、歴史が後世に否応なく与えられる贈与であることを踏まえた上で、それにいかに応答するか（責任をとるか）を問題にした。このような一種の実存論的とも言いうる姿勢をとる彼にとっては、思想史の研究は単なる過去のテクストの解釈やそれらの関連づけでは完結しなかったのではないだろうか。それが、パトチカをしてコメニウスのテクストの実存論的解釈をなさしめた背景であると考えられる。ドイツ語で著された**『コメニウスの教育の哲学』**には、次のような言及がある。

「コメニウスの著作や思想の世界がわれわれを魅きつけるとき、その魅力の核心は本当に〔コメニウスの〕学説にあるのだろうか。それは諸テーゼに定式化されて、部分的に受け入れたり全体として受け入れられたりし、また、部分的に拒絶されることもあれば全体として拒絶されることもあるといったものなのだろうか。そうした学説よりもむしろ、それが湧き出してくる源泉、すなわち、生き方や実存が問題なのではないだろうか。それはたしかに所与の歴史状況の下で形成されるが、自らのうちでそうした状況を一つひとつ克服していくのであり、自らの課題が歴史のなかで反復して現れるような状態を醸成し、そのなかで自らが備える豊饒さ、汲みつくせぬほどの豊饒さを明らかにするのではないだろうか。」（本書一六七～一六八頁）

パトチカがコメニウス研究の最後に示したこうした視点を引き受けるにせよ、学問的な姿勢からの逸脱と見なすにせよ、思想史研究のあり方に対して重要な問題提起がなされているということは否定できないと思われる。思想史なり歴史学なりがその方法の精緻化をとおして研究をさらに蓄積している一方で、それらの蓄積が人間の生にとって、また社会にとって、一体いかなる意義（アクチュアリティー）があるのかが厳しく問われるようになった近年の状況を思うと、パトチカの方法論を安易に斥けることはできないのではないだろうか。

次に、パトチカのコメニウス研究が教育学、とくに教育哲学研究に与えうるインパクトについて触れておきたい。近年の教育哲学研究においては、教育学内部での議論を暗黙の前提としてきた従来のあり方の反省から、これまで教育哲学の議論にあまりとりあげられてこなかった思想が扱われるようになりつつある。たとえば、ウィトゲンシュタインの言語哲学に基づいた教育と学習についての考察は、教育哲学研究の領野を確実に広げている。そうした取り組みのなかで重要と思われる課題のひとつに「ハイデガーの教育学化」がある。ハイデガーの周囲には多くの個性的な門下がおり、また論敵も多くいたが、教育哲学の論議で俎上にのる人物は、直接的な関係があった者に限っても、ガダマー、ボルノー、レヴィナス、アレントらがただちにあげられる。そのなかにパトチカも位置づけることができるだろう。ハイデガーに注目することで、現代の教育哲学・教育思想の布置はもちろん、教育の基本的な問題設定の再検討を期待できる。

本書に収録した「**コメニウスと開けた魂**」、『**コメニウスの教育の哲学**』は、コメニウスのテクスト解釈とフッサールやハイデガーに発する哲学的思索が深く響きあう作品である。ハイデガーは、その講義でプラトンの洞窟の比喩の解釈を行っているが、そこには教育を哲学する際の根本的な問題が提示されている。一読されればわかるように、パトチカはおそらくハイデガーのプラトン解釈を意識した上で、コメニウス解釈にとりくんでいる。また、ハイデガーが『存在と時間』等で扱った問題をコメニウスのテクストと対照させながら考察していると見なせる言及がある（本書一八一頁等）。巻頭に抜粋を掲げたが、パトチカの教育哲学的考察は、さまざまな考察を呼び起こす示唆に満ちている。ハイデガーのテクストの教育学的な読解にもとりくんでいる田端健人氏（宮城教育大学）は、「**コメニウスと開けた魂**」の一節（本書一三七〜一三八頁）について、次のような試訳を示してくれた（一部を省略している）。

「地上世界を〔逆さ眼鏡で〕逆転する（Verkehrung）描写は、悪魔的な（デモーニッシュな）諸力の作用の描写である。この〔悪魔的な〕諸力〔＝魔力〕は、人間を、生まれながらに、虜にしてしまっている（sich bemächtigt haben）。無（Nicht）のこうした魔力が、とりわけ配慮してそのかすのは、ひとが無を見ない〔＝無を避ける〕ようにすることである。というのも、空虚、無的なもの、真ならざるもの（das Unwahre ＝虚偽）は、なんということか、その魔力の悪魔的な意図からして、そうしたものとして、見られてはならない〔！〕からである。それゆえ、とりわけ死こそが、この魔力によって隠蔽されるのである。ひとは、まるで死など存在しないかのように振る舞う。ひとは、〔死から〕目を背け、〔死を〕問おうとしない。しかし、まさしくそれゆえに、逆に、無の深淵として死を露わにすること（Enthüllung des Todes ＝死を直視して露わならしめること）が、……（中略）……かの同伴者（Gefährte）の支配の終焉を意味する。無を露呈すること（Entbergung des Nichts＝無を非隠蔽にすること）が、ここでは、開けた魂の根本行為なのである、そう私たちは心にとめておこう。」

パトチカは**「コメニウスと開けた魂」**で、「個別諸科学を基礎とする単なる人間形成の説ではないような教育学、**転回の教育学**（Pädagogik der Wende）」の必要性を示唆した（一四七頁）。この論文で彼は、一七世紀知識革命以降の思想の流れを「閉じた魂」の時代として特徴づけ、その克服を可能にする人間の開放性の実現としての「開けた魂」について、コメニウスをもとに考察した。「開けた魂」は何らかの「向き直り」によってその端緒を得ると考えられるが、この「向き直り」を助力する営みにパトチカは教育の本質を見ようとする。

この「転回」は「回心」とも読むことができるが、パトチカのコメニウス解釈には倫理的・宗教的ニュアンスを見てとることができる。「全身全霊を尽くし、身を捧げ、もっぱら己から去り行きながら自らに至ることによってのみ（存在を担うことが）可能となる」（一八一～一八二頁）、「自己を献呈し、全力を尽くし、配慮し、見守る」（一四七頁）といった言及から、「心をつくし、精神をつくし、思いをつくし、力をつくして、主なるあなたの神を愛せよ」（マルコによる福音書第一二章三〇節）といった一節が連想されるかもしれない。日本における西洋教育思想の受容は、全体として見ると、その宗教的基盤としてのキリスト教的伝統と切り離した受容であったことはつとに指摘されるところである。ドイツやチェコ、あるいは韓国でのコメニウス研究は、キリスト教思想史や応用神学においても活発に進められている。ハイデガーにしても、キリスト教徒としての信仰と深い宗教的教養を有している。

もちろん、パトチカの解釈を純粋に哲学者の言葉として受けとることも可能であるし、『歴史哲学についての異端的論考』における考察を見る限り、パトチカはやはり哲学の人である。彼は、歴史的世界の成立を第一義的には哲学の誕生に見ているし、一方においてキリスト教を「深い宗教」と見なしながら、他方において「最後まで考えぬかれていない飛躍」とも論じている[20]。また、彼が考察したばかりではなく実践した回心（転回）にしても、「人間の存在の問題において、宗教的回心は、存在論的な哲学的経験が持つような原理的な意味を持たない」とし、回心を可能にするのは、「震撼させられた者たちの連帯」、「生と死において何が問題か、そしてその結果歴史において何が問題かを、理解できる者たちの連帯[22]」であるという。この言及の限りでは、回心は第一に知性的検討に委ねられており、世俗世界を志向している。そして、この志向性は、実際に、憲章七七の運動、さらにはビロード革命につながっていったと見なされる。もっともこの志向性が、一般的な意味での社会的志向性ではなく、ハヴェルがいう意味での反政治的な志向性であるならば、単純に政治的志向性とは見なせないだろうが。

ところで、パトチカの「転回の教育学」の示唆は、教育が学校を中心に展開され、学校教育的な原理が社会の営み全体にますます浸透している状況への根本的な批判と見なされる。しかし、彼がいうように、「人間であることへの教育は、何ら〈特殊な〉教育ではないのであり、それを「道徳的な」教育としてとらえるならば、それはすでに誤認」（本書二三九頁）であるとしても、社会への適応をまったく度外視した教育が社会的に存続するとは考えられない。そうした教育は、実際にはみずからを周縁化することによって、むしろ社会的属性の習得をもっぱらの目標とする教育が正当化される余地を与えてしまうかもしれない。また、彼のいう教育は贈与である。その究極が『歴史哲学についての異端的論考』で示され、彼自身の生が示したように「犠牲」であることから明らかなように、贈与としての教育は、もっぱら個人の自由な選択に委ねられている。また、自由な選択による行為である限りにおいて有意義であると考えられる。ゆえに、転回の教育学は本質的に非制度的なものであり、それが支配的な社会的教説となった瞬間に、その意味の大半は失われてしまうとも考えられる。この点は、教育哲学において引き受けられるべき課題であるといえよう。

最後に、パトチカのコメニウス研究がパトチカ理解に新たな可能性を開くことを強調しておきたい。パトチカは、フッサールやハイデガーに学び、現象学研究の第二世代の中心人物の一人として知られてきた。彼の非―主観的現象学の構想は、現象学研究のなかでも重要な位置を占めている。さらにその死後、彼の歴史哲学の考察はフランスのデリダらのポスト・モダンの思想家たちに影響を与えたように、彼は哲学者としても広く注目されるようになった。そして、彼が重要な貢献を果たしたもうひとつの分野が、コメニウス研究に代表される思想史である。すでに記したように、彼のコメニウス研究は思想史の重層的な理解に多くの示唆を与えるものである。現象学者、哲学者と並んで、彼が思想史家として理解されることで、彼についての理解がさらに広がると思われる。また、彼の現象学と哲学と思想史を関連づけて読むことで、パトチカの思想の理解にとどまらず、さまざまな問題の考察への示唆を汲みとることができるだろう。

注

（1）パトチカのプロフィールについては次を参照した。
Milan Walter, *Jan Patočka. Eine biographische Skizze.* in: *Phänomenologischer Forschungen*, Nr. 17, 1985, Ss. 87-106.
石川達夫「ヤン・パトチカ――受難を超える哲学者」、ヤン・パトチカ、石川達夫訳『歴史哲学についての異端的論考』、みすず書房、二〇〇七年、三一～三三頁。
コメニウスのプロフィールについて、現在までのところ最も詳細な伝記的研究は次の業績である。
Milada Blekastad, *Comenius. Versuch eines Umrisses von Leben, Werk und Schicksal des Jan Amos Komenský*, Academia, Praha, 1969.

ブレカシュタットの業績を踏まえた日本語による紹介としては、次の論文がある。藤田輝夫「コメニウス小史」一～六、『日本のコメニウス』日本コメニウス研究会、第一五号～第二〇号、二〇〇五～二〇一〇年所収。

（2）石川達夫『マサリクとチェコの精神――アイデンティティと自律性を求めて』成文社、一九九五年。

（3）F・イエイツ、山下知夫訳『薔薇十字の覚醒　隠されたヨーロッパ精神史』工作舎、一九八六年。

（4）『地上の迷宮と心の楽園』（*Labirint světa a ráj srdce*）は、三十年戦争下の逃避行の時期である一六二三年に著され、一六三一年に出版されたが、その時の表題は『地上の迷宮と心という別荘』（*Labirint světa a lusthauz srdce*）であった。コメニウスは、このテクストに手を入れ、一六六三年にアムステルダムで第二版が出版された際、表題が改められた（コメニウス、藤田輝夫訳、相馬伸一監修『地上の迷宮と心の楽園』東信堂、二〇〇六年）。

（5）相馬伸一『教育思想とデカルト哲学――ハートリブ・サークル　知の連関』ミネルヴァ書房、二〇〇一年。

（6）ハートリブ・サークルの面々は、デカルトからコメニウスの汎知学についての好意的な評価を引き出そうとしたが、デカルトは、最終的にコメニウスの方法論を受け入れなかった（相馬前掲書、第四章を参照されたい）。なお、二一世紀になって、デカルトによるコメニウス汎知学への批判的コメントがネーデルランドで新たに発見され話題となった（Jeroen van de Ven & Erik-Jan Bos, *Se Nihil Daturum—Descartes's Unpublished Judgement of Comenius's Pansophiae Prodromus (1639)*. in: *British Journal for the History of Philosophy*, 12(3), 2004, pp. 369-386. 相馬伸一「デカルト書簡の新発見をめぐって――コメニウス研究へのインパクトを考える――」、『日本のコメニウス』第一六号、五七～六八頁）。

（7）コメニウス、井ノ口淳三訳『世界図絵』平凡社ライブラリー、一九九五年。『世界図絵』（*Orbis pictus sensualium*）についてのゲーテの言及は、『詩と真実』（*Dichtung und Warheit*）第一部などに見られる（山崎章甫訳、岩波文庫、一九九七年、五七頁等）。

（8）N・コーン、江河徹訳『千年王国の追求』紀伊國屋書店、二〇〇八年（新装版）。H・グレシュベク、C・A・コルネリウス編、倉塚平訳『千年王国の惨劇　ミュンスター再洗礼派王国目撃録』平凡社、二〇〇二年。

（9）P・ベール、野沢協訳『歴史批評辞典』I、『ピエール・ベール著作集』第三巻、法政大学出版局、一九八二年、八〇六～八〇七頁。
（10）鈴木琇雄『コメニュウス「大教授学」入門』上、明治図書出版、一九八二年、二四～二七頁。
（11）石川達夫『マサリクとチェコの精神――アイデンティティと自律性を求めて――』、一四五頁。
（12）Karl Georg von Raumer, *Geschichte der Pädagogik.* Stuttgart, 1843-1851, 3 Bd.
（13）同誌は一九五七年に復刊の際アクタ・コメニアナ（*Acta Comeniana*）との副題が付き、一九六九年以降はこれが表題となって存続している。
（14）*John Amos Comenius 1592-1670, Selections.* introduction by Jean Piaget, Unesco, Paris, 1957.
（15）Robert Alt, *Der fortschrittliche Charakter der Pädagogik Komenskýs,* Volk und Wissen Verlag, Berlin, 1953.
（16）*De rerum humanarum emendatione consultatio catholica,* Tomus I-II, Academia, Praha, 1966.
（17）斎藤慶典「「非―主観的現象学」のために――ヤン・パトチカ生誕一〇〇年」、『思想』岩波書店、一〇〇四号、二〇〇七年、一三四～一三五頁。
（18）相馬伸一「パトチカの最後のコメニウス論をめぐって――チェコ語テクストとドイツ語テクストの間――」、『広島修大論集』第五四巻第一号、二〇一三年、六七～九一頁。
（19）J・デリダ、廣瀬浩司・林好雄訳『死を与える』ちくま学芸文庫、二〇〇四年。
（20）パトチカ、石川達夫訳『歴史哲学についての異端的論考』、一二八、一三二、一七二頁等。
（21）前掲書、一六四～一六五頁。
（22）前掲書、二〇五頁。

コメニウスへの新たなまなざしについて[1]

O nový pohled na Komenského（1941）

先ごろ、出版者協会がコメニウスの生涯についての伝記や小説といった大衆的な著作を対象とした賞を公募した。クヴァチャラの短編の伝記は一九二一年にR・アオゲンターラー[2]によってチェコ語に翻訳されており、われわれにはすでに大衆的な伝記については見事な実例がある[3]。そしてそれ以外にも、J・ヘンドリヒ[4]が完成させたJ・V・ノヴァーク[5]による長大な伝記がある[6]。それにもかかわらず私が思うのは、今日のわれわれにはこれまでとは異なる新たなコメニウスがなお必要であるということである。この趣旨で、出版者たちがそのような課題が具体的に実現される見込みがあると見ているなら、われわれは出版者協会のイニシアチブを歓迎したい。しかし、手持ちの文学上の創作物をただ反芻したようなものではなく、なくてはならないものが本当に実現されるべきだというなら、その課題を一年の内に実現できるとは思わない。コメニウス研究の具体的な諸問題についての見解を示すこともなく要求するというようなことを、われわれはあえてしている。この課題を果たそうとする著者は、コメニウス研究者ではなく、哲学史家であり思想史家である。著者は、一般的な視点から、覚書を差し出すという課題をまとめたい。

今日われわれにとって新たなコメニウスが必要なのはなぜなのだろうか。古い見方はわれわれにとってもはや十分ではない。ノヴァークは、彼の著した長大な伝記のなかで、コメニウスの人生と業績における時間的な展開について、客観主義的なアプローチにしたがった。おそらくそれは実証主義的と呼ぶことができるだろう。ノヴァークは、思想研究の問題としてコメニウスを扱おうとはしなかったのである。これを行ったのがクヴァチャラである。(7) クヴァチャラは、チェコ兄弟教団による宗教改革の取り組みと一体となった、一五世紀から一六世紀の間の神秘主義的・宗教的思潮のうちに、コメニウスの人格性の根源を見出した。そこで問題なのは、クヴァチャラの正当な認識を最高に明白で細分化された内実で満たすことであり、実際のところコメニウスがどこに属するのかを思想史の地図の上に指し示すということである。これに関してわれわれがさしあたりしなければならないのは、精神世界を理解するための特別な精神的な関連性を理解することだ。この関連性は、われわれにはすでに疎遠になっており、われわれの視界から消えてしまっている。この文脈を手に入れることで、コメニウスという人格を前に、われわれがこれまで抱いていた痛々しく途方に暮れた状態を克服することができる。この状態はまた、出版賞の発起人が感じとっていたように、これまでチェコの作家でコメニウスへの実際的なアプローチをした者はおらず、これまでわれわれの生活、それゆえわれわれの文学のうちでコメニウスは生き生きとした存在ではなかったということである。教育学的リアリズム(8)についてのお決まりのフレーズは、決してコメニウスではなく、彼の営為でも理念でもない。また、コメニウスの平和主義的で百科全書主義的な啓蒙的キャッチフレーズは、もはや正しいとはいえないものもある。彼の姿は一義的ではなく、一本調子の聖人伝を手本にしてコメニウスを描くことはできない。それゆえ人は、コメニウスのある側面については恭しく口をつぐみ、ただ弁解的な調子で他の側面について述べたてるのが常である。まさにそれが、かの偉大なベールが彼の立場から当然に酷評(9)し、また優雅な仕方ではあったが、同じように当然に、デカルトが彼の視点から熱狂して混乱した者のカテゴリーに押しやってしまった(10)、この一人の人物なのだ。そうした一人の人物を全体として把握するということは、果たして可能なのだろうか。コメニウスをその全体として真摯にとりあげるということは可能なのだろうか。これが、コメニウスの重要な著作から再び生じてくる問いであろう。

コメニウスについてのクヴァチャラ的な見解を概括すれば、およそ次のようになる。敬虔な宗教的心情に満たされた兄弟教団出身の一人の若者が、ルネサンス後期のドイツの教養という複雑な環境にやってきた。そこでその教養の思想、すなわちキリスト教的な教養の概念を学びとった。その後、自身を学校改革についての考察へと導くことになる教育学的才能を自分自身のうちに見出した。こうした考察によれば、自然的な成長と外からの影響によって「汎知学的」な計画が発展したということになる。これらの計画が実際的に具現化されるかは、新たな社会関係や兄弟教団の願いが結集するかどうかにかかっており、平和的で汎調和的な取り組みを実施するかどうかにかかっていた。コメニウスはすでに彼の所属する教会から千年王国的な要素を得ており[11]、彼にとっての他の教養上の素材は彼が知的に成長した環境からもたらされたのである。

こうしたコメニウス像は、粗くはあるがたしかに正しい。しかしながら、コメニウスの知的な成長をめぐる状況については改善の必要がある。その状況についてはやはり再検討の余地があるのだ。コメニウスの生の状況には、ありとあらゆる劇的な出来事があった。それにもかかわらず、コメニウスの内的な生には有機的展開という性格があった。つまりそれは、あらゆるものが自然のうちに密接に作用しあい、相互に支えあい、連続性を妨げるものは何もないということである。ゆえに、コメニウスが同時代の教養生活から受けとったものは、独創的な宗教的理念がひたぶるに拡張し、神秘的で感情的な手段をとってルネサンス後期当時の知性主義における独創的な取り組みが拡大した結果のすべてなのだった。さて、コメニウスはヘルボルンという世界に入った。そして彼は、自分が入り込んだ世界で常に活動していた。とくにイングランド滞在時がそうであった。われわれはその世界のうちで、境界にケプラーやニュートンといった名前を見出し、しかしまたその中央にはヤーコプ・ベーメ、ヨハン・ヴァレンティン・アンドレーエ、トマッソ・カンパネッラ、そしてロマン派的な経験主義というべきベーコンの名前を見出す(12)。それは、その全体的な特質について、われわれがまだわずかしか知らない世界である。それは奇妙な世界である。この世界は、ルネサンスという言葉と関連づけるという一般的な先入観の影響のもとに長くおかれてきたために、西ヨーロッパの合理主義の一種の前段階であると見なされてきた。ゆえに、その前段階はただ量的なものであり、克服されたものとして見なされてきた。しかし実際のところ、それは非常に複雑であるばかりか、その本質において神秘的な世界なのである。この世界が近代世界の前段階であるというのなら、それはその時代が望んだことではなく、単なる副産物にすぎない。この世界が、統一的で中世的な思想の学と中世の統一的で必須の教養という中世の思想が解体されるのに寄与したことは疑いない。さもなければ、やはりこの世界はその意味において前近代的であるということになる。

ヤーコプ・ベーメ

こうしてコメニウスが属したのは、すでにずいぶん後期になり、形態としてもかなり分解した世界であった。コメニウスをバロックの思想家として解釈するという試みにも、たしかに正当性がある。とはいえ、バロック一般を、ただ先行する時代が崩壊していく傾向に対してなされた反応としてのみ理解されるとするにせよ、また、この先行する時代を（ホイジンガやシュタデルマンのように）「中世の終わり」として示したり、あるいは（ブルクハルトの伝統のように）ルネサンスとして示すにせよ、そうした試みなしにはコメニウスを理解することはできない(13)。マーンケが洞察したように、コメニウスが教育や教会および国家的な生にわたる全面的な組織を追求したのは、秩序や学問における中世的な統一性が失われたのを回復しようとするという典型的なバロックの起動力を現しているというのは正しいだろう。[14] しかし、コメニウスがこの統一性を実現しようとした基礎は、バロックの一翼を担うものでもなく、〔フランス的な意味での〕「古典主義時代」の典型でもない。デカルトやライプニッツ[15]が示した数学的・方法的な手続きの基礎とは異なり、依然としてそれは、聖書的、新プラトン主義的、あるいは神秘主義的な自然学による思弁であった。その思弁に浸透しているのは、パラケルスス[16]による数学、あるいは一七世紀の「永遠運動」の探究者たちの機械論としての、むしろ近代の数学的・機械論的なモチーフである。一般的には次のようにいえるだろう。一六世紀末から一七世紀を経て一八世紀初頭に至るまで有力であり、われわれが対抗宗教改革の熱狂として知っている精神の傾向は、さまざまな精神の領域における普遍主義的な営為等を、なるほど〈技巧という面では〉ひとつの独立した特徴を有したスタイルとして表した。にもかかわらず、この精神の傾向はまだいずれにしても、〈思想的な面で〉完結した独立の「知の球体」を意味しはしなかったということである。カンパネッラ、ベーコン、コメニウス、デカルトそしてライプニッツをバロック哲学の名のもとにひとまとめにするのは〔純粋に哲学という相から見るなら〕、カンパネッラとコメニウスを一方に、デカルトとライプニッツをもう一方に位置づけたり、奇妙なことにライプニッツのうちにルネサンス的な要素が残っていることを強調しようとするのと比べると、たしかに乱暴である。

われわれは、二、三の実例によってコメニウスが風変わりな神秘論の世界のなかで実際に生きていたということを示したい。マーンケは、コメニウスが『平安の中心』で、ヤーコプ・ベーメが『アウローラ』〔黎明〕[17]で引いたのと同じ聖句からインスピレーションを得たことを指摘した。それは、コメニウスが世界を神の車輪と類比した箇所である。しかし、コメニウスの解釈はベーメの解釈とは当然異なっており、より単純であまり深くはなく直観的である。神なる中心や球体といった古代の神秘的なイメージをハブやスポークのついた車輪というイメージに読み替えたのがベーメであることは疑いない。『前庭』〔学識の学修・第三部〕の一節には、神なる中心とその円周に基づく神秘的なイメージが引かれており[18]、マーンケによれば、これはおそらくヘルメス・トリスメギストゥスの『ポイマンドレース』に対するハンニバル・ロッセルの注釈から借用されたものである[19]。しかし明らかなのは、『平安の中心』に彩りを添えている第二の見事な神秘主義的な類比、すなわち世界を一本の木にたとえているのはヤーコプ・ベーメに由来するということである[20]。ベーメはこの類比をたとえば『魂に関する四〇の問い』[21]で用いたが、コメニウスが魂――ミクロ・コスモスを神という根をもった一本の木の枝にたとえるというインスピレーションを得ることができたように、この類比にはたしかに非常に深い意味がある（これら二つの根拠から示されるのは、S・ソウチェク[22]が一九二〇年に出版されたクヴァスニチェック編集による『平安の中心』の序文で、「神秘主義者ヤーコプ・ベーメといくつかの点で一致しているのは単なる偶然である」[23]と述べているのはたしかに誤りであるということである）。ミクロ・コスモスとしての人間という概念は、後期ルネサンスの全体において非常に典型的であり、コメニウスがたとえば『大教授学』で用いた人間についての概念の基礎であったのはもちろんのことである。ミクロ・コスモスは同時にモナドとして把握される。「その光輝く精神によって、人間は神の作品の中心に立つものなのである。その精神は部屋の中につるされ、あらゆる事物のイメージを受けとる球鏡にたとえられる。……その尽きることのない受容能力によって、人間の精神は、認識においては深淵と同じなのである」（『大教授学』[24]）。『必須の一事』においてもなお、ミクロ・コスモスの思想の基礎は明瞭である[25]。それは、些事でも偶然でもなく、明晰な思考の残滓でもない。ただミクロ・コスモスやモナドといった概念から思考し、神に吊り下げられているか、神によって立っているかはともかく、（コメニウスがそうしたように）世界をそれ自体として単一で首尾一貫した有機的な全体として把握する者がいたのである。そして、神聖な実在であり唯一の存在である鏡像としての世界を内的には無限であるわれわれの魂と関連づけたのである。こうして世界を思弁的に解釈し、直観によって世界にある個々のものを見通すことはたしかにできる。とはいえ、近代科学のように理解することはできないのである。つまり、概念の分析、抽象化、理念化および構成といった近代科学の過程によって認識することはできないのである。まさにこの近代科学が生じたのが一七世紀なのである。——コメニウスの「類比の方法」や「汎調和」もまた、同じ文脈に属している。

われわれがコメニウスの思考様式を考察し、多様な形態をとっている彼の思想活動において、その思考法を正しい位置において整理しようというなら、そこでとりわけ留意すべきなのは、コメニウスが証拠へと導いてくれることはほとんどなく、もたらされるものの大部分は思弁だということである。ここにあるのは数学的または論理的な必然性という線上での直線的な発展ではなく、アナロジー、対応関係、そして表象の不断の探究である。コメニウスにおける三分法や他の区分の方法は、本来的に神秘主義的な起源のものである。われわれが彼の現実感覚や計画的な企ての規模を見る限り、コメニウスの並はずれた直観的な才能や要約力のもとでは、こうしたことはすべてが必ずしも失敗とはいえない。とはいえ、近代的な意味での方法という点では、社会的には何もなさないのである。つまり、こうした点でコメニウスに近づこうとする試みは、どういうものであっても挫折せざるをえない。新しい思想の観点からコメニウスを批判するということは、ナイーヴでもあり不毛であるに違いないのである。たとえば今日、コメニウスはその哲学においては正しい発展から離れたままであるということをわれわれがよく耳にするというのならば、コメニウスにあってはその哲学の最終の形態はまさに信仰告白そのものであるということを、われわれは認識しなければならない。しかし、こうした見解は、おそらくは近代科学の卓越した成果に依存している。近代科学の成果は非常に意義深いが、しかし、近代科学のいかなる権威も世界についての思考の方法を思考そのものの本質とすることはできないのである。

われわれがコメニウスを理解しようとするなら、彼が育った思想的世界の本性を扱うというような仕方で進まなければならない。そしてその後に、個々の代表的な思想家に彼の個人的な記録を対照させ、彼本来の性格と区別しなければならない。ドイツ一六世紀の思想の茂みを通ることのできる道はほとんど知られていなかったため、われわれはつい最近まで、こうした企てを実行する期待を抱くこともなかった。ドイツにおける一部の傑出した学者による、パラケルスス、ヤーコプ・ベーメ、ヨハネス・ケプラーの著作や研究は、そうした作品に対する関心を呼び起こした。同様に、まさに現在のドイツでの思想的な深い変革の意識のもとで、公共的な関心が高まっている。例をあげれば、コルベンハイヤーの『パラケルスス』（一九二七〜二八）[26]が世に出たが、これは新たな状況を示すものだ。ポイケルトの『汎知学』という書物[27]は、ドイツ一六世紀についての思想研究の成果であり、今後も、基礎文献となるであろう。少なくみつもっても最高に価値のある貢献である。本稿においてもわれわれは特別の注目を払いたい。

こうしたすべての運動の理念的な基礎は、マルシリオ・フィチーノ[28]がプラトン[29]、プロティノス[30]、そしてヘルメス的著作を自ら翻訳することによって強固にし復活させようとしたキリスト教的な新プラトン主義である（ちなみに、こうした運動はもっぱらドイツ的だということではなく、ヨーロッパ全体を包括するものである。ポイケルトの著作もドイツ語圏に限定されているが、フィレンツェの新プラトン主義者やフランスの有名な大修道院長トリテミウス[31]とフランス人の側近たちも登場する）。しかしまたそのなかには、中世前期のヘルメス的伝統およびスコラ的総合の新プラトン主義的要素を見てとれるのだ。この新たな伝統は早くから従来の学派と対立していた。すでにピコ・デッラ・ミランドラが当時のスコラ学との間で困難な状況に陥り、主張を撤回しなければならなかったということが知られている[32]。後になって、ドイツ圏では新プラトン主義の放射がまったく反対の意識のもとで築かれた。とくにパラケルススは、ロイヒリン[33]やネッテスハイムのアグリッパ[34]が新たにカバラ的で魔術的・錬金術的な知恵を先にとり入れたあとで、ファウスト的な刺激を欲する人間的な憧憬をかきたてた。こうして、ポイケルトの著作に「ファウストからベーメへ」という表題をつけることができよう。一五世紀には精神的な緩和が到来した。これはシュタデルマンが『中世末期の精神について』でクザーヌス、[35]セバスチアン・フランク[36]およびネーデルランドの「新しき信心」[37]についての解釈において強調したことである。[38]この緩和は、新たな精神的伝統の導入、とくに新プラトン主義の導入をもたらす。そして、フィレンツェの全学術界がこの緩和にとっての証言者といってよい。この精神的な緩和は、一六世紀の宗教改革の熱情によって複雑化していく。この熱情はたしかに反合理論的で非懐疑的である。けれども、中世的な権威との関係においては、その熱情はなおも強く主観化されている。ゆえに、プロテスタント的な神秘論の茂みがそこから生じたのである。その茂みは、パラケルススのほかにも、ヴァイゲル[39]やベーメの名で覆われている。しかし、魔術、錬金術、カバラ、汎知学および神智学に関した思弁的で神秘主義的かつ献身的な多くの指導者たちのなかでよく知られているのは、ヴァイゲルとベーメという二大巨頭にすぎない。ポイケルトの著作でもっとも重要な点は、この茂みを正確に特徴づけて区分しようとしたことである。この茂みはすべて新プラトン主義的・神秘主義的な学説から生じた。この学説は、二つの翼、言いかえれば二つの魂の光をもっており、それらによってこの世界を超越しようとするか、もしくは新たな輝きを点火するのである。この学説は、この世界から他の世界へと上昇するという「合理的な」営為、および直接的で神秘主義的な結合という営為から生じているが、このためには恩寵が必要なのである。認識と信仰および認識と幻視によってこの世界を克服すること、学問と信仰の統一というスコラ的な問題を新たな仕方で解決すること、学問と信仰から単一の生き生きとした全体を作ること、キリスト教的な学問を作り、それによってキリスト教を理解すること、これらはこうしたすべての産出的な運動の営為なのである。この運動の営為は、フィチーノやピコ・デッラ・ミランドラといったフィレンツェの新プラトン主義者からわれわれのコメニウスにまで至るのである。全自然が神の御心のうちにある、隠された深い自然の力を探すこと、および神と被造物との関係としての歴史として自然を試すこと、それが自然魔術であり、後にはパラケルススの錬金術の門弟たちのもとでも探究された。その門弟の一人であるゲルハルト・ドルン[40]は次のような言葉で伝えている。「精細な事物を扱う錬金術の研究は、特別な理性によって感覚における事物の枷や桎梏から解放する見えない真理であり、それらの真理は天上や秘密、隠れた力や徳からもたらされる[41]」。それは、力や富だけを得ようとするお粗末な魔術や金の発掘のような下らぬこととは違うものである。ここで神は自然をとおして語るのであって、そこで鉱石は副次的効果をもつにすぎない。とはいえ、こうして準備が整った大地に、偉大で異なった二つの植物が繁茂しうるのだ。一方には、いわば認識への道として恩寵や信仰を手段とする神秘の翼や神秘の道が用いられる。すなわち、この認識への道が本来の目的である。神をとおした認識には、「神智学」という名が値しよう。神智学の代表者は、ドルン、バッハスマイアー[42]、そして多くのバラ十字団員たちである。そして他方では、世界を貫くことによって神に到達する認識がある。「内部から、世界の中心から、あらゆる存在と生成の中心から、神智学者は認識しようと試みる。汎知学者は外部から中心に向かって進み、常により深く掘り進めるようにして、汎知の意味を回復させようとする[43]」。これが、ポイケルトによる「汎知学」という言葉の意味である。

コメニウスが「汎知学」という用語を借り受けたとき、この言葉の意義はその実物以上のものであったと考えられる。つまり、「汎 πᾶν」は、一七世紀初頭の汎知学者のもとでそうであったように、コメニウスにあっては、宇宙というよりも知の球体（globus intellectialis）に関係していた。もちろんここで理解されるのは、コメニウスがこの自然崇拝の伝統を唯一の源としているのでは決してないということである。コメニウスは学校で学び、学校で教示した人間である。ヤーコプ・ベーメがしたような汎知学の孤独な探究や思弁は、コメニウスには縁遠いものである。少なくとも基礎的な概念やそれを表現するにあたっては、彼はすべてにおいて明確であろうとした。しかし、こうした魔術的・神秘主義的思考の流れ全体と彼との間の内的な親和性を否定することはできない。またコメニウスも、神との類似性および神についての認識を望んだ。つまり、コメニウスのもとにあっても、世界理解と信仰という二つの翼をもった魂が羽ばたいているのである。そしてこの精神は、スコラ哲学が望んだように別々になることは決してなく、均等なのである。コメニウスの世界は認識の世界であると同時に信仰の世界でもある。この世界はキリストの世界（mundus christianus）であり、その世界はそれ自体として万物のうちに神の栄光を顕現している。コメニウスの『自然学綱要』の第一部では『創世記』第一章の解釈が扱われている。ちなみにピコは、彼の宇宙論である『ヘプタプラス』[44]で、同じ章の解釈を（当然のことながら七部に分けて）行っている。この特別な伝統は、強く古い酒を学校に適するように薄めるという作業をとおして、確かにコメニウスにまで達したのである。そのように学校向けに希釈化したのがアルシュテット[45]であり、コメニウスはそれによって「モーゼ的自然学」（physica mosaica）の伝統のすべてを知ったのである。コメニウスがこの創世記の章を解釈した手本が何であったかは興味深いことであり、思想研究上も重要であるといえよう。たとえば、天上の世界としてのコエルス（coleus）と可視的世界としてのテラ（terra）についてのコメニウスの解釈は、ピコの『ヘプタプラス』の学識に満ちた占星術的な解釈にもまたみられる（第二部第二章）。あるいは、彼の解釈にはカンパネッラの二元論の精神が息づいている。つまり、世界の物質と魂はここでは原理として登場する。この原理は、コメニウスの三分法の精神につながっていく世界についての原理なのである。一般的にいって、コメニウスの『自然学綱要』には、われわれが注目する価値がある。というのも、この著作は彼の自然についての見解を含んでおり、ゆえに汎知学を基礎づけた思想家の世界観の本質的な部分を含んでいるからである。実際のところ、まさにこうした教授学的な書物にルネサンス後期の思弁や精神的な主題や空想がこれほど集積されて伝達されたのはまれである。『コメニウス選集』第一巻に収められたレーバーの『自然学綱要』についての解釈はまったく文献学的である。[46]レーバーの解釈は、表面的にみれば、この驚くべき自然学の違いをいくつか導き出してはいるものの、その思想的な構成の統一性や性格を把握してはいない。『自然学綱要』における分類法やそこで用いられている概念の意味をより明らかにするには、それ以前の哲学的な自然思想、とくに錬金術的な自然思想の詳細により深く入り込む必要があるだろう。レーバーが指摘したように、こうした「学問」の基礎がアリストテレス的であるということに贅言を費やすのは無駄なことである。当時はそうであるしかなかったのである。むしろ問うべきなのは、コメニウスにおける三分法の原理の起源を問うことであろう。そして、聖書神学のうちにその原理は見出されるだろう。「というのは、信仰におけるアナロジーは、無からの物質の創造は全能なる神の御業であり父なる神に帰せられるということ、(それによって世界に輝きと秩序をもたらす)光の創造が神の御業であり、子の知恵と力に帰せられること、最後に被造物に注ぎ込まれる力は神の善による御業であり、それは聖霊に伴なわれるということを、われわれに信じることを教えるからである」[47]。こうした自然についての解釈は、かくして神の書物をとおして、神の書物としての自然の読解となる。そして、コメニウスが学校用に解釈したゆえの味気なさが多くあるにもかかわらず、それは究極的にはかつてパラケルススにシグナトゥーラ・レールム(signatura rerum)という説へのインスピレーションを与えたのと同じ思想なのである(他にも同様のところがある)[48]。コメニウスは、同時代の自然哲学のなかで、この自然の解釈に役立たせられる最善で、最も単純で、最も明白なものを見出したのである。これが、彼の著作がもたらし、誇ることのできる「新しさ」の要点なのである。〈聖書〉という「根拠」を精読すること、あるいは意味の世界に至る信仰の説――彼は、それらを自身にとっては最善のものであると主張した。自然の諸原理を三つの原理に還元するのはここに含まれており、なお運動(motus)、質(qualitas)、変化(mutatio)といったさらなる三分法が導かれる。運動の概念のもとには、物質と光(または熱)と魂(または力)という運動の三分割がある。質の概念のもとには、光(炎)と魂と物質等の概念から生じた三つの実体化された質の演繹がある(つまりその質とは、パラケルススがそれをもってあらゆる物体の属性を作ったところの要素である)。こうして世界は神の特質のイメージなのであり、同時に聖なる実験室なのである。これは人間の業と競合することはありえない。簡潔にいえば、自然は神の啓示の輝きによって至るところが照らされているのを示すのである。ポイケルトの用語でいえば、『自然学綱要』におけるコメニウスは、汎知学者というよりもむしろ神智学者として現れている。しかし、彼の教育学的で百科全書的な研究という偉大な構想のなかには、やはりまた汎知学的な精神による何かがある。それは、知をとおした神への道であり、霊と知によって、より高き生に向かって生を準備することである。

コメニウスの著作がおかれている思想研究の文脈をたどる作業は、決して終結するものではない。われわれの先には、大きな研究課題、ひょっとすると主要な研究課題がまだあるのだ。ライプニッツへと進む方向においては、コメニウスが一六世紀の神秘主義の精神世界とライプニッツの間の仲介者であるということをマーンケが示すことによって一本の線を引いた。しかしなおも、他の方向に線を引くという課題がある。先行した出来事から間違いなく生じたことが明らかであるとして、われわれはこれまでのところ、コメニウスとドイツ神秘主義者との関係の正確なところは何も知らないのである。確かにこれまでのところ、コメニウスがベーメを読み、単なる伝聞ではなくベーメを知っていたという確証を、われわれは得ていないのである。コメニウスが誰からバラ十字文献を知り、その文献がコメニウスにいかなる影響を具体的に与えることができたかについて、われわれはこれまでのところ正確には知らない。ゼンネルト[49]が比類のない錬金術作家であるとして、コメニウスがそこから何かを得たかについても、われわれは知らない。根源語についてのコメニウスの神秘主義的な学説の起源がどういうものであるかについてすら、われわれは知らない。こうしたことは、まさに手当たり次第にとりあげられるべき問題である。そして非常に重要である。――一度この道を行く者は、問題の列が連なっているのを確かに見出すであろう。

当然のことながら、規律の思想と明晰さの思想において生きたという限りでは、コメニウスは一七世紀人である。彼は学校の人間であり、後期ルネサンスのロマン主義的な精神をもった本来的なスコラ学者なのである。コメニウスのもとで、このロマン主義の哲学的で神話的なモチーフがとった形態は、明快で教授学的であり、明断で体系的であった。この形態をとったことによって、このモチーフはコメニウスの同時代人にとっていっそう受け入れやすくなった。そして実際、われわれは、コメニウスのいくつかの著作の並はずれた成功を見るのだが、『自然学綱要』については、当時の数多くの実際のところ偉大な科学的著作の陰で目立たない状態にある。コメニウスがその著作によって、ルネサンスの思想内容を、とりわけドイツにおいて、一八世紀に至るまでかなりの程度で持続させるのに貢献したのは確かなことである。その時すでに、ヨーロッパ西部では、思想的にはまったく別のところに目が移っていた。こうしてコメニウスは、ヘルダーが彼について論じ、ヘルダーのあとにはわれわれの思想家たちが論じたように、単に啓蒙の準備者ではないのだ。言いかえれば、啓蒙に関しては、彼の思想的な近親者のモチーフになったのだ。むしろこうした精神運動の何らかの伏流となったのだ。この伏流は、ルネサンスによって産み落とされ、一九世紀初頭のルネサンスの復権後に至るまで、その思想的堆積物をルネサンスとともにもたらしたのである。

コメニウスは、われわれに非常に近く、非常に疎遠である。われわれは彼の結論で理解するところもあるが、彼の思想の根源は理解していない。とはいえ、コメニウスは、われわれにとって疎遠であるために、われわれに義務を課すことができるのだ。彼はわれわれの精神的宇宙の境界の向こうに現れている。彼についていこうとするなら、キリストの知恵とキリストへの憧憬としての世界を体験することを、われわれは試みなければならない。こうした憧憬のゆえに、コメニウスは死の床で神に感謝したのである。その彼から汎知学は生じたのである。

注

（1）【訳注】本論文は、パトチカが初めてコメニウスを扱った公刊論文である。パトチカの哲学者としての側面を重視する研究者には、パトチカがコメニウス研究を行ったのは生活の必要からであったと見なす意見がある。しかし、第二次世界大戦後に科学アカデミー教育学研究所に勤務する以前に著されたこの論文は、パトチカが本格的にコメニウス研究にとりくむ以前に、独自の思想史的アプローチを提示している点で重要である。
当時、コメニウスについては民族主義の興隆のなかで国民教育の父という評価が固定しつつあった。また、コメニウスの教育者としての側面が強調されると同時に、コメニウスの啓蒙主義的な側面が強調されることになった。パトチカは、コメニウスの思想が発生した歴史的文脈として、ルネサンス以降の新プラトン主義の思潮や神秘主義思想を重視し、歴史的なコメニウス像の書き換えを要求している。

この論文は、『月刊批評』（*Kritický měsíčník*）第四巻第五、六号に発表された。『ヤン・パトチカ選集』第九巻に所収のテクストを底本とした。
（2）【訳注】R・アオゲンターラー（Rudolf Karel Augenthaler, 1854-1916）。チェコの弁護士、雑誌記事等を執筆。
（3）【原注】J. Kvačala, *Komenský. Jeho osobnost' a jeho sústava vedy pedagogickej*, Turč. Sv. Martin, 1921. このチェコ語訳、*Komenský, jeho osobnost a jeho soustava pedagogické vědy*, přel. R. Augenthaler, Praha, 1921.
（4）【訳注】J・ヘンドリヒ（Josef Hendrich, 1888-1950）。教育学者、コメニウス研究者、カレル大学教授。
（5）【訳注】J・V・ノヴァーク（Jan V. Novák, 1853-1920）。教師、歴史著述家。
（6）【原注】J. V. Novák, J. Hendrich, *Jan Amos Komenský. Jeho život a spisy*, Praha, 1920.
（7）【訳注】J・クヴァチャラ（Ján Kvačala, 1862-1934）。スロヴァキアの教育学者、聖職者、近代的なコメニウス研究の確立者。
（8）【訳注】本書、三六頁、注（12）。
（9）【訳注】P・ベール（Pierre Bayle, 1647-1706）。フランスの哲学者、啓蒙主義の先駆者、主著、『歴史批評事典』（*Dictionnaire historique et critique*）。本書、三五〜三六頁、注（9）。

（10）**【訳注】**R・デカルト（René Descartes, 1596-1650）。フランス生まれの哲学者、数学者、近世哲学の祖とされ、コメニウスの汎知学構想を批判的に論評した。一六四二年にコメニウスと会談している。本書、一〇頁、三五頁注（6）。

（11）**【訳注】**本書、一二頁、三五頁注（8）。

（12）**【訳注】**J・ケプラー（Johannes Kepler, 1571-1630）はドイツの天文学者、天体物理学の先駆的存在。I・ニュートン（Sir Isaac Newton, 1642-1727）はイングランドの哲学者、数学者、古典力学の祖。J・ベーメ（Jakob Böhme, 1575-1624）はドイツの神秘主義者、神の自己産出の概念を展開。J・V・アンドレーエ（Johann Valentin Andreae, 1586-1654）はドイツの神学者、バラ十字運動の提唱者と目される。T・カンパネッラ（Tommaso Campanella, 1568-1639）はイタリアの聖職者、哲学者。アリストテレス主義の批判でローマ教皇庁と対立。F・ベーコン（Francis Bacon, Baron Verulam and Viscount St. Albans, 1561-1626）はイングランドの哲学者、政治家。経験哲学の祖とされる。

（13）**【訳注】**ホイジンガ（Johan Huizinga, 1872-1945）はネーデルランドの歴史家。ブルクハルトのルネサンス観に疑義を呈した『中世の秋』（*Herfsttij der Middeleeuwen*）、『ホモ・ルーデンス』（*Homo Ludens*）などで知られる。R・シュタデルマン（Rudolf Stadelmann, 1902-1949）はドイツの歴史家、チュービンゲン大学教授等を歴任。J・ブルクハルト（Carl Jacob Christoph Burckhardt, 1818-1897）はスイスの歴史家、文化史家、バーゼル大学教授。主著『イタリア・ルネサンスの文化』（*Die Kultur der Renaissance in Italien, ein Versuch*）。

（14）**【訳注】**D・マーンケ（Dietrich Mahnke, 1884-1939）。ドイツの哲学者、数学史家。マーンケは、パトチカと同じくフッサール門下であり、数学的自然学と精神科学の統合を企てた。コメニウス研究についても、バロックという文脈でコメニウスをとらえようとする独創的な視点を提示している。

Dietrich Mahnke, *Der Barock-Universalismus des Comenius*, in: *Zeitschrift für Geschichte der Erziehung und des Unterrichts*, XXI, Berlin, 1931. XXII, Berlin, 1932.

Dietrich Mahnke, *Der Zeitgeist des Barocks und seine Verewigung in Leibnizens Gedankenwelt*, in: *Zeitschrift für Deutsche Kulturphilosophie. Neue Folge des Logos*, II, Tübingen, 1936.

Dietrich Mahnke, *Unendliche Sphare und Allmittelpunkt. Beitrage zur Genealogie der mathematischen Mystik*, in: *Deutsche Vierteljahrschrift für Literaturwissenschaft und Geistesgeschichte*, XXIII, Halle, 1937.

（15）【訳注】G・W・ライプニッツ（Gottfried Wilhelm Leibniz, 1646-1716）。ドイツの哲学者、数学者。一七世紀の合理主義を代表する哲学者。主著、『モナドロジー』（*Monadologie*）、『人間知性新論』（*Nouveaux essais sur l'entendement humain*）。

（16）【訳注】パラケルスス（Theophrastus Hohenheim, 通称 Paracelsus, 1493?-1541）。スイスの医師、錬金術師。マクロ・コスモス（宇宙）とミクロ・コスモス（人間）の間に平行関係を見ようとする新プラトン主義的世界観を提示。

（17）【訳注】ベーメの最初の著作『アウローラ』（*Aurora: Die Morgenröte im Aufgang*）。アダムに始まる人間の堕落からの回復の可能性が論じられた書。薗田坦訳『アウローラ　明け初める東天の紅』、ドイツ神秘主義叢書、八、創文社、二〇〇〇年。

（18）【原注】『学識の学修の前庭』（*Eruditionis scholasticae pars III, Artium*）、ＯＤ3、七一五頁。

（19）【原注】ヘルメス文書は、伝説上の人物ヘルメス・トリスメギストゥスの作品として最初にギリシア語で出版され、のちに一七分冊の『ヘルメス選集』（*Corpus hermeticum*）として編集される。ルネサンス期になり、メディチ家の支援のもとでプラトン・アカデミーの中心者となるフィチーノがラテン語に翻訳する。その第一文書が『ポイマンドレース』である。ヘルメス文書は、ヴァイゲル、ロイヒリン、アグリッパ、パラケルスス、パトリッツィ、ブルーノらによってとりあげられた。ハンニバル・ロッセルの注釈書とは、*Pymander Herma Mercurius Trismegistus cum Commentationes Hannibalis Rossel* で、一六世紀にクラクフで出版されたものである。

（20）【原注】『平安の中心』（*Centrum securitatis*）、ＤＫ3、四八二頁。

（21）【原注】J. Böhme, *Psychologia vera, oder: Vierzig Fragen von der Seele, ihrem Urstande, Essenz, Wesen, Natur und Eigenschaft, was sie von Ewigkeit in Ewigkeit sei?*

（22）【訳注】S・ソウチェク（Stanislav Souček, 1870-1935）。チェコの言語学者、歴史家。ブルノ・マサリク大学学長を務めた。

（23）【原注】J. A. Komenský, *Hlubina bezpečnosti*, vyd. J. V. Novák, úvodní studií opatřil S. Souček, Praha 1920, str. 7.（Knihovna „Duch času", sv. 9, nákladem A. Kvasničky.）

（24）【原注】『大教授学』（*Didactica magna*）、第五章四節、ＤＫ15Ｉ、六一頁、邦訳、1、六八頁。

（25）【訳注】『必須の一事』（*Unum Neccessarium*）、第五章、ＤＫ18、九四頁。

(26)【原注】*Paracelsus.* von E. G. Kolbenheyer. Teil 1: *Die Kindheit des Paracelsus*, Teil 2: *Das Gestirn des Paracelsus*, Teil 3: *Das dritte Reich des Paracelsus*, München 1927-1928.
E・G・コルベンハイヤー（Erwin Guido Kolbenheyer, 1878-1962）。オーストリアの小説家、劇作家。

(27)【原注・訳注】W. E. Peuckert, *Pansophie. Versuch zur Geschichte der weißen und schwarzen Magie*, Stuttgart 1936.
W・E・ポイケルト（Will Erich Peuckert, 1895-1969）。ドイツの民俗学者、作家。

(28)【訳注】M・フィチーノ（Marsilio Ficino, 1433-1499）。イタリア・ルネサンス期の哲学者。プラトン・アカデミーの中心人物として新プラトン主義の復興に関わった。

(29)【訳注】プラトン（Platon, 前 427-前 347）。古代ギリシアの哲学者。ソクラテス（Socratēs, 前 469?-前 399）の弟子、アリストテレス（Aristotelēs, 前 384-前 322）の師。

(30)【訳注】プロティノス（Plotinos, 205?-270）。新プラトン主義の創始者といわれる哲学者。

(31)【訳注】J・トリテミウス（Johannes Trithemius, 1462-1516）。ドイツの修道院長でありながら、魔術師としての一面があったとされる。

(32)【訳注】ピコ・デッラ・ミランドラ（Giovanni Pico della Mirandola, 1463-1494）。イタリア・ルネサンス期の哲学者。主著、『人間の尊厳について』（*Oratio De Dignitate hominis*）。

(33)【訳注】J・ロイヒリン（Johannes Reuchlin, 1455-1522）。ドイツの古典学者、人文主義者。

(34)【訳注】アグリッパ（Heinrich Cornelius Agrippa von Nettesheim, 1486-1535）。ドイツの魔術師、人文主義者。

(35)【訳注】ニコラウス・クザーヌス（Nicolaus Cusanus, 1401-1464）。中世ドイツの哲学者、神学者、枢機卿。中世有数の博学者。主著、『学識ある無知について』（*De docta ignorantia*）。

(36)【訳注】S・フランク（Sebastian Franck, 1499-c.1543）。一六世紀ドイツの自由思想家、人文主義者。

(37)【訳注】ユトレヒトのデフェンターは、『キリストに倣いて』（*De Imitatione Christi*）の著者とされるトマス・ア・ケンピス（Thomas à Kempis, 1380-1471）らに代表される信仰運動「新しき信心」（devotio moderna）の中心地のひとつであり、共同生活兄弟団（Fratres vitae communis）によって設立された学校があった。

(38)【原注】R. Stadelmann, *Vom Geist des ausgehenden Mittelalters. Studien zur Geschichte der Weltanschauung von Nicolaus Cues bis Sebastian Franck.* in: *Deutsche Vierteljahrschrift für Literaturwissenschaft und Geistesgeschichte*, XV, Halle, 1929.

（39）【訳注】V・ヴァイゲル（Valentin Weigel, 1533-1588）。ドイツの神学者、哲学者、神秘主義思想家。
（40）【訳注】G・ドルン（Gerhard Dorn, c.1530-1584）。ベルギーの哲学者、錬金術師。
（41）【原注】Peuckert, *op. cit.*, S. 301.
（42）【訳注】バッハスマイアー（Bachsmeier von Reginburn Huldrich）は、一六世紀の神智学においてポイケルトによって引き合いに出された人物。
（43）【原注】Peuckert, *op.cit.*, S. 398.
（44）【原注】ピコ・デッラ・ミランドラの書『ヘプタプラス』（*Heptaplus, de septiformi sex dierum enarratione*, Firenze 1490.）。
（45）【訳注】J・H・アルシュテット（Johann Heinrich Alsted, 1588-1638）。ドイツの百科全書主義者、教育者、千年王国論者。コメニウスのヘルボルン修学時の師の一人。
（46）【原注・訳注】『コメニウス選集』第一巻に収められた『自然学綱要』（*Physicae synopsis*）についてのレーバーの注釈（VK1、一三三頁）。
J・レーバー（Josef Reber, 1838-1924）。ドイツの古典文献学者。
（47）【原注】『自然学綱要』、第二章、DK12、九八頁。
（48）【原注】『コメニウス選集』第一巻に収められた『自然学綱要』の注からの引用（VK1、一八九頁）。
（49）【訳注】D・ゼンネルト（Daniel Sennert, 1572-1637）。ドイツの医学者、錬金術師。ヴィッテンベルグ大学教授。

コメニウスと一七世紀の主要な哲学思想[1]

Komenský a hlavní filosofické myšlenky 17. století（1956）

一七世紀は、一方では、中世という理念的な区分と生活様式が終焉へと締めくくられ、他方では、近代的な合理主義という時代が始まった大きな境目である。一七世紀における合理主義は、ルネサンス時代の合理主義の走りとは異なっている。それは、ルネサンスの合理主義が断片的で個人主義的であるのに対し、ひとつの普遍的な性格を有している。それはまた、偉大な自律性を有している。この自律性とは、伝統というものが古典古代のそれであれ、固有のものであれ、国家的なものであれ、もはやそれほど伝統をよりどころにはしないということではない。そうではなく、それとはまったく反対に、伝統から自らを解放しようと企て、「事物それ自体」に向かおうとしたということである。ここでわれわれは、こうした合理主義の根源を分析しようというわけではない。こうした合理主義は、人間生活のあらゆる基礎的な関係や方向を完全な合理化に服従させようとする。つまり、人間が自らの主人や指導者や支配者になるように、人間生活のあらゆる基礎的な関係や方向を解明し、掌握しようとする。人間は、自然、とくに国家に代表される社会、歴史とのそうした基礎的な関係を手にした。そしてついには、世代の連なりにおける社会の結合とまさに社会が進歩する可能性を生み出そうとする関係、つまり教育と教養を手にした。一七世紀という大思想家の時代はこれに呼応して、合理化をめぐる四つの主要な問題領域の

トマス・ホッブズ

ルネ・デカルト

解決に向けて寄与をもたらしている。一七世紀の合理主義における第一にして最大の成果は、ガリレイ、ケプラー、ステヴィン、デカルト、そしてホイヘンスに始まり、ニュートンやライプニッツに至る近代の数学的自然科学を打ち立てたことである。(2) 第二の成果は、一方ではマキアヴェッリの理念に立脚し、他方では近代力学から手本を得た、ホッブズから国家理性の思想家に至る近代の国家学の理論が発生したことである。(3) 第三の成果は、ヴィーコの歴史学的方法論である。(4) これは、デカルトやそれに類する者たちの思想に対して論争的に反応したものであるが、そうした思想家たちとの関連があってこそありえたものである。ヴィーコは、歴史というのは古い年代記なのではなく、特有の方法と特有のターミノロジーを前提とした人間の実際的な自己認識なのであるということを初めて明確に指摘した。この時代の合理主義の第四の偉大な概念は、体系的な教育学の成立である。ここで洞察されたことは、教育についての学は概念の全体的な複合体をひとつの体系に概略化して包含するということである。ここでいう体系というのは、それなくしては、教育をするにせよ教授を行うにせよ、それらが方法的にも包括的にもなりえず、ゆえに、それなくしては、大規模で社会的で普遍的なスケールでの教授学による成果が得られないようなものである。

ジャンバッティスタ・ヴィーコ

一七世紀の思想史を記述することは、これらの四つの偉大な概念の発生史と相互的関係を大規模かつ全体的に描くということを意味しよう。ここでわれわれは、そうしたことについての素描のようなものを提出しようとするものではない。書きとめられるべきなのは、われわれはこれらの四つの概念の関係をひとつの論理的な連なりという意味で単刀直入に示してはならないということである。つまり、それらの概念が単一の思想体系を形成するなどと論じてはならないのである。それらの概念は、すべて合理化する精神、展望する精神、目録化する精神、発明する精神、すべてを意のままにする精神の果実である。しかし、これらの概念のいずれもが根本的に異なった方途をとっている。自然科学の概念と国家学的な概念との間では、少なくとも個々の思想家のもとでは、これらの二つの概念とヴィーコの概念との間よりは密接な論理的関係がある。そして、近代的な教育学の誕生は、これらすべての概念から隔たっている。これらの四つの概念のいずれもが特徴づけられるのは、それらの概念に特殊な視点を含んでいるところにある。その視点は、単にそれらの概念にもっとも固有な領域にではなく、全体に向けられていた。それらの概念のいずれも、最も奥にあり基礎をなす概念の相のもとに（sub specie）世界という全体を見ているのである。数学的な自然科学は、あらゆる現象に関する法則やその正当性の問題をもたらした。近代的なあらゆる国家学説は、福利と権力闘争についての概念のもとにあらゆることを考察した。歴史は、創造と連続的な結合という概念のもとに、近代的な教育学は教育という概念のもとに、あらゆることを考察したのである。

そして、一般的な意味での全体への視点がとりあげられているということが、体系的な教育学説の成立について理解する際に非常に重要なのである。こうした一般的なビジョンなくして、人は教育や教授の学説にどうして頼ることができるだろうか。というのも、そこに一般的なビジョンがなければ、教育という現象を合理化するための体系的な支持や方向づけが欠けていることになるからである。われわれのＪ・Ａ・コメニウスは、体系的な教授と教育に関する学説の創設者として、こうした体系的な基礎、つまり教授や教育の主要な概念に関する支柱や方向づけをもたらしたのである。

その際に非常に興味深いのは、近代的な教育学の体系的な基礎に、この時代の合理主義による偉大な革新と関係するところが何もないということばかりではない。つまり、それらの革新がもたらした数学的な自然科学や厳格な自然法則の概念と関係しないということばかりでもない。また、あらゆることが「形態と運動をとおして」生じ、あらゆる質的なものは時間的空間的なデータ等に還元させられるという壮大な機械論による自然という現実へのまなざしとも関係しないということでもない。それどころか、ここで興味深いのは、近代的な教育学の体系的基礎が、合理主義による革新の対極にあるということである。この奇妙な事実は、あるいはコメニウスの思想を研究する多くの歴史家が、その学説のうちに近代的な自然法則などではなくとも、少なくとも教育の自然法則のようなものをとらえるというような仕方で、その学説を近代化することに力を注ぐことにつながっている。あるいは他方、そのほかの歴史家がまた、コメニウスの教育学が基礎をおく方法には事物における基礎を欠いた空虚なアナロジー化しかなく、ゆえに当然のことながら真に合理的な性格など持ちようがないと見なすことにつながっている。私の信ずるところでは、これら二つの見解は基本的に非歴史的であり、コメニウスが立てた本来の問題を見過ごしている。事実、コメニウスの課題は教育の過程の合理的な法則ではなく、所与の教育や教授の実践をそのうちに含まれている中心的な概念や問題について実際的に考察することによって合理化しようという ことであった。教育の過程の法則を把握するという第一の課題については、コメニウスは何も頼りにすることができなかった。というのは、それは彼の時代における前提ではなかったからだ。自然科学を手本として教授の過程を実際に分析するには、われわれは今日に至るまでその大部分を見出してきてはないが、一般的であれ特殊的であれ、生理学的あるいは心理学的な規則の探索が前提として必要だろう。ただ、より重要なことは、コメニウスの時代に、何らかの特殊な心理学的学問の必要性についてはまだ明らかではなかったということである。イングランドの経験主義の思想家が引き継いだ意識についての学説よりも古い見解ではあるが、デカルトの哲学が心理学にとっての概念的な基礎を初めてもたらした。しかし、ここから一般的な心理学の基礎的な体系の構築まではまだ遠く、教育心理学の法則についてはいうまでもない。同じことは、教育論の補助科学となる生理学や、より広義には生物学についてもいえる。たとえ思想家がこの〔自然法則を見出そうとする〕道を行き、自らの特殊な領域で自然科学的な思考に期待したとしても、教授という任務は切迫しており、猶予が認められないことである。この点に関して、チェコの教育者ははるかに隔たっている。まさにわれわれがここで述べようとする問題は、学問としての心理学の基礎的な原理や実際的にその原理のうちで一般に受け入れられている術語が今日まで解明されてこなかったということである。

さて、コメニウスはどこからその根本思想を引き出したと見ることができるだろうか。時に彼の教育学的経験から根本思想が導かれたといわれるのは疑いないのだが、ただこの経験が彼を導いたのはある段階までに過ぎないということが看過されてしまう。彼の時代における教育者としての経験はまさしく統一的でなく、方法的でなく、無秩序であった。まさに成し遂げられた合理化に対して、従来の経験における導きは不十分なものであった。つまり、技法としての教育と技巧とを区別することが必要だったのである。そうして教育や教授の方法をめぐる目標や手段や方法等についての概念が生じたのである。コメニウスは、同時代の改革されたキリスト教社会という理念から教育と教授の目標をとり入れた。彼にあっての教育の手段は「神の三書」、つまり自然という書物、精神という書物、そして聖書である。彼は、それらの間に広大な一致を見ていた[5]。教育の方法については、自然の過程と教育以外の人間の技法ないしは技巧とのアナロジーによって、再びわれわれの自然的能力から導き出した。彼の分析は全体としてどのような方向に向かっているのであろうか。

コメニウスが分析の基礎としたのは、古代と中世のさまざまな思想家に由来する最も古い哲学的理念である。それらは、ピタゴラス派、プラトン派、新プラトン派、またストア派であるが、のちにそれらの思想はスコラ哲学を経て、クースのニコラウス〔クザーヌス〕、イタリアのルネサンス、一六、一七世紀のドイツの思想家によってとくに復興させられた[6]。それらの思想は、一般的な調和の理念であり、それはまた普遍的なアナロジーないしは全面的な平行関係の原理を創案した。これにしたがって、現実は広大なアナロジー的構造を有した層として構成される。この思想には、その深さと意義においてさまざまな段階がある。それは、マクロ・コスモスとミクロ・コスモスの間のアナロジーといった単なる遊戯からさまざまな存在の層のカテゴリー構造についての厳密な分析にわたっている。前者について、たとえばわれわれはこれを占星術の見方や四元素に対応した気質についての理論等のうちに見出す。後者については、二〇世紀の哲学者によってもとりくまれていることである。さらに、この思想が、世界という全体を把握しようとする哲学的な体系の本来的な概念と何らかの関係がないのかどうかという問いを立てることもできるだろう。いずれにせよ、その問いはさまざまな方途によって理解することができる。ギリシア的な方法は、概して美的で瞑想的で遊戯的であるが、この方法は中世全体にわたって維持された。しかしこの思想にはまた、他の可能性がある。調和の思想は合理化の手段として利用されうる。つまり、全面的な目録化や、俯瞰したり、分類したり、現象の限りない多様性を単純化するといった方法において、まだ知られていなかったり探究されていない現実の領域が、アナロジーにしたがって理解するために用いられうる。――アナロジーとは、既知の構造のもとでの関係の均衡だというのだ。

コメニウスが調和の思想を理解したのは、ただ第二の意味においてであった。あらゆる可能なことが自ら流れ出すように思われるこの調和の思想が、教授と教育の合理化において真の力を示すことを理解したという意味で、彼は最初の近代的な思想家であった。われわれが、もしこの思想の視点から宇宙をとらえるなら、その言葉の真の意味において、宇宙とは学校なのだ。学校は、アナロジーの遊戯によって、遊戯のなかにあるようにわれわれに教えるが、同時に何らかの誠実さに向けて備えさせる。つまりそれは、頭と手と舌によって実際の世界を把握し、その世界の最高の目標を実現することに備えることである。それゆえに学校と教育は、かつての古代や中世の思想家に見られるように、瞑想の帰結ではない。そうではなく、実践における活動の帰結なのである。――教育者の技法は、ひとつの確固とした秩序に基づかなければならないが、その基礎は近代の自然科学的な意味での自然法則ではなく、普遍的な平行関係とアナロジーなのである。それゆえに、この技術においては何も孤立したものはない。自然の有機的な過程と人間の技巧と教育の技法との間には平行関係が存在する。それにしたがうことによってのみ、一般的な教育実践において示唆される諸原理が達成されうるという。事物と概念と語の間には平行関係が存在するが、この平行関係は教授における真の原理とならなければならない。知と技巧との間にも同様に、相互に築き合う平行関係が存在する。一人の教師によって組織される学級での一斉教授においても、生徒たちの活動のうちにも平行関係が存在する。そして、この意味で自然はそれ自体において教師なのであるが、自然は余計な教師を作りはしない。それは不要どころではなく、自然は、教育のナイーヴな過程においてのみ暗示されるような、教師による注意深い管理や連続的な深化を求めるのである。こうして世界の本質は教育の過程であるということができる。この過程には完全に定まった秩序と方向があり、この過程は近いものから遠いものへ、既知のものから未知のものへ、単純なものから複雑なものへ、意味が具体的なものから抽象的で全面的なものへと歩む。この過程の要点は全体性と普遍性をめざす方向である。教養と教授の対象についての普遍性は、教授の主体の普遍性によって補われる。――これはすべてについて例外はなく、理論的で実際的で功利的な方法の普遍性によって補われる。そこでさまざまな時期における教授対象の普遍性は、もうひとつの平行関係が反映し、のちに教授の周期性となった。つまりそれは、学級と学校の組織における平行関係である。普遍性と周期性はとくに言語の教授において明らかに現れている。言語の教授もまた同様に、既知のものから未知のものへ、つまりは母語から外国語へ、事物から概念と語へと向かう。そして、可能な限り明快に進行し、単なるヴァーバリスムを回避する。つまり、語よりも先に事物と概念に向けて教える。つまり、現実的に教えるのである。そして、言語の知識がさまざまな段階で常に確かな事物の複合や全体としての世界のさまざまな概要を理解するように訓練するのである。事物が言語の基礎であるとすれば、他方において言語は世界という全体を仕上げる鍵なのである。言語の熟達には三つの漸進的な段階があるが、そのもとで再びさらなる平行関係が支配している。

こうしてわれわれは、調和の思想と合致しそれに導かれた教育学的経験という基礎、つまりコメニウスの自然的な方法の上に、いかにして教育学の体系が生じたかを見よう。ただわれわれは、彼の教育学の体系の特徴のいくつかを素描できるだけで、網羅的な方法はとらない。さて重要なことは、この体系的な素描は、世界についての概念と自然についての概念という基礎のもとでのみ可能であるということである。その基礎のもとで、あらゆる構成要素によって世界は統一され展望できる体系をなすのであり、あらゆるものが相互に指摘し合い、あらゆるものがあらゆるものに教えるのである。この世界における現実性とは、同じ基礎に立つ計画を永続的に多様化させていく現実化のことなのである。そうした世界は、単一の方法の基礎の上にある統一された方途によって理解される。こうした方途による学問は、個々ばらばらに独立し、方法的に異なった学問分野には細分化されないであろう。この学問は、人間が接近できるような何かであるという意味で、全知という単一で連続的な全体をかたち作る。あらゆる人間的な知が方法面で改革されなければならないという思想に関して、コメニウスはヴェルラム卿ベーコンの研究に刺激された。とはいえ、このチェコの思想家は、この方法が人間の精神の力を増大させ、人間自身と自然に対する支配をも強固なものにするというイギリスの大法官の考察に非常に好感を抱きはしたものの、ベーコンの独特の方法を受け入れなかったのである。[7] しかし、こうしてコメニウスは、異なった世界概念を持ったのであり、彼本来の方法についての概念を得たのだ。そこでベーコンの帰納法はただ従属的な意義しかないものとされた。こうしてコメニウスはベーコンを受容しなかったのだが、とはいえ彼の汎知学の概念の形成にとっては、ベーコン〔の帰納法〕は特別な意義があった。コメニウスは、ベーコンのもとではじめて広い範囲にわたる方法の問題を解釈したが、彼は自分自身でこの問題を立てたのである。そして彼はまた、彼の思想にはベーコンの思想とは異なって、それ自体としての利点があると見ていた。たとえば、ベーコンによる自然についての帰納法的な認識を自然全体の汎調和的な構造の手引きになるように用いた。

こうしてベーコンは、コメニウスにとっては哲学上の指導者であった。とはいっても、コメニウスはベーコンにそのまま闇雲につきしたがって進んだのではない。コメニウスは、全面的な教育という彼の概念に必要とされることのみをベーコンから得たのである。それはとりわけ、ベーコンの実際的な精神である。それは、知のために知を欲するのではなく、発見と実践と生活に知を求めるということであった。[8] そうして、コメニウスの教育をめぐる営みもまた、発見に焦点を当てたものであった。発見とは、さまざまな方法的で組織的な措置であり、たとえばそれは、学級における徹底した一斉教授に見られる。また、個々の段階の学校のための教科書や教育者と学習者のための方法についての啓発なのである。同様に、コメニウスの教授学の技法におけるあらゆる発見は、さまざまな事実とその時代の間、そして理論、実践、労働等の間にあるアナロジーや平行関係から得られている。これらのアナロジーや平行関係のもとでは、教科書がもっとも高い地位を占める。自民族の学校のために教科内容を総合したものから教科書が現れたのである。それこそが、ラテン語学校のより高い段階で用いられる『開かれた言語の扉』である。このラテン語の教科書は、事物的な知と言語的な知の平行関係によって、間近に現れた外国の手本を上回るものになった。[9]それは同時に、一方で彼の哲学的かつ実際的な精神をとおした、小さくはあるが事実の百科全書なのである。コメニウスが教授学に関して行った他のすべての取り組みは、こうして実際のところ、われわれの著者がまたたく間に著名人となった一六三一年版のこの冊子をめぐって集中している。『開かれた言語の扉』には簡潔な手引書を新たに著すことが必要であった。それが『開かれた言語の前庭』である。[10]この『開かれた言語の前庭』は、それでもまだ複雑な手引書であった。これを完全なものにするため、そこでさらに『ヴロツワフの会衆のための論究』のような概説的な著作が加わった。[11]ここでは、この書物は単に百科全書を示唆するものではなく、本当の百科全書であるために、事物と語の結合という思想は方法的かつ慎重に深いレベルで果たされるし、果たされるべきであるとされた。こうして、言語を教授する理論を全面的に編纂するには、同様に文法や語彙が教科書に含まれる必要があった。それは、平行関係を基礎とした汎知的で総合的な言語理論を授けるものであった（この理論は『学問の進歩について』でベーコンに欠けていたものを実行しようという試みである）。さらにこれとともに、この特別な理論的著作において、言語教授の方法もまた表明された。こうして、『開かれた言語の扉』と『開かれた言語の前庭』は挿絵によって補われることになった。『世界図絵』は、とくに基礎段階のために『開かれた言語の扉』を改良したものであり、『遊戯学校』は、学校の舞台を意図して『開かれた言語の扉』を再度翻案したものである。こうして少なくとも、概念と語に、平行的な層としての直観的な挿絵という事物の代用物が付け加わり、『遊戯学校』においては同様に、行為と事物の利用とがもうひとつの平行関係として明示される。[12]ゆえに、教授学著作は全体として『開かれた言語の扉』という根本的な「発明」をめぐっているのであり、それは熟練した教授学者の力のある構成へと広がったのである。コメニウスの教科書に含まれている特別な魅力はまた、この教科書の宇宙的で哲学的な影響力と関連している。それは、コメニウスを模倣したあまり理解力のなかった多くの者が、無味乾燥な目録化に陥るのを防いだのである。『世界図絵』の独創性については、ゲーテが賛辞を述べている[13]。

しかし、教授学著作は、その巨大さと豊さにもかかわらず、コメニウスの全面的な教育という概念の一面でしかない。『開かれた言語の扉』の成功の後まもなくして、彼には汎知学の事実事典というアイディアが生じた。それは、『開かれた言語の扉』がただ言語という観点から展望したことを客観的な観点から洗練させようとするものである。しかし、それにはまず、万物が万物と密接に連関するような統一的学問が構築されなければならなかった。全体を簡潔に記述するという勇敢な企ては、『開かれた言語の扉』に劣らずコメニウスの同時代人たちを強く刺激した。というのは、その思想が、この時代の多くの中核的な思想家に近かったからである。そのなかで最も大きな存在としては、デカルト、ユンギウス[14]、のちにはライプニッツらがいた。こうした思想家は皆、さまざまな概念や解釈に基づいて、統一的な学問、すなわち「普遍学」について述べた。コメニウスの構想は、デカルトにおける統一的な学問が大きく異なった基礎によっているのに対して、やはり当然のことながら汎調和に基礎をおいている。しかし、一致に至ることが可能に思われるという熱狂がまず現れた。そしてコメニウスは、統一的な学問としての汎知学を構築するため、「光のコレギウム」という国際的なアカデミーのもとに、傑出した精神の持ち主を結合する考えを抱いた。彼は、このアカデミーに、デカルトの友人であり、機械学、とくに音響学の領域の傑出した研究者であるメルセンヌ、さらにはデカルト自身、そして、ハンブルクの哲学者ユンギウスや数学者タッシウス[15]をも得たいと望んでいたのは明らかである。ユンギウスとタッシウスについては、コメニウスの友人であるハートリブやデュアリ[16]のまわりにサークルを形成していたイングランドの学者や印刷業者や人文主義者のもとでは触れられていなかった。このように傑出した者たちを結びつけることが実現されなかったにしても、この理念はそこに残ったのである。そして、この理念はコメニウスのもとで、人間に関するあらゆる事柄の改革という発明、すなわちさらなる「発明」（inventa）となったのである。この発明は、広い意味でその本性において教育的であり、理性の共通性という共通の基礎の上に人々の間の真の理解と見解の統一を成し遂げようとするものであった。

しかし、汎知学のアイディアはさしあたり洗練される必要があった。コメニウスは、彼の汎知学をまたしても汎調和という基礎の上に築いた。出発点は『第一哲学』であり、そこで彼は存在しうるもの一般の見取り図のようなものを提示した[17]。それによれば、あらゆる存在は、物質的世界、人間の世界、人間の労働の世界、政治的・歴史的世界、宗教的世界、ついにはすべてを集約する永遠なる存在のうちでさまざまな仕方で現実化されるという。これらの世界すべてのもとで、やはり平行関係が支配している。ところが、これを扱った「汎知学の寺院」についての研究の間に、コメニウスはデカルトと面識を得た。そして、多分に『哲学の原理』冒頭で言及された有名な論証[18]の影響のもとで、コメニウスは自らの体系的な概念を構築した。デカルトの論証とは、コギト〔私は考える〕の自明性、そしてわれわれの思考という主観的世界から無限なる存在者という思考の基礎となる現実への移行である。つまり、『第一哲学』を著した後で、コメニウスが構築した体系的な概念は、われわれの思考の根本的な内容、つまり〈コギタチオ〉（Cogitatio）として解釈されたのである。そして、「直観される世界」、つまり無限なる存在者についての論議につながっていく。こうして、その他の諸世界は永遠性から時間と物質的な宇宙への下降を意味するようになる。その頂点にいるのが人間であり、再びの高みへの帰還が続く。すなわち人間は、労働や創造という世界、社会、つまり道徳的世界、そして精神的世界を経てついには永遠の世界へと向かうという。コメニウスがどのように巧みで独創的な仕方でデカルトの根本的な命題を彼自身の根本的に異なった〔体系の〕構造において用いたかを、われわれは最近まで知らなかった。コメニウスは、存命中に出版されたあらゆる著作において、汎知学的体系においてよりも、デカルトにとっての敵対者であり批判者であると思われていた。彼の全体的な概念にみられる最も興味深い特徴は、低次から高次への反転が、人間の労働の世界、人間による創造や発明として現れるところにある。その世界とは、人間の手が自然を作り変え、コメニウスの基礎的な自然についての概念という意味で、技法が「自然」の役割を引き受けるところである。[19] チェコの思想家が、デカルトやライプニッツのように人間を分離された精神的実体としてとらえたのではないことはきわめて明らかである。そうではなく、自然的・社会的環境との生き生きとした相互作用において人間をとらえたのである。こうして根本的な基盤から理解されるのは、デカルトがもたらした根本的な示唆のうちで評価したものもあったものの、彼は他の少なからず重要な点でデカルトと正反対の立場をとったということである。これは、伝統的に彼らの主な対立の原因と見られてきた哲学と神学の関係という問題ばかりではない。汎知学に関しては、さらに重要なことがある。それは、汎知学がもっぱら学識者のためではなく、あらゆる人の教育のためにあるということである。実際、一七世紀の思想家にあって、あらゆる者にはもちろん、少なくとも教育を受けた公衆にさえも、哲学への入門のようなものを著そうとした者はほとんどいなかった。つまり汎知学はコメニウスのさまざまな構想のなかにあったのであり、同時に教授の最高段階のための教科書であるべきだったのである。そこで、究極的にはあらゆる人〔への教育〕を意図する初等段階の学校の〔教育の〕内容の問題がまた教科書において扱われることになろう。ここでは、精神の諸力の経済というアイディアもまた、内容の問題のもとで相互に作用している。汎知学のうちには、人間の陶冶にとって本質的なことがすべて含まれ、不必要なものは何もないはずなのである。

このように、この汎知学の根源的な概念は理論的なものであって、事物と思考と言語、そして理論と実践とその積極的な現実化の間の汎調和的なアナロジーにしたがって、この根源的な概念がより包括的な平行関係によってさらに拡張するのもまったく当然なことであった。ところで、この新しい平行関係によって、あらゆる人間的な事柄の改革に向けた要求を前にして、汎知学の純粋な理論は、何か背景に退いてしまった観がある。この要求は、人間性の一致、人間性の啓蒙、そして人間性に基づいた平和的組織、つまり、人間性の完全なる再教育に貢献すべきものである。同時に、この要求には、コメニウスと彼の友人であるジョン・デュアリ、サミュエル・ハートリブ、カリクストゥス[20]、ヴァレンティン・アンドレーエ、そしてキリスト者、わけてもプロテスタント教会の和解に関わった他の多くの者たちがそれ以前から追求していたことが含まれていた。こうしてコメニウスの偉大な体系的著作である『人間に関する事柄の改善についての総合的審議』[21]は、一致というアイディアが高まり、他の分野においても統一が一般的となるという一致への希望から生じたのである。われわれのもとには、彼がトルンで三つの信仰告白『和解についての講話』を準備していた一六四四年の秋に著された最初の記録がある[22]。

全面的な改善をめざす著作の第一巻は、改善の緊急性への感覚を呼び覚ますべきものである[23]。ゆえに、哲学ないしは自然との関係、政治ないしは人間の間と社会の関係、そして宗教という、人間に関する事柄の三つの主要な領域における当時の堕落についての記述であるべきである。こうして第一部では、問題設定がなされる。第二部は、包括的な合意への希望がある場合、つまり、学識者、為政者、そして精神的な分野からも有能な者が選ばれ、そうした者すべてによる審議が成功を収めるという希望があるならば、その際に則るべき方法について扱っている。そのあとの三部は、存在についての三つの主要な領域、つまり真の存在についての方法論的な改訂が果たされている。――これが、われわれがすでに概要を記した『パンソフィア』(『汎知学』)である。同様に思考する存在という領域においては、そこで思考が連続せねばならない限り、真なる存在における思考の連続は、あらゆる方向に向かいうる(ここで思考は、われわれの意識的な存在一般の作用という広い意味で理解されている)。――それが、全面的な教育、つまり『パンパイデイア』(『汎教育』)である。そしてついには、言語的な存在に関して、言語文化の全体的な改革の企てについて扱われる。――それが『パングロッティア』(『汎言語』)である。[24] 全面的な教育は非常に注目すべき体系である。――この体系は学校教育の問題だけに限定されることはまったくなく、胎児である時期から人間の生全体の教育的な組織化に焦点を当てている。それはつまり、生まれてくる者への配慮の時期から、成熟する年代の学校、老年期の学校、そして死の学校にまで至るが、すべては人間の生の時期である八つの基礎的な「世界」との平行関係にある。そのなかで全面的な教育が、人間の生における異なった年齢段階において優先して実行されるのである。[25] 同様に『パングロッティア』は、人工的な共通言語の計画に限られたものではなく、コメニウスが特徴ある思想を抱いているという点でも、特筆すべき試みである。すなわち、民族言語の文化、すなわち諸言語の魂(もっともわれわれは言語アカデミーや言語純粋主義の時代を生きているが)においても、ラテン語のような国際言語の文化においても同様に特筆すべきなのである。

そして、全面的な改善の真髄が『パンオルトシア』(『汎改革』)に含まれている。[26] この著作は第一に、(学問、政治、宗教という)人間に関する事柄の改善が普遍性と全体性に依存することを示そうとする。これまでの改革の企てが失敗したのは、それが個々別々であったことと関連しているという。さらにそれが示しているのは、当時の歴史的な状況がそうした普遍的な改革を要求するものであったということであり、この当時の全体的な趨勢にあっては、そうした改革は実行可能であったということである(われわれは国際的な大会議や大規模な平和交渉の時代を生きているが、それは一七世紀全般と一八世紀の一時期という時代が空想的ともいえる期待を呼び起こしたものであり、ミュンスターやオスナブリュックでの交渉、あるいはブレダやユトレヒトでの交渉のことである)。[27] その後この著作は、全面的な改革に向けた手段をさらなる「発明」として示す。その発明は、汎調和的な方法によって構想される。それらは、全面的な哲学(汎知学)、一般的な政治学、キリスト教の一般的な和解である。
この手段はまたも三つの常設の国際機関によって確保されるであろう。それらの機関は、国際的組織において一種の超国家的な機関の役割を担う。また、国際的な学術アカデミーである「光のコレギウム」は、学校教育全体や教養および書籍の出版等を監督する。常設的な機関としての国際的な仲裁裁判所〔平和法院〕は、全加盟国における法とその適用について監督し、法規範の国際化に向けた準備に配慮するであろう。聖職者による教会会議〔神聖枢機院〕は世界教会的な機関であろう。これらのすべての機関は、最終的に啓蒙と理性と人間の一致を普及するために奉仕するものであり、この意味で全面的な教育を実施する機関なのである。さらにコメニウスは、家族に始まるそれぞれの共同体や機関に応じた規則を列挙する。それらの規則は教育による全面的な改善の手段となることができ、そうあるべきものである。
『パンヌテシア』〔『汎勧奨』〕は第一部と類似しており、この記念碑的な著作の全体は文学的に美しい形式によって締めくくられている。[28]
こうしてわれわれが『人間に関する事柄の改善についての総合的審議』のうちに見出すのは、コメニウスがもうひとつの形式で全面的な教育にとりくんだということである。彼の努力の一方〔である汎知学研究〕は、宇宙全体を教育の相のもとに（sub specie educationis）解釈し、教育によって人間の生全体を合理化し照らし計画化するということである。コメニウスにおける教授学的な営為と全面的改善の営為は互いが互いを含んでいるのである。[29]つまり、教育は単に生の特定の部分を領域とするのではなく、教育者、成人、集団および諸制度に適用されるのである。教育が不可欠なもの、すなわち普遍的なものであると解釈されるのならば、いかなる社会の構成要素も教育と無縁ではなく、教育はすべてに関わるものだ。教育が含意しているのは、人間性の統一と秩序立てであり、それは単一の理性の光によって創造される共通の文明のもとにある。こうした統一なくして、進歩や発見に向けて個々別々にとりくんでも、いかなる希望もなく、そうした取り組みが生の高次の段階に導くことはできない。社会は普遍的で人間らしい社会にならなければならず、教育は全面的な教育でなければならない。コメニウスは、彼独自の汎調和という思想の概念の光によって本来の教育的な経験を照らし出したことによって、こうした普遍的な概念に到達したのである。

コメニウスの教授学の成果や教科書およびさまざまな「発明」をいかに高く評価しても、彼はこうした傑出した概念とともにその時代にとどまるだけである。そしてそのために、もうひとつの偉大で普遍的な合理主義の概念について扱ったということが、ただちには見てとられなかったのである。彼が到達した帰結によって、その概念は、ガリレイ、デカルト、アルトゥシウス、(30)ジャンバッティスタ・ヴィーコが創造したこととはまったく異なるものとなっている。教育は彼にあっては実際に社会の根本的な機能となるのであり、社会の連続性を左右し、ゆえに社会の存在を左右する機能となるのである。こうして、人間の社会はひとつの歴史的社会であり、結合と伝統の共同体である。こうした人間の生の中枢神経を合理化することが、数えきれない意義を持つ問題であるのはもちろんである。――すなわち教育や陶冶の制度のために、近代社会は、それ以前の合理化されていない社会とは非常に異なっている。コメニウスが最大の努力を払った点について同時代からの理解が得られなかったということは、われわれの思想家の運命の一因となっている。この運命とは、一七世紀の最大の思想的関心の一面、つまり数学的な自然科学に対して、彼の調和の概念が非常に隔たっていたということである。またしてもその成果は不確かではあったが、ただひとりライプニッツが、近代的な機械論を全面的な調和という思想の全体に包括し、独創的な理解を遂行した。しかし、一七世紀の偉大な思想的営為の文脈において思想家を見るのならば、まさにこの関連がさらに強調されるべきである。コメニウスが、ルネサンスの思想家からライプニッツへと調和の思想を伝えた一群に属することは疑いない。周知のように、二六歳のライプニッツはヘーゼンターラー宛の有名な書簡で、コメニウスは、おそらく「一見して見えるよりも何らかの深い概念」を意図していると語っている。[31]またライプニッツは、彼（原文中の注、コメニウス）の教授学や百科全書の思想に由来するありとあらゆること（原文中の注、汎知学的百科全書）を受け入れている。コメニウスは百科全書のうちに、より近代的で論理的に深く考えられた解釈を盛りこもうとした。――そこで、数学者ではなかったコメニウスは、「普遍的記号法」（characteristica universalis）という思想[32]に口をつぐむことはなかったのである。しかしまた、これに加えてコメニウスと世界の調和の偉大な思想家との間には多くの類似点がある。それはとくに教会の統一や国際的な機構の追求といった実際的な営為のうちに見られる。こうしたテーマに関わるコメニウスの思想は、今日のわれわれにとって接近可能である。ゆえに、コメニウスの計画とライプニッツの計画との間に何らかの近い関係があるかどうかを調査するのは、大きな研究課題のひとつである。――というのも、ライプニッツがこの偉大な人物の遺稿に強い関心を抱いたこと、マグヌス・ヘーゼンターラーの近くにいたこと、そしてまたヘーゼンターラーはコメニウスの遺稿を見知っていたこと、その遺稿がドケミウスの手によってハレに至る過程でヘーゼンターラーが仲介した見込みが高いということを、われわれは知っている。[33]

このように、一七世紀には壮大なチェコ哲学が存在したということを、われわれは目にする。この哲学は、その時代のみならず近代の人間一般についての最大の問題のひとつに着手した。また、その道行きにおいては、その時代にあって哲学的な生命を有していた最大の哲学、つまりはベーコンやデカルトの哲学的概念と出会い、ときには対立しつつ、おそらくはライプニッツの営為に道を開いたものなのである。

注

（1）【訳注】この論文は、コメニウスの思想史的位置づけを企てたものであり、パトチカのコメニウス研究のなかでも重要な位置を占めている。パトチカは、一七世紀に現れたさまざまな哲学思想は、世界を何らかの「相」のもとにとらえようとしたところに特質があるとし、コメニウスは世界を「教育の相のもとに」（sub specie educationis）見ようとした哲学者であると規定し、そこに他の一七世紀の知識革命の指導者との相違と独自性を見ようとした。この見解は晩年まで維持された。

コメニウスの『教授学総著作集』が出版されて三〇〇年にあたる一九五七年、ユネスコの肝いりでコメニウスについての紹介書 *John Amos Comenius* が出版された。この書は、コメニウスの著作の抜粋の英語訳から構成されているが、巻頭には著名な心理学者であるJ・ピアジェ（Jean Piaget, 1896-1980）がコメニウスの教育思想について概観した論文が収められた。この論文は発生心理学者ピアジェの見解が交えられた優れたものであるが、ピアジェにコメニウス研究のキャリアがあったとは思われない。ピアジェは一九五七年春にプラハを訪れ、そこでパトチカをはじめとするチェコスロヴァキアのコメニウス研究者と意見交換を行った。同論文には、「世界を教育の相のもとにみる」というパトチカの解釈が引用されている。ピアジェの論文は明治図書出版による『世界教育学選集』に収録された（竹内良知訳『ワロン・ピアジェ　教育論』）が、これが冷戦期にあってパトチカのコメニウス研究が間接的なかたちにせよ日本に紹介された、ほとんど唯一の事例であった。

なお、パトチカ自身がこの論文を重視していたことは、彼が自らこの論文をドイツ語に訳してシャラーに送っていることからもうかがえる。この論文は最初に『コスモス』（*Vesmír*）第三五巻第一〇号に発表された。ここでは『ヤン・パトチカ選集』第九巻に収録されたテクストを用いた。この他、シャラー編集によるパトチカのコメニウス研究収録にはパトチカ自身によるドイツ語訳が収められており、このテクストも参照した。

（2）【訳注】ガリレオ・ガリレイ（Galileo Galilei, 1564-1642）はイタリアの物理学者、天文学者、パドヴァ大学教授。天文学の父と称される。S・ステヴィン（Simon Stevin, 1548-1620）はベルギーの数学者、物理学者。ガリレイよりも早く落下の法則を発見。C・ホイヘンス（Christiaan Huygens, 1629-1695）はネーデルランドの数学者、物理学者。

振子時計を製作。

（3）【訳注】N・マキアヴェッリ（Niccolò Machiavelli, 1469-1527）はイタリアの政治思想家、外交官。主著、『君主論』（*Il Principe*）。T・ホッブズ（Thomas Hobbes, 1588-1679）はイングランドの哲学者、主著、『リヴァイアサン』（*Leviathan*）。

（4）【訳注】G・ヴィーコ（Giambattista Vico, 1668-1744）。イタリアの哲学者、主著、『新しい学』（*Principi di scienza nuova*）。歴史学の学問的確立に寄与した。

（5）【訳注】本書二一三〜二一四頁。

（6）【訳注】ピタゴラス派は古代ギリシアの哲学者ピタゴラス（Pythagoras, 前 582-前 496）を中心とした学派。数学・音楽・哲学を研究。輪廻転生の主張を有していた。プラトン派はプラトンが創設した学園アカデメイアの伝統を継承する学派。新プラトン派は三世紀頃にプロティノスによって創始されたとされる。プラトンのイデア論に基づき、万物が一者から発出したと見なす主張を展開し、その思想はルネサンス期のイタリアで復興した。ストア派は紀元前三世紀にキティオンのゼノン（Zēnōn, 前 335-前 263）によって創始された学派。心の平安をめざす倫理学等を探究。スコラ哲学はおよそ一一世紀以降に西ヨーロッパのキリスト教世界で成立・体系化された哲学であり、神学説の証明に奉仕する護教論という批判の一方、矛盾のない体系的な説明を企てるという姿勢は後代に大きな影響を及ぼした。

（7）【訳注】この点については、本書所収の「ヴェルラム卿ベーコンとコメニウスの教授学」をあわせて参照されたい。

（8）【訳注】ベーコンは、知の技法を、探究もしくは発明・発見の技法、吟味もしくは判断の技法、保管もしくは記憶の技法、雄弁もしくは伝達の技法に分類した（成田成寿訳『学問の進歩』（*Of the Proficience and Advancement of Learning, Divine and Human*）、福原麟太郎編『ベーコン』、世界の名著、二五、中央公論社、一九七九年、三八六頁）。

（9）【訳注】コメニウスは、スペイン・サラマンカで活動したアイルランド出身のイエズス会士ベイズ（バテウス、William Bathe, 1564-1614）が一六一一年に著した教科書『言語の扉』（*Janua linguarum*）を参考にしたことを認める一方、その教科書としての構成原理を批判している（『開かれた言語の扉』（*Janua linguarum reserata*）、序文、DK

15Ⅰ、二六四頁)。

(10)【訳注】『開かれた言語の前庭』(ラテン語の前庭)(*Vestibulum latinae linguae*)のこと。

(11)【原注】この論文は、略称「教授論究」(*Didactica dessertatio*)の標題で知られている。コメニウスは、この著作をヴロツワフにいたチェコ兄弟教団の同志に向けて、以前の著作を解説するために著した。同著作は、のちに彼によって『教授学総著作集』に収められた(OD1、三四六頁、DK15Ⅰ、三五五〜三九六頁)。

(12)【訳注】『世界図絵』(*Orbis pictus sensualium*, 1658)。井ノ口淳三訳『世界図絵』、平凡社ライブラリー、一九九五年。

(13)【訳注】J・W・v・ゲーテ(Johann Wolfgang von Goethe, 1749-1832)。ドイツの詩人、小説家、政治家。ドイツ古典主義文学の代表者。本書一一頁、三五頁注(7)。

『遊戯学校』(*Schola ludus*, 1653)。

(14)【訳注】J・ユンギウス(Joachim Jungius, 1587-1657)。ドイツの数学者、論理学者。ギーセン大学、ロストク大学教授等を務める。ギーセンでは教育法の改善も研究。科学者共同体としては初期のものに属するSocietas Ereuneticaを一六二二年にロストクに創設。

(15)【訳注】J・A・タッシウス(Johann Adolf Tassius, 1585-1654)。ドイツの数学者、ハンブルクのアカデミッシェ・ギムナジウムの教授。ユンギウスとは密接な協働関係にあった。

(16)【訳注】S・ハートリブ(Samuel Hartlib, c.1600-1662)は一七世紀ヨーロッパで、科学、医学、農学、政治、教育等の多彩な知識活動を行った人物。ロンドンの彼のもとに形成された知識人サークルは、王立協会等が設けられる以前、知の交流に大きな役割を果たした。膨大な文通は長らく行方不明であったが、一九三〇年代に再発見された。この「ハートリブ文書」は、一七世紀ヨーロッパの知の交流をうかがわせる貴重な史料となっている。J・デュアリ(John Dury, 1596-1680)はスコットランド生まれのカルヴァン派聖職者、教会平和運動の活動家。『改革された学校』(*The Reformed School*)等の教育論も著した。ハートリブと密接に協働した。

(17)【訳注】これは『第一哲学』(*Prima philosophia*)と題された小論で、コメニウスがポーランドのレシュノに移った一六三〇年頃に著されたと考えられる。この論考は、一九世紀後半にコメニウスによる他の草稿とともに、ロシアのサンクト・ペテルブルグの図書館で発見された。『コメニウス著作全集』第一八巻に収められている。

（18）【原注】R・デカルト、三輪正・本多英太郎訳『哲学の原理』（*Principia philosophiae*）、増補版『デカルト著作集』、3、白水社、二〇〇一年、三三～三六頁。
（19）【訳注】『コメニウスの教育の哲学』、本書、一九八頁。
（20）【訳注】G・カリクストゥス（Georg Calixtus, 1586-1656）。ドイツのルター派神学者。キリスト教各派の和解を主張。
（21）【訳注】『人間に関する事柄の改善についての総合的審議』（*De rerum humanarum emandatione consultatio catholica*）。全七部のうち、一八世紀初頭までに最初の二部が発刊されたのみで忘れさられ、一九三四年に草稿が発見され、一九六六年に大部の二巻本として発刊された。
（22）【訳注】トルンは、現ポーランド北部の都市、地動説を唱えたN・コペルニクス（Nicolaus Copernicus, 1473-1543）の生地。
（23）【訳注】以下、『総合的審議』全七部の概要が示されている。第一部『パンエゲルシア』（*Panegersia*）、第二部『パンアウギア』（*Panaugia*）。
（24）【訳注】コメニウスは、精神的・言語的・実在的という存在の三つの様式から人間存在を考察した。
「私たちの思考が遂行されなければ何もないと仮定する。だが、たしかに私たちは見たことを遂行するために、連続的な順序で吟味する。すると、本質において、精神的なるもの、言語的なるもの、実在的なるものとの間の違いが見えてくる。これまで私たちが見たのはすべて精神的なるものだ。そして、そのすべてに対して言葉を作ったがゆえに、それは同時に言語的なるものでもある。さて、私たちは今、実在的なるものを捜す。すると、『私たちがこれらのことがらについて思考し話している』というもっとも実在的なものをすでに得ているのだ。私たちがいないなら、私たちは思考することも多少とも話すこともできないだろう。非存在のもの（本質のないもの）は何も成さない」（『パンソピア』（*Pansophia*）、CC1、二一六頁）。

　パトチカは、コメニウスが存在の三相に関する課題を『総合的審議』の第三部『パンソピア』、第四部『パンパイデイア』（*Pampaedia*）、第五部『パングロッティア』（*Panglottia*）で扱ったと見なしている。
（25）【訳注】コメニウスは『パンパイデイア』で、学校としての世界という思想を展開し、人生を八階梯からなる学校としてとらえる視点を提示した。それらは、①誕生前の学校、②幼児期の学校（〇～六歳）、③児童期の学校（六～

一二歳）、④青年期の学校（一二～一八歳）、⑤若者期の学校（アカデミア）（一八歳～二四歳）、⑥壮年期の学校、⑦老年期の学校、⑧死の学校である。ここにコメニウスの生涯学習論的視点が見られるというのは無理のない解釈であると思われる。

（26）【訳注】『総合的審議』第六部『パンオルトシア』（*Panorthosia*）。

（27）【訳注】一六四八年締結の三十年戦争の講和条約（ウェストファリア条約は、ミュンスター条約とオスナブリュック条約の総称）。ブレダの和約は、一六六七年に第二次英蘭戦争の終結にあたって締結された。ユトレヒト条約は、一七一三年に締結された北アメリカ大陸を舞台としたアン女王戦争の講和。

（28）【訳注】『総合的審議』第七部『パンヌテシア』（*Pannuthesia*）。

（29）【訳注】コメニウスの生涯における活動をどのように位置づけるかについては、さまざまな見解がある。一方には、『大教授学』等の教育学研究があり、他方には『総合的審議』に見られる知の体系の構築という取り組みがある。教授学と汎知学の関係について、パトチカは、この論文で二つの取り組みは不可分の相互依存的な関係にあることを明確に述べている。

（30）【訳注】J・アルトゥシウス（Johannes Althusius, c.1563-1638）。ドイツの法律家、政治哲学者。連邦主義を構想。

（31）【訳注】M・ヘーゼンターラー（Magnus Hessenthaler, 1621-1681）。チュービンゲンのアカデミーの教授、ヴュルテンベルクの修史官。コメニウスやライプニッツ周辺の人物と交流があり、ライプニッツは一六七二年執筆のヘーゼンターラー宛て書簡で、コメニウスの教授学を評価し、コメニウスの構想をうけて、新たに百科全書を作る必要があると記している（KK2、一五三頁）。

（32）数学を模範に、概念を記号で表現し、その論理規則の操作によって新たな認識を獲得しようというライプニッツの構想。

（33）【訳注】本書一三頁。ヘーゼンターラーがコメニウスの遺稿の収集に関わっていたことは現存する書簡から明らかになっている。ここで言われているのは、一六七九年執筆のヘーゼンターラーの書簡で、ドケミウスがコメニウスの汎知学の遺稿に関心を持っていることが記されたことを指していると思われる（KK2、一六四頁）。ここで名前の出るドケミウスは、法律家でデンマーク公使のJustus Docemius（1628-1670?）を指すと思われる。ドケミウスはコメニウスの遺稿の出版を意図していた（藤田輝夫「コメニウス小史」、六、『日本のコメニウス』、第二〇号、二〇一〇年、五〇頁)。

ヴェルラム卿ベーコンとコメニウスの教授学[1]

Bacon Verulamský a Komenského Didaktika（1956）

ベーコンとコメニウスの関係の発端については、これまでのコメニウス研究では明らかではなかった。この問題に初めてとりくんだのは、偉大なコメニウス研究者のヤン・クヴァチャラであった。しかし彼は、この問題を最後まで正しく解決せず、そのために彼の信奉者を混乱させ、はからずも誤解へと導いてしまった。われわれがこの小稿で示そうとするのはこのことである。二人の関係について問うことは、思想史に対してきわめて重要である。本小稿の大半は、一七世紀イングランドの新しく、経験的で唯物論的な哲学及びイタリアにおける自然主義的な先駆者たちに対して、コメニウスがどのような関係を持ったかについて扱う。クヴァチャラは、コメニウスの教育学的概念が生じた時、つまりチェコ語で『教授学』が書かれた時に、ベーコンを知っていたということを証明することはできないと考えていた[2]。そこからヨゼフ・レー

フランシス・ベーコン

バーは、「ベーコンが〔コメニウスの〕『教授学』に影響を与えたという伝説は永遠に消し去られるべきである」と性急に結論づけた[3]。こうした見方から、他の著述家たちはたいていその明白さに依拠した。その例外はO・フルプであり、彼は、「近代における教育理念の発展」という論文で、『教授学』においてコメニウスが「事物と概念と言葉の結びつきを気にかけたのは明白で意識的なものであり、ベーコンの帰納法の要求を実現した[4]」ということを忘れずに言及した。

クヴァチャラの誤りは、しばしばそうであるように、正しい意図を追求するなかで生じたことであった。K・フォン・ラオマーは、その著書『教育学史』でコメニウスに特等席を与え、教育学的リアリズムという要求において、コメニウスはベーコンに依存しているということを二箇所で述べた[5]。他の匿名の著作『ルソーとコメニウスに特別に言及した教育理念の歴史的叙述』では、コメニウスはその自然観においてベーコンに立脚していたと述べられている。クヴァチャラがこれらの主張について検討し、ベーコンのもとには教育学的リアリズムなど見出されないということに気づいたのはまったく正しいことだった。コメニウスがベーコンに依存することはありえなかったのである。ここからすると、相互の関係の伝承のすべてを吟味するのは手間のかからない仕事である。教授学に関しては、クヴァチャラはその主張を次の四点に要約した。

一、コメニウスがチェコ語で『教授学』を著したのは、彼が亡命したごく初期のことである。一六三一年は、彼が最終章に加筆しているように、再び祖国に戻る希望を抱いた時だった。彼がベーコンを知った時については、われわれは正確には決定できず、『教授学』を著す以前に彼がベーコンを知っていたという兆しはない。クヴァチャラは、レシュノでの改訂では単に形式的なことが扱われたにすぎないだろうと考えた。というのは、そのように大きな体系が短期間の内に根本的に変更され、再考されるということはありえないからである。しかしまた、『教授学』に対するベーコンの影響については述べるべき内的根拠がある。

二、コメニウスがその著作で典拠として引いている多くの著述家のうちで、ベーコンは言及されていない。非常に多くの引用があるにもかかわらず、著作のどの箇所にもベーコンの名は引かれていない。

三、『大教授学』における全体的な概念は、ベーコンのそれとは完全に異なっている。ベーコンは異なった仕方で哲学と神学の関係を見ている。また学問の分類に関しても異なった原理を有していた。同じくクヴァチャラが付け加えたのは、コメニウスがベーコンを知ったあとでも、これらの点についてコメニウスの考えは変わらないままであったのであり、ゆえにこの議論の重要性は二次的なものでしかない。

四、教育学的リアリズムは、コメニウスの世界観、「自然」観に帰因させて説明できる。それらはベーコンの世界観や自然観とは「大きく異なっており、すでに『平安の中心』に表現されていた」。その観点は、ある程度は『教授学』と合致するものである。『平安の中心』で表明された、人間が真に自身の中心であらねばならないという思想から、『教授学』における教授過程の要素が演繹され、そこから現実的な方法が定まったのである。また、教授の直観性も実質的に演繹的な方法によっている。

コメニウスは、自然や実用性に対する一般的なセンスでベーコンと共通しているというだけであって、それがすべてである。ラオマーは、コメニウスに対するベーコンの影響について、何の証拠もあげなかった。もちろん、コメニウスがベーコンを知る以前に『教授学』を著したということを明確に証明することはできないが、コメニウスにおける自然的方法は、ベーコンからはまったく独立したものである。

『自然学綱要』に関しても、クヴァチャラはベーコンの役割を低く見積もった。ここで彼が最重要であるとしたのはカンパネッラの影響である。ここではコメニウスによって帰納法が賞賛されているが、それは彼にとってはあまりに回りくどいためか、それを適用してはいない。そこでクヴァチャラは、ベーコンの通奏低音が見出される他の著作、つまり、『汎知学の先駆』、『コメニウスの意図の説明』、『運命の建造者』、『光の道』、『熱気と寒気の本性について』を吟味した結果、いずれの著作においてもベーコンの作用は表面的なものにすぎないことを見出した。[6] コメニウスが汎知学においてベーコンから何を受容したのかを確かめることができないのは、その主著が失われてしまったからである。ベーコンとの類似性がはっきりと見出されるのは、『必須の一事』という著作である。そこで哲学の任務は、「優しく注意を払うこと、理性的に制御すること、合理的に事物を利用することによって支えられるような事物の支配」を手にすることであるとされるが、[7] そのかたわらでこの著作の神秘的な傾向は、やはり〔ベーコンと比較して〕強調されるべき違いである。ベーコンに対するコメニウスの敬意は、基本的には言葉の上のことであり、事実の上のことではないという。つまり、助力を受けたことへの感謝というよりは、対抗的な見解に対する寛容な認識であったのだとした。[8]

クヴァチャラの権威を高めたのは、おそらくコメニウスの『自然学綱要』の編集者を務めたJ・レーバーであろう。[9] 自ら史料の改訂点を見出したにもかかわらず、彼は『教授学』についてのクヴァチャラの結論を修正しなかった。というのは、コメニウスの『自然学綱要』には自然学的見解についてコメニウスとベーコンが一致する点が少なくとも一三はあり、それらは決して二次的なことではなく、むしろ非常に重要で根本的な運動理論であることを見出したのが、レーバーその人だったからである。この理論は、宇宙の全体的な構成や空間、時間、因果関係等の理論についての当時の観念と関連している。[10] そのうえレーバーは、『汎知学の先駆』の第九七節のある箇所に注目した。ここでコメニウスは『大教授学』の成立について記述し、加えて同じ書物〔『大教授学』〕で引用した教授学の著述家について言及し、さらにカンパネッラやベーコンも引き合いに出している。ここでクヴァチャラがあげた第二の要点には汚点がつくことになる。しかし、コメニウスがこの二人の哲学者を最後の箇所で引き合いに出し、コメニウスがアンドレーエのあとで二人をはじめて知ったことで、レーバーは満足してしまった。その際に彼は、〔すでにアンドレーエから『地上の迷宮と心の楽園』〔の示唆を〕得ていたにもかかわらず）コメニウスが一六二八年にはじめてアンドレーエを知り、チェコ語の『教授学』はそれ以前に成立していたと思われるという不可解な理由を前提にした。[11]

とはいえ、パテラは一八九二年発刊の『コメニウス書簡集』[12]で、「光満つるベルツの宮中伯宛て」の書簡を出版している。[13]この書簡はまずは一六三〇年以降に成立したと思われ、右の『汎知学の先駆』でのパラグラフと非常によく似た表現でチェコ語による『教授学』の成立について詳述されている。しかしさらにこの書簡には、コメニウスの教育学の代表作〔『開かれた言語の扉』〕の完成の直後に著されたという示唆がある。ここでコメニウスが彼の擁護者に説明したのは、彼の教授学の問題への関心が展開したのは、モラヴァの学校で実践されようというラトケの計画を知り、一六二七年にレーニウス、ヘルヴィヒ、ボディン、リッター、グラウム、ホルシュタインらの著作を読んだことによるということであった。[14]ここでコメニウスは、「哲学に幸福な革新をもたらした者としてカンパネッラとヴェルラムを付け加えよう」という文を付加している。[15]ゆえにコメニウスは、チェコ語の『教授学』と『汎知学の先駆』で引き合いに出した教育学の著述家とともに二人について「同時に」研究し、最後に二人をあげたのである。というのは、二人が扱ったのは教授学的な事柄ではなく哲学的な事柄であり、つまり教授学の観点からすれば補足的な著述家だったからである。そして、コメニウスがベーコンを知っていたのを実証するかのように、コメニウスがさらに示しているのは、彼が新しい時代の幕開けに大いなる希望をもち、ダニエル書の「ダニエルよ、あなたは終わりの時までこの言葉を秘し、この書を封じておきなさい。多くの者は、あちこちと探り調べ、そして知識が増すでしょう」（第一二章四節）という言葉の「終わりの時」とはわれわれの時代のことであると理解したということである。[16]これは、『ノヴム・オルガヌム』でベーコンが引用している箇所であるにもかかわらず、その解釈はほとんど同様である。ここでわれわれが目にするのは、単にベーコンに言及するばかりでなく、ここでベーコンの『ノヴム・オルガヌム』第一巻のアフォリズム九三を自由にパラフレイズして引用しているということである。おそらくこのアフォリズムは、別のところでもコメニウスの関心を引き起こしたであろう。ここでベーコンは、コメニウスが好んだ常套句、つまり「光の父」（pater luminum）という語を用いた。また彼は、恩寵の働きはかすかで段階的であるため、人々が何か特別なことが起きたのに気づく以前にあらゆることがすでになされると解釈した。ここには、コメニウスの愛した「暴力なくば、すべては自ずと発する」という格率のような響きがないだろうか。こうしてコメニウスがチェコ語の『教授学』の執筆に意味を見出していたことは疑いない。コメニウスは次のように詳述している。亡命先から母国に帰還したあとにこれらの教授学著作を学校改革のために用いようと考えていたが、その多くはドイツ語で書かれていたことに不満を抱き、そこで彼の教授法をチェコ語で（われわれの言葉で（nostrate sermone））表現しようと強く望んだのだが(17)、その際かつてない高みに達した精神が、彼自身の自然観から教授学の基礎の本性を導き出し、その取り組みにほとんど三年が捧げられた。そうするなかで、他人や自分の経験的な観察を脇においておいたと思われる。そしてこうしたことから、迅速に愉快に着実に学び教える方法を提案する新たな『教授学』が生まれた。こうしてコメニウスはここで、『教授学』の執筆が一六二七年からの三年間、つまり一六二七年から一六三〇年まで続いたことを、正確かつ明確に説明している。こうしてクヴァチャラがあげた第一点は無効になる。つまり、たしかにコメニウスは『教授学』の執筆の「前に」ベーコンを知ってはいなかったが、『教授学』が成立する「間」、つまり執筆作業に捧げられた三年の間にベーコンを知るようになったということである。そして、長い期間のうちに概念の全体や細目についての多くの改変がなされたということに疑いはありえないと、私は考えるのである。

クヴァチャラがあげる第二点は、当然のことながら第一点と同様に無効であろう。第三点については、彼自身が前述の意見に反駁している。第四点、つまり教育学的リアリズムは演繹的に引き出されたのであり、自然的方法の基礎が演繹的に引き出されたという論点が残っている。しかし、コメニウスがそのリアリズムなり自然的方法なり直観の諸原理なりを彼の哲学的な観点に基づく原理と演繹的に結びつけたかどうかは問題ではない。問題であるのは、彼がベーコンの営為のうちに彼自身の思想と何か平行するものを見出すことができ、こうして実際的な協働の可能性がここで示されるかどうかということである。ある特定の具体的な帰結が存在するなかで、体系化が二の次になるのはよくあることである。たしかにコメニウスは、彼の哲学的な教授学の体系をベーコンから受容したのではない。そして彼は、自身の推論の原理としてベーコンから帰納的方法を受容してもいない。しかしこのことは、コメニウスが全体として現実的な態度をとる際にベーコンの思想が何の励みにもならなかったということを意味するものではない。また重要なのは、ラオマーやクヴァチャラやレーバーは直接には言及していないが、「他のことで」影響があったというのを排除できるということを意味するわけでもないということである。以下に示すように、そうしたことがあるのは確かである。ベーコンとコメニウスについての問いは、教育学的リアリズムという問題、つまり教授における直観の役割、そして感覚経験の強調によって尽くされるものではない。

さてわれわれは、クヴァチャラのテーゼに対する反論に続いて、コメニウスとベーコンの関係を追求した他の著述家に目を向けることにしよう。

それは、『チェコ思想』に大論文を著したČ・ステフリークである[18]。レーバーと同様、ステフリークは〔コメニウスから〕ベルツの宮中伯への書簡にまったく言及せず、コメニウスが「チェコ語の『教授学』のすぐあとに他の著述家とともにベーコンのことも知った[19]」というレーバーの見解を素直に受容した。興味深い類似性以外の何ものでもないベーコンのイドラと『地上の迷宮と心の楽園』との間の表面的な平行関係のほかに、ステフリークは、再びレーバーの手法で『自然学綱要』についての一連の詳細な分析を完成させた（その詳細には、あまり要領を得ない部分があり、他の部分でも妥当性は限られている）。こうして彼は、「主著が失われたがゆえに解決

ベーコン著『大革新』の扉絵

できない」とクヴァチャラが説明した問題、つまり、コメニウスの汎知学がベーコンとどのような関係にあったかという問題にとりかかったのである。彼の論文には、形式的にも実質的にも多くの点で不足があった。また、『汎知学の先駆』と『ノヴム・オルガヌム』または『科学の威厳及び進歩について』との間に多くの類似点を見出したが、その論証には誤りがあった。しかし、それにもかかわらず、以下に見るように、彼の論文はわれわれにとって最も重要と思われる。

一、現存するあらゆる知の目録を作成しようという思想[20]。
二、あらゆる現存する知を批判的に改訂し陳列するという思想[21]。
三、方法とは道具のようなものであり、精神の力を何倍にも高めるという思想[22]。
四、言語が音の構成に還元されるように、事物の本性が基礎的な要素に還元されるに違いないという思想（この思想はたとえ至るところに広がっていたとしても、たとえば、コメニウスが知っていたことは明らかになっているピンデル編集のアンソロジーに掲載されていたクザーヌスの『神学綱要』では、あまり簡明でない形態になっている[23]）。
五、たとえ汎知学では十分とはいいえないとしても、自然における真理を見出すための方法は帰納法であるという理念。

このように、ステフリークにとってはクヴァチャラによって普及した見解を修正する理由はひとつだけではなかった。しかしステフリークもクヴァチャラに受動的に従ったままであった。

しかし、ステフリークが『汎知学の先駆』のうちで確かにベーコン的であることを見出した思想のもとには、すでに『教授学』のうちにあり、疑いなくベーコン的な思想がある。それは、正しい方法と機械とのアナロジーである。この方法は、精神の力を何倍にもするものである。『教授学』の第一三章は、全体として教授の成否を左右する秩序（ordo）の概念、つまり自然的方法の概念を扱っている。そしてこの章が示すのは、こうした秩序、つまり人為的な構成が、個々別々の自然的な力では不十分な課題を人間に扱えるようにさせるということである。国の機構、ヒエロンの機械[24]（これらは『ノヴム・オルガヌム』の序文におけるオベリスクというベーコンの例に対応するものである）、火砲、印刷術、車両、船舶、時計といったものは、すべて驚くべき効果をあげるが、それはいかなる不可思議な力にもよることなく、「一定の数、尺度、秩序にしたがった配置によるのであり、この配置によって、各部分の目的がきまり、その目的に応じて手段がきまり、その手段のあり方に狂いがなくなり、言いかえれば、その配置によって、各部分と他の部分との間に実に精密な比例がとれ、各部分とそれにつながる部分との間に正しい連絡がとれ、力を伝え伝えられる相互的な法則が出てくる[25]」。ここでまったく明らかなのは、コメニウスによって機械の思想が非常に大規模に把握されて記述されており、教授も狭い意味での機械力学と同様であると考えられていたということである。ここではあらゆることが唯一の秩序に依存しており、輪であれ釘であれ欠けることは許されず、何も停滞に陥ることはない。その結論はどうなるのだろうか。「教授の技法もまた、時間と事物と方法との精巧な配置以外は何も必要ではない[26]」。ここでベーコンもコメニウスも、この著者がすでに他の箇所で前機械論と名づけた思想の熱狂的な支持者であることを示している。この前機械論においては、機械、機構、形および運動が自然の重要なカテゴリーであるが、まだこれらのカテゴリーが本来的な意味での数学的・物理学的な性格においては把握されていないのである。

ベーコンとコメニウスの『教授学』には、その他に大きく実質的な一致があるが、それはその目的のもとにある。目的に向かって方法が改善され、そこで知も改善される。とくにここでは、教授と教育の改善がなされる。二人の著者のもとで「事物そのもの」から読みとられた自然的方法は、（二人の著者の間でこの方法がいかなるものであるべきかについては一致がないにもかかわらず）堕落の状態から再びあらゆる創造物の支配者へと復帰させるのに人間を導いていく。これは根源的で原初的に定められた状態である。ベーコンは述べている。「というのも、被造物は、神の怒りによって、骨の髄まで人間に反抗するよう造られているのではなく、「お前は顔に汗してパンを得よ」（創世記第三章九節）という、あの誡命があるために、さまざまな労働によって、（もちろん、討論や無益な魔術的祭式によってではなく）ついに、ある程度まで鎮圧されて、人間にパンをもたらし、すなわち生活のために奉仕するようになっているからである[27]」。この同じ目標に向けて、ベーコンは実用的で虚構的ではない知をもって貢献しようと望んだが、コメニウスは教育によって寄与しようと考えた。ベーコンは、聖書の神話にある原初的な人間の堕落について楽観的で近代的に解釈し、彼の著作『ノヴム・オルガヌム』の結末で実用的な知を正しい方法で用いることによって現在の改善がなされるとした。同じようにコメニウスは、とびきりの場所で、すなわち『大教授学』の冒頭の「人間に関する事柄のすべての上席者」への挨拶のなかで、同じ神話についての彼固有の解釈を紹介している。そして実際、これはより詳細で衒学的でさえあるが、ベーコンと平行する解釈なのである。人間はそれ自体でひとつの楽園であるが、今はたしかに闇におり、その卓越性は失われている。しかし、いずれにしても恩寵に包まれており、第一に子どもを教育することによって破壊に立ち向かうことができるという。子どもこそは最も柔軟で最も純粋な存在であり、正しい方法を用いた働きかけに誰よりも近いのである。人間の堕落が反映した無秩序や混乱は、学校における方法的な作業によって克服されるべきなのである。学校とは「人間性の作業所」であり、新しい人間を創造する場所である。新しい人間とは、再び普遍的になり、再び事物を支配するようになり、再び最初のように自然の主となり、再び全世界の頂点となる存在である[28]。

こうしてみると、『教授学』にとりくまれた時期において、コメニウスは単にベーコンを知っていたというだけではなかったといえる。むしろ、決してとるに足らないなどということのない二つの点において、彼がベーコンをよりどころにしていたということは疑いがないのである。ベーコンの『大革新』（*Instauratio magna*）のうちに、コメニウスが平行的な営為を見たに違いないということは疑いがない。それは、人間が例外なく高貴で普遍的となり、事物と人間それ自体をも支配するようになることをめざした営為であった。彼は教育学や教授学の特殊な事項についてはベーコンをよりどころにしなかった。しかし彼は、哲学的な事項においてはベーコンをよりどころにしたのである。それらはおもに、人間精神の強さや力はどうしたら増大させられるか、堕落した被造物のなかで自己評価や自己信頼をどうすればもう一度回復させられるか、世界と人間自身に対するどのような新しい総合的な態度を人間に与えられるかといった問いである。これは二人の平行関係の意義を弱めるものではまったくないだろう。コメニウスがベーコンに敬意を表したのは、たとえわれわれが賛成しておらずとも謝意を表するように、よそよそしいものにすぎなかったなどというのは正しくない。もちろん、コメニウスがベーコンの著作を知った時には、すでに彼の哲学はタブラ・ラサではなくなって長い時間を経ており、彼の哲学は完成した建造物というべき段階にあった。整えられた扉と回廊を通って、ベーコンはその建造物に入ってくることができたのである。その過程がどのようであったかについては、われわれは別の機会の詳細な検討に委ねなければならない[29]。

注

（1）【訳注】コメニウスにおけるベーコンの影響をどう見るかは、コメニウス研究のテーマの一つである。コメニウスのテクストには、たしかにベーコンへの賛辞が見られる。しかし、コメニウスは、ベーコンの科学的帰納法を教授学の理論的基礎づけにおいては採用していない。コメニウスは、演繹的あるいは先験的（ア・プリオリ）な原理に依拠して教授学を基礎づけようとした。コメニウスの思想には、単にベーコンの思想の教育的な翻案とは見なされない側面がある。にもかかわらず、コメニウス自身がベーコンを評価した事実もあり、一九世紀半ばからコメニウスが教育史のなかで記述されるようになると、コメニウスは「ベーコンの徒」として位置づけられるようになった。これは、コメニウスが近代的・啓蒙主義的に解釈される一因となった。

　パトチカは、この論文で、コメニウスのベーコン受容に関する先行研究を注意深くフォローしたうえで、ベーコンのテクストに接する以前に、コメニウスの哲学思想が独自の展開を遂げていた点を明らかにしている。他方、コメニウスがその上でベーコンをいかに受容したかについても考察している。

　この論文は最初に『コスモス』（*Vesmír*）第三五巻第一〇号に発表された。『ヤン・パトチカ選集』第九巻所収のテクストを底本とした。なお、本論文にはレジュメが付されているが、割愛した。

（2）【原注】J. Kvačala, *Beiträge zur Comeniusforschung*, in: *Paedagogium*, X, Leipzig, 1888, S. 23ff.

（3）【原注】J. Reber, *Einleitung*, in: *Das Johann Amos Comenius Entwurf der nach dem göttlichen Lichte umgestalteten Naturkunde — J. A. Comenii Physicae synopsis*, hrsg. v. J. Reber, in: *Comenius Werke*, Bd. 1, Giessen, 1896, S. XXXIV.

（4）【原注・訳注】O. Chlup, *Vývoj pedagogických idejí v novém věku*, Brno 1925, str. 17.

O・フルプ（Otokar Chlup, 1875-1965）。チェコの教育学者、カレル大学教育学部の初代学部長を務めた。

（5）【原注・訳注】K. von Raumer, *Geschichte der Pädagogik vom Wiederaufblühen klassischer Studien bis auf unsere Zeit*, Bd. 2, Stuttgart, 1843, S. 62ff.

K・フォン・ラオマー（Karl Ludwig Georg von Raumer, 1783-1865）。ドイツの地質学者、教育者、エアランゲン大学教授。その著書『教育学史』は大きな影響力をもった。

（6）【原注・訳注】『汎知学の先駆』（*Prodromus pansophiae*）、『コメニウスの意図の説明』（汎知学の意図の説明）（*Conatuum pansophicorum dilucidatio*）でのベーコンへの言及は、DK15Ⅱ、三三、三六、四一、四四頁、『光の道』（*Via lucis*）でのベーコンへの言及は、DK14、二八七頁、『熱気と寒気の本性について』（*Disquisitiones de caloris et frigoris natura*）でのベーコンへの言及は、DK12、二七一、二八〇頁に見られる。『運命の建造者』（*Faber fortune*）でのベーコンへの言及は、DK13、二三七、二三八、二五六頁に見られる。

（7）【原注】「哲学とは、神の意図からすれば、人間がすべての事物すなわち下位の被造物を合法則的に支配すること以外の何ものでもない」（『必須の一事』第六章四節、DK18、一〇二頁。藤田輝夫訳）。

（8）【原注】『教授学』に対する男爵〔ベーコン〕の影響についての問いを否定したクヴァチャラの態度は、彼の大著『ヨハン・アモス・コメニウス――その人生と著作』（一八九二年）でも維持された。

「ベーコンとその方法に対する多くの賞賛を見出すことができるが、彼の見解、少なくとも高く評価された方法は利用されていない」（*Johann Amos Comenius. Sein Leben und seine Schriften*, Berlin/Leipzig/Wien, 1892, S. 155.）。

同様の評価は次の文献にも見られる。

J. A. Comenius, Bd. 6 der *Reihe Die Grossen Erzieher*, hrsg. V. R. Lehmann, Berlin, 1914, S. 14.

Jan Amos Komenský. Jeho osobnost a jeho soustava vědy pedagogické, české vydání upravil J. V. Klíma, Praha, 1920, str. 24n.

（9）【原注】J. Reber, *op. cit.* ⅤK1、一三一頁。

（10）【原注】*op. cit.*, S. XXXIIIn. ⅤK1、一四〇頁。

（11）【原注】*op. cit.*

（12）【訳注】A・パテラ（Adolf Patera, 1836-1912）。チェコの歴史家、言語学者、コメニウスの書簡集を編纂。

（13）【訳注】ドイツのルター派貴族ラファウ五世（Rafal V. Leszczynski, 1579-1636）のこと。コメニウスがチェコから亡命したレシュノとその周辺を領地としていた。別名をパラティン・フォン・ベルツ（Palatin von Belz）といった。

（14）【訳注】コメニウスは、『大教授学』読者への挨拶等で、教授学研究にあたって参考にした著述家をあげている（DK15Ⅰ、四〇頁、邦訳、1、二三頁）。

W・ラトケ（Wolfgang Ratke; Ratichius, 1571-1635）はドイツの教授学者、教育者。近代的な教授学を確立した一人に数えられる。ドイツの領邦やヨーロッパ各国の教育改革を献策。J・レーニウス（Johannes Rhenius, 1574-

1639）はドイツ・ライプツィヒの教師。C・ヘルヴィヒ（Christoph Helwig, 1581-1617）はドイツの学者で、ギーセン大学教授、ラトケと協働。E・ボディン（Elias Bodin, 1600-c.1650）はドイツの教育学者。S・リッター（Stephan Ritter, 1600-1650）はドイツの学校校長。P・グラウム（Philipp Glaum, c.1580-1650）はドイツの教育学者。G・ホルシュタイン（Gabriel Holstein）も教授学著作がある。『大教授学』、邦訳、2、一七三〜一七九頁注に詳しい説明がある。

（15）【原注】PK、八頁。

（16）【原注】ベルツ宮中伯・ラファウ五世宛ての書簡に、このダニエル書の一節が引かれている（PK、八頁）が、この一節はベーコンが『大革新』（*Instauratio magna*）のタイトルページにモットーとして示している。

（17）【原注】PK、八頁。

（18）【原注・訳注】Č. Stehlík, *Bacon a Komenský*, in: *Česká mysl*, XIX, 1923, str. 79nn., 194nn., 331nn. Č・ステフリーク（Čestmír Stehlík, 1886-1928）、チェコの哲学者、心理学者。

（19）【原注】Tamt, str. 194.

（20）【原注】『汎知学の先駆』、DK15Ⅱ、二九頁。『ノヴム・オルガヌム』（*Novum organum*）第二巻、アフォリズム一五以降。

（21）【原注】前掲。

（22）【原注】『汎知学の先駆』、DK15Ⅱ、三五〜三六頁。『ノヴム・オルガヌム』第一巻、アフォリズム二及び序文（桂寿一訳、岩波文庫、一九七八年、六九頁）。

（23）【訳注】U・ピンデル（Ulrich Pinder, 1500年前後）。ドイツ・ニュルンベルクを中心に活動した医師および医学著述家。

（24）【原注】ヒエロン二世（Hiero II of Syracuse）治世下のシラクサで、アルキメデス（Archimedes, 前287-前212）によって建造された機械（河野与一訳『プルターク英雄伝』四、岩波文庫、一九五三年、一五八〜一六〇頁）。『教授学』（*Didaktika*）第一三章第一七、八節（DK8、七八頁、DK15Ⅰ、九一頁）。『大教授学』には、ヒエロンの機械について、「数々の転子、滑車、綱がかみ合って力を増すようにつくられた精巧な機械」であり、「百人がかりでも動かせなかった重量物をひとりで楽々と動かせた」とある（邦訳、1、一三三頁）。

(25)【原注】『大教授学』第一三章第一四節（DK15Ⅰ、九二頁、邦訳、1、一三五頁）。

(26)【原注】『大教授学』第一三章第一五節（DK15Ⅰ、九二頁、邦訳、1、一三五～一三六頁）。

(27)【原注】『ノヴム・オルガヌム』第二巻、アフォリズム五二（服部英次郎訳『ノヴム・オルガヌム』、世界の大思想、六、河出書房、一九六六年、四一一頁）。

(28)【原注】『大教授学』第四章、DK15Ⅰ、五八～六〇頁、邦訳、1、六一～六五頁。

(29)【訳注】この研究は一九五六年のものだが、その翌年、パトチカは、このテーマを補う論文として「『大教授学』、ベーコンそしてヨセフ・ヘンドリヒ」を著している。しかし、この論文では、コメニウスとベーコンの関係についての彼の見解に対する新たな認識は示されていない。もっぱらコメニウス研究者ヨセフ・ヘンドリヒのテーゼに対する批判的検討がなされている（本論文のドイツ語訳の注に基づく）。

コメニウスとクザーヌス[1]

Komenský a Cusanus

一八九四年にヤン・カプラス[2]によって出版されたJ・A・コメニウスの哲学についての研究はチェコでは古い時期に属する。この第一章ではコメニウスの時代の哲学的風潮が扱われているが、そこにはクザーヌスの名があげられた。とはいえこの著者は、二人の思想家の間に直接的な因果関係があったかということからは遠く隔たっていた。クザーヌスという形態は、コメニウスが歴史的な意味で発生するのに関して、この時代の全体的な雰囲気を特徴づけるためであったにすぎない。両者の関係は地平線上に現れたが、再び消失してしまった。

ニコラウス・クザーヌス

指導的なコメニウス研究者であるヤン・クヴァチャラが、一九二七年発刊の『コメニウスの生涯と著作についての研究のための記録』第一〇巻で、コメニウス研究においてクザーヌスに初めて焦点を当てた[3]。クヴァチャラは、「コメニウスの学識と教養を同定するための寄与」という論文で、ソッツィーニ派のD・ツヴィッカー[4]とコメニウスの論争について扱った。この論争は、思想研究の視点からして非常に興味深いものである。一方において、この論争には一九世紀の聖書解釈を準備した面があり、他方においては、神的事項における（in Divinis）理性の位置についてのコメニウスの見解が詳述されている。ここで彼は明確に「学識ある無知」（docta ignorntia）、つまり、無能であることのために「いかに」ということを理解するという見解に与した。そして同時に無限なる存在に向かう反対物の一致（cointidentia oppositorum）という〈事実〉を主張する必要があるとした。ツヴィッカーの大胆で馬鹿げた意見の典拠と権威について論敵から直接問われたのに対して、コメニウスはその典拠としてクースのニコラウス枢機卿〔クザーヌス〕の名を挙げた。ここではまた、クザーヌスとならんで、ウルリッヒ・ピンデルとその著作『人間の至福としての知性の鏡』が言及された。[5] クヴァチャラは、それがクザーヌスの何らかの著作の表題であると誤解し、そうした著作を探したが、それは徒労に終わった。そして、この誤りについては、一九四三年に『チェコ思想』に発表された「クースのニコラウスとコメニウス」という論文で、F・M・バルトシュが指摘した。[6] この論文は、思想家〔バルトシュ〕にとっても、クヴァチャラの見立てに対しても、J・ヘンドリヒが一九四二年に『チェコ思想』に発表した「コメニウスとベーメ」という論文で指摘した問題に対峙するものであった。[7]『平安の中心』では、神はすべての中心とされ、世界を回転する輪にたとえる比喩が用いられているが、ヘンドリヒはこの論文で、その表現の典拠が見出されるとした。F・M・バルトシュは、J・V・ノヴァークのあとに、引用された表現がクザーヌスにさかのぼられるということに気づいた。[8] とはいえ彼は、クザーヌスのもとで世界が輪にたとえられていたのに気づかなかった。しかし、私が考察するように、コメニウスは『球の遊びについて』というクザーヌスの著作を扱って引用しており、実際のところ、〔『球の遊びについて』は『平安の中心』の〕手本なのである。[9] しかしながら、コメニウスがそのアイディアを受動的に書きとったのではなく、ただ純粋なインスピレーションから書いたと想像するのは可能である。この意味でわれわれは、クザーヌス的な思想やモチーフによるそうしたインスピレーションがコメニウスの著作のもとに持続的で本質的な連なりをとどめていたということを示そうと望んだ。そこで重要なことは、コメニウスの哲学やそれと関連した他の思想の発生と発展について、われわれの見解は、こうした証拠に基づいて広範囲にわたって修正されなければならないということだ。ここからいえることは、コメニウスの思想は学校の影響や多様で選択的な読書といったモチーフによるラプソディーなのではないということである。そうではなく、コメニウスの思想は、彼がヴィヴェスやカンパネッラやベーコンらを知る以前の時期、つまりその発端にさかのぼって、有力で体系的な哲学的概念の影響のもとにあった。こうして、コメニウスの思想は単に部分から凝集して発展したものではなく、有機的な近似関係にあるといえるものをすべて同化することのできるひとつの全体として発展した独創的なものであったということができる。おそらくクザーヌスは、コメニウスとコメニウスの多くのモチーフに影響を及ぼした近代的哲学者の最初の模範なのであった。コメニウスのモチーフは、一見すると散乱しているが、クザーヌスという文脈から関連づけられると、説明がつくのである。それどころか、コメニウスの思想の全体的な進化が、こうした最初の思想的印象の展開としてとらえられうるともいえる。つまり、コメニウスにおいて後に見られるあらゆる「影響」や、後に生じた自発性や受容力といった要因を用意したのがクザーヌスであったということである。

もっともコメニウスにとってその思想を発展させるための不可欠な出発点がクザーヌスであるということは、クヴァチャラも主張していたことであった。クヴァチャラは、「ヴィヴェス、カンパネッラらよりも以前に、コメニウスが著名な枢機卿を教師と見なし、彼からグノーシス的な論理による批判哲学や哲学的な謙譲やその他のことも学んだ[10]」のは確かであるという。とはいえ、クヴァチャラ自身もそれ以外の者も、コメニウスの思想の最初の根本的な萌芽を具体的にまとめあげるという課題に再度とりくむことはなかった。この研究も、われわれのコメニウス理解において長く空隙であったと認識されていた部分を単に埋めようと意図した帰結ではない。コメニウスの精神的な連関を確立した特有の刺激を追求した帰結である。この精神的連関とは、最初の形而上学[11]において、超越論的なトリアーデからの機会原因論的なカテゴリーの演繹に向かっているのに示されている。この著作はチェコの教育者〔コメニウス〕の著したものであり、トリアーデ的な性格が明瞭に現れている。一七世紀のドイツの大学におけるプロテスタント的なスコラ哲学に詳しいマックス・ヴントがヨセフ・ヘンドリヒに書簡で伝えたように、この思想は当時にあってはまれで独創的であり、一七世紀の文脈ではなく、驚くべきことに一五世紀の文脈にさかのぼって示されるのである。[12]そこでコメニウスの思想がクザーヌスによって胚胎させられたのではないということを確かめようとするなら、かなり長大な対比の列を系統立てて説明することになる。この点で、クザーヌスの著作を若い頃に読んだことをコメニウスが認めているのに対して、クヴァチャラとバルトシュが注意を促したことには意義がある。〔晩年の〕コメニウスは、ニュルンベルクの医師であり印刷業者であるウルリッヒ・ピンデルが編集した『人間の至福としての知性の鏡』という表題のクザーヌスの著作を五〇歳以上若かったころに読んだと記している。[13]それゆえ、クザーヌスがチェコの思想家に直接的な影響を与えたということを厳密に同定できる可能性は、これら二つの視点のつながりにかかっている。

当面われわれが行いたいのは、少なくとも、コメニウスについての新しい見方に接近できるような事実に関わる史料の一部でもこれらの研究のうちからもたらすことである。しかし、こうした新たな史料はまた、より深い解釈のための数多くの問題とともに、多くの思想研究上の問題を投げかける。それらは他の研究にゆだねられるべきである。これまで述べたことから、次のことが示されるであろう。

コメニウスの著作を詳細かつ徹底的に〈解釈〉するのにとりわけ必要であるのは、コメニウスの、見かけ上はその多くが挿話的で、もしくは結局は誤った思想が、一貫性のある野心的な概念の一部であることを白日のもとに明らかにすることであろう。われわれは、われわれには疎遠でむしろ不可解に映るようなことから、コメニウスに関して多くを理解することができるだろう。

さてわれわれは、コメニウスの著作を思想研究の文脈に挿入することによってコメニウスの著作を理解したい。それは、一方においては、「中世の秋」[14]といった傾向、ルネサンスの世界、ルネサンスにおける合理主義の先駆形態、一五世紀の普遍主義的な営為、教会や宗教の統一及び人類（humani generis）の統一的な機構へのあこがれ、世界と神との関係についての見方、これにともなう自然についての新しい理解、そして人間についてのより能動的な概念の最初の高揚と関連している。それは、他方においては、当時においてコメニウスをとり巻いていた、一六世紀の宗教改革や対抗宗教改革およびそのバロック的な雰囲気と関連している。ゆえにそれは、当時の問題にとりくもうと試みたという点で、情熱的で激しい現れと関連している。それは、ルネサンス期本来の合理主義の先駆形態が明朗であったのとはまったく異なっていた。――デフェンターの教育の傾向[15]とコメニウスの改革との関連という例を具体的に考察することができるが、それはコメニウスへの遠い反響がクザーヌスによってコメニウスに伝えられたのに相違ないからである。コメニウスの神学思想のイメージにとっては、一五世紀全体（つまりクザーヌスだけではなくレモン・スボン[16]）を考慮に入れねばならないだろう。兄弟教団の人文主義は、コメニウスとともに開かれたのである。この人文主義は、コメニウスにルネサンス期の最高の思想内容を吸収させるほどの深みへと開いたのである――ゆえにコメニウスの思想的営為も、前例のない思想的な総合をめぐる営為と見なされなければならない。この営為は、全体的で有機的な思想によってもたらされたのだが、それは神が内的な生に反映したイメージなのである。

まさしく、この全体性と総合性が、コメニウスの思想的営為の当時における質と弱みを成している。そしてまさにこのために、彼の時代を代表する典型ともいうべき者たちの間で、コメニウスという天才はそれにふさわしい位置を占めることができなかったのである。コメニウスの思想的な営為を、数学的な自然科学の基礎づけを行った一七世紀の最も典型的な天才によって成し遂げられた営為から測るのは、役にも立たず不要なことである。たとえばここで、ガリレイの営為やデカルトの哲学を例にコメニウスの営為と比較するのは意味のないことである。ところで、この比較はすでに何度も試みられてきたが、同じように新しい事実という光のもとで、まったく異なった基礎の上に築かれなければならない。というのは、デカルトとコメニウスは、当然のことながらその振る舞い方は根本的に異なっているものの、クザーヌスの内に共通の精神的起源を有しているからである。コメニウスのうちに、ルネサンス的宇宙を破壊する傾向の萌芽を見ようとしたり、分析に力点を置く傾向の萌芽を見ようとしたり、自然を「霊的な」結合から免れさせ、自然を少しずつ人間の意志にしたがう下僕とする傾向の萌芽を求めるなどというのは無駄なことである。なるほど、コメニウスのもとにも自然に対する近代的で主意主義的な態度がすでに見られるのは疑いないが、それはなおベーコン的な大革新〔instauratio magna〕の形態にとどまるのである。それは、人間が楽園の状態にあって有していたように、事物に対する支配を人間にとり戻させようということだった。コメニウスにおける自然性はすべて、純粋に機械論的で〔自然から〕生命を奪うような観察に抵抗するものだった。今日われわれは、当時の機械論者に対抗した有機的総合の支持者に再び寛大な目を向けようとしている。機械論的・数学的な自然科学を独創的なかたちで発展させるという手段をめぐって思想的にとりくんだ世紀を経て、今日われわれは一八、一九世紀よりも有機的な自然像に再び近しさを感じており、そのうちに含まれている相対的な真実性を再び評価することができる。しかし、コメニウス自身にとってなおいっそう重要だったのは、この有機的な見方が、教育を普及させ、あらゆるものを照らし、あらゆることを改善するという彼の意図を幾分かでも可能にするということであった。彼にとっては、他の見解は支持できないものであっただろう。というのは、彼の全面性はこの有機論とともに、コメニウスの営為の真正の〈カトリック的性格〉や一般性や普遍性とそれぞれ関連しているからである。

そして、このカトリック的性格は、全面的な結合と和解をめざすものであり、それらは統一された全体的な文化、単一の教養についての取り組みによってなされる。この文化と教養は、あらゆるものがあらゆるものによって開かれ、個々の者が関わり全体に加わることを求める。そして、真の意志の疎通を可能にし、それによって集中と深化が可能になり、ついには最も素朴な人間の生を可能にすることをめざす。すなわち、このカトリック的性格は、次の時代、つまり啓蒙期において、コメニウスの業績の一部となったのである。しかし、彼の教育学に関する営為や教科書の実践的性格は、しかし同時に随意的で自然な哲学的精神であり、深く純粋な通俗性なのだ。このことは、それだけですでに〈中欧的〉啓蒙の成立にとって卓越した貢献なのである。中欧的な啓蒙は、西欧の啓蒙、とりわけ啓蒙がしばしば（おそらくあまりにしばしば）強調されてきたフランスの啓蒙と比較すると、有神論的であり、ある意味で保守的な特質を帯びている。あまりにしばしばというのは、啓蒙〈全体〉には有機的な底流があったからである。つまり、啓蒙はいかなる国も地域も照らし、それでヨーロッパはなおも精神的に統一されていた。この底流はルネサンスと結びつくものである。こうして、ルネサンスと啓蒙の相違による得失も同様に重要で特徴的ではあったのだが、まさに啓蒙の最初期から、ルネサンスの思考様式や生活様式および営為と啓蒙の時代の間のアナロジーがおそらくは強調されたのである。そして、コメニウスはこの線上にあって真に重要な結節点なのである。というのは、彼の人格のうちで実際に一五世紀と一八世紀が、クザーヌスとライプニッツが、敬虔派と汎愛派が接触したからである。啓蒙時代人はコメニウスの教科書やその教育学的な指導書を読んだが、ゆえにその一行一行、一ページ一ページは、啓蒙時代人のもとで有機的な琴線を強めたのである。この琴線は啓蒙の交響曲のもとで共鳴し、J・G・ヘルダーのもとで明瞭なかたちで現れたのである。[17] ヘルダーはドイツ的な運動の祖の一人であり、その運動はドイツの古典的な文芸と哲学、つまり啓蒙の多くの根のひとつから成長したのである。そして、このヘルダーは、機械論と有機論の偉大な総合者であるライプニッツのあとをうけて、コメニウスの営為の大きさや活力をもう一度生き生きとしたものとして読むことができたのである。ゆえにヘルダーは、コメニウスの内に「われわれのサン＝ピエール師」を見出したのである。[18] サン＝ピエールは、平和工作という言葉が存在しなかった啓蒙期を代表する者であり、彼の哲学のなかに歴史哲学について多くのことをとり入れた。そこには、〔コメニウスの〕『ボヘミア教会の迫害の歴史』も含まれている。[19] そして彼は、ベールの攻撃[20]によって西側の世界ではややさえぎられてしまったコメニウスの全人格性を再び啓蒙の明るい光のもとに戻すのに成功したのである。〔ヘルダーの啓蒙の解釈は、〕彼の時代の可能性の枠内では最も明快な解釈であった。しかしながらその解釈は、ヘルダーにとっては普通のことだったのだが、同時に啓蒙への懸念を表明するものであった。

こうしてついにわれわれは、ヘルダーの仲介を経て、マサリク[21]がチェコ人としての再覚醒に関する哲学のすべてに及んでいる思想研究の諸問題のうちでも特別な事例に至る。それは、さまざまな外的な影響をくぐり抜けたコメニウスの帰郷という事例である。それは、チェコ人の挫折した改革における精神を伝播させた事例である。コメニウスについていえば、この帰郷がヘルダーの仲介を経たことは疑いないように思われてきた。しかし、マサリクのテーゼ一般は、強力なドグマとしてではなく、第一に多様性や差異において把握されうる問題と見なされなければならない。同様のことはコメニウスという特殊事例についても明らかである。コメニウスはわれわれの宗教改革という時代の子であるということは間違いない。その生の終末に至るまで、コメニウスはカトリックの対抗宗教改革とその画一主義や精神の自発性への抑圧といったすべてに激しく抵抗した。われわれの師〔コメニウス〕は、外的な規律や暴力的な権威に対抗することを明確に強調した。宗教改革についての彼の概念もやはりまた、こうした諸傾向にこだわり続けたという意味で改革派のなかでも見事な実例なのである。彼の宗教改革についての概念は、ルネサンスや中世後期に結びついたものであった。バロックのカトリシズムが、統一に向けて自発的に努力するという内的な一貫性をその暴力によって妨げようとも、彼の眼には、この改革こそがこうした一貫した営為を完成にまで導くと映っていたことは疑いないのだ(22)。

注

(1)【訳注】パトチカのコメニウス研究の貢献のひとつは、コメニウスの哲学思想上の位置づけに関して多様な視点を提供したことにある。そのひとつにコメニウスとクザーヌスとの関係がある。コメニウスは、自らとほぼ同時代のヴィヴェス、カンパネッラ、ベーコンらからの影響を記している。しかし、さらに時代をさかのぼった思想の受容について、パトチカはベーコンについて行ったのと同様に、先行研究を丹念にフォローし、中世末からルネサンスにかけての偉大な神学者・哲学者であるクザーヌスの思想をコメニウスがどのように受け止めたかを考察している。
この論文は生前には公刊されなかったもののひとつであるが、成立年代は一九五四年から一九五七年の間と考えられる。『ヤン・パトチカ選集』第一一巻所収のテクストを底本とした。

(2)【訳注】J・カプラス（Jan Kapras, 1880-1947）。チェコの歴史家、弁護士、政治家。カレル大学法学部長を務めた。

(3)【原注】J. Kvačala, *Príspevky k spoznaniu Komenského učenosti a vzdelanosti*, in: AK, X, 1927, str. 14nn.

(4)【訳注】D・ツヴィッカー（Daniel Zwicker, 1612-1678）。ドイツの医師で、ソッツィーニ派の理論家。ソッツィーニ派は、聖書の理性的解釈を試み、三位一体説やキリストの神性を否定した。コメニウスは、最晩年をラウレンティウス・デ・イェール（Laurentius De Geer, 1614-1666）の庇護を得てアムステルダムに過ごすが、ソッツィーニ派との論争に巻き込まれた。

(5)【原注】U. Pinder, *Speculum intellectuale felicitatis humanae. Compendium breue de bonae valitudinis cura*, Nürmberg 1510.

(6)【原注・訳注】F. M. Bartoš, *Nikolaus von Cues a Komenský*, in: *Česká mysl*, XXVII, 1943, str. 59nn.
F・M・バルトシュ（František Michálek Bartoš, 1889-1972）。チェコの歴史家、科学アカデミー会員。フス派の歴史等を研究。

（7）【原注】J. Hendrich, *Komenský a Böhme*, in: *Česká mysl*, XXXVI, 1942, str. 147nn.

（8）【原注】『平安の中心』第二章、ＤＫ3、四八五頁。

（9）【訳注】『球の遊びについて』（*De ludo globi*）は、クザーヌスの自然科学関係の著作のひとつで一四六三年に著されたものである。「球の遊び」とは、トックリ型のピンに木製のボールを当てて倒す遊びであり、ケーゲル（九柱戯）とも呼ばれる。中世のドイツやネーデルランドでさまざまなバリエーションで盛んに行われ、現在のボーリングの起源となっている。田中一郎「ニコラス・クザーヌス著『球の遊びについて（De ludo globi）』（1463）」（『物理学史研究』物理学史研究、八（四）、一九七二年、六九～八七頁）には、一部の翻訳が収められている。

（10）【原注】J. Kvačala, *op. cit.*, p. 21.

（11）【原注】コメニウスの『第一哲学』では、「一なるもの、真なるもの、善なるもの」という超越的なるものから方向（locus）、時間（tempus）、量（quantitas）、質（qualitas）、能動（action）、受動（passio）、秩序（ordo）、使用（usus）、愛（amor）という機会原因が引き出されている（ＤＫ18、一四頁）。

（12）【原注・訳注】ヴントからヘンドリヒへの書簡（一九四二年六月二六日付、チュービンゲン発）。この書簡は、次の論文で出版されている。

J. Ludvikovský ve stati Komenského Metafysika z leningradského rukopisu, in: *Listy filologické*, LXXVIII, 1955, str. 89nn.

M・ヴント（Max Wundt, 1879-1963）。ドイツの哲学史家。反ユダヤ人主義、ナチへの傾倒で知られる。

（13）【訳注】Comenius, *De iterato Sociniano Irenico iterate ad Christianos Admonitio*, Amsterdam, 1661, 117f.

（14）【訳注】ブルクハルトのルネサンス観に対する独自の視点が展開されたホイジンガの主著のひとつ『中世の秋』（堀越孝一訳、中公クラシックス、二巻、二〇〇一年）。

（15）【原注】ネーデルランドのデフェンターは一三世紀から素晴らしい学校で有名であった。デフェンターの学校は、共同生活兄弟団によって設立・運営された。クザーヌスは、一四一三年から一四年にかけて「新しき信心」が提唱された時期に学んだとされる（P. Floss, Jan Patočka, *Mikuláš Kusánský, Život a dílo renesančního filosofa, matematika a politika*, Praha, 2001.）。

（16）【原注】レモン・スボン（Raimundus de Sabunde, 一四世紀末-1436）。カタルーニャの医師、神学者、哲学者、トゥールーズ大学の神学教授。自然という書によって啓示の書を証明しようとする『自然神学』（*Theologia Naturalis*, 一四三四～一四三六）は、モンテーニュによってフランス語訳されたほか、各地でラテン語訳が出版された。

（17）**【訳注】**本書一四頁。

（18）**【原注・訳注】**J. G. Herder, *St. Pierre und Comenius*, in: *Briefe zur Beförderung der Humanität*, Fünfte Sammulung, Brief Nr. 57, *Herders Sämmtliche Werke*, hrsg. v. Bernhard Suphan, Bd. 17., Berlin, 1881, S. 276. ff.

ヘルダーは、フランス革命から得た感慨をもとに『人間性促進のための書簡』（*Briefe zur Beförderung der Humanität*, 一七九三～一七九五）を著すが、このなかに「サン＝ピエールとコメニウス」がある。サン＝ピエール（Abbé de Saint-Pierre, 1658-1743）は、ルソーやカントの平和論に影響を与えた『ヨーロッパの恒久平和のための計画』（*Projet pour rendre la paix perpétuelle en Europe*）の著者として知られる。

（19）**【原注】**『ボヘミア教会の迫害の歴史』（*Historia persecutionum ecclesiae Bohemicae*）、ＤＫ９Ⅰ、一九九～四四二頁。

（20）**【訳注】**本書、一二一～一二三頁、三五～三六頁注（９）。

（21）**【訳注】**Ｔ・Ｇ・マサリク（Tomáš Garrigue Masaryk, 1850-1937）。チェコの政治家、哲学者、チェコスロヴァキア共和国初代大統領。『チェコ問題』（*Česká otázka*, 一八九五）は、チェコ民族復興運動の歴史的解釈についての古典となっている。

（22）**【原注】**これまでの不完全で部分的であった改革に対する全面的な改善（Všenáprava）という理念が関連している。

『平安の中心』とクザーヌス[1]

Hlubina bezpečnosti a Cusanus

クザーヌスがコメニウスに与えた影響は受動的な受容ではなく、そこにはインスピレーションが独創的に作用しているといえる。コメニウスがクザーヌス的なモチーフを字義的な意味で受容したかを見ようとするなら、そこには相対的にはわずかなものしかないだろう。とはいえ、ピエール・デュエムがレオナルド・ダ・ヴィンチの場合にとったのにならい[2]、学識ある無知を説いた師から得られたインスピレーションの痕跡をたどろうとするなら、われわれの収穫は比類なく豊かなものになるだろう。創造的な精神のもとで、インスピレーションがどのように歩むかといえば、他の領域、たとえば音楽の作曲の構造におけるようなことと同様である。モチーフの変奏、増幅、簡素化といった手法、模倣、異なった調性への転調は、周到な分析を経て予期せざる総合をもたらすものである。世界と回る車輪とを事細かに比べるという『平安の中心』のモチーフにもそのことはいえるだろう[3]。

この類比の基礎として、ヨゼフ・ヘンドリヒは、神とはその中心がいたるところにあり、どこにもその円周がないひとつの輪であるという賢者の言葉（dictum sapientis）について考察した[4]。そこでD・マーンケは、この巨大な伝統のある思想を一七世紀の思想からリールのアラン[5]や『二十四人の哲学者の書[6]』にまでさかのぼったのである。[7] どこにでも中心がある輪という言及については、すでにJ・V・ノヴァークが、それがクザーヌスと関連しているということを仮定した。『平安の中心』における類比は、やはりまた特別なクザーヌス的特徴を示している。つまり『平安の中心』における類比は、〈回転する〉輪としての世界をとらえ、かの二部の対話篇であるクザーヌスの論文『球の遊びについて』では、〈球〉の動きとして示された運動として世界がとらえられている。『球の遊びについて』は、先行する思想家の最も成熟した著作である。回転する運動は、その全回転力が〈不動の〉中心を向いている。——それがクザーヌスのイメージである。あらゆる運動の不動の中心とは神であり、キリストであり、それがクザーヌスのイメージなのである。輪としての世界というイメージは月並みであるが、不動の中心としての〈神〉のまわりを〈回転する〉運動は決して一般的なイメージではない（それは偽ディオニシウスのもとで生じたイメージである）。[8] また、世界と輪のそれぞれの類比とは異なるという理由から、ベーメの『大いなる神秘』を例にとると、惑星の輪について述べられており、[9] コメニウスの類比のもとになったということはありうる。ベーメの惑星の輪は太陽という点から生じており、その中心は神ではなく、太陽または地上である（この解釈からはあまり明瞭でないが、「〔神の命による〕言葉が地上をとらえ、惑星の輪に結わえた」ということを意味したなら、つまり地上が堅固なものとなったということを意味するなら、中心となったのは地上である）。[10] クザーヌスにおける世界が他の存在ではなく、神の周りをめぐるのはなぜなのだろうか。それは神が中心である（アランの定義）からであり、同様に無限の中心として、同一のことのさまざまな様相を反対物の一致（coincidentia oppositorum）として示すからなのである。これらの様相のひとつは、静止と等しい無限に速い運動である。

しかし、コメニウスの類比と『球の遊びについて』におけるクザーヌスの類比が一致を見る、他のさらに重要な論点がある。つまりこのイメージは、世界と世界における人間の運命を示すとともに、人間と人間自身との比較、人間とその周囲の事物との比較、そして神と人間の比較を示すことを意図している。ここでは唯一の中心のことのみではなく、二つの中心が問題とされている。ひとつは人間に固有の中心であり、第二の中心とは人間自身よりもさらに内部にある。これらすべての比較において、コメニウスはクザーヌスと合致している。こうした広範な一致は偶然ではありえず、少なくともその一致は何らかの共通の雛形から生じうるということである。とはいえ、クザーヌスとの親近性についてコメニウスが自ら述べている言及がわれわれの手元にあるとして、それはなぜほかに求められうるだろうか。しかし、クザーヌスの例が他の異なる雛形から再度引き出されたということはいえそうもない。それは、彼の例が、流行したゲームに基づく神秘主義的・思弁的な考察であるという単純な理由による。このゲームは、彼の時代に発明され、イタリアやドイツのある地域で人気があった。クザーヌスの哲学的対話という考えは、そこでこの現実性を生や世界の最も重要な契機と結びつけるものであり、ゆえに独創的なのである[11]。

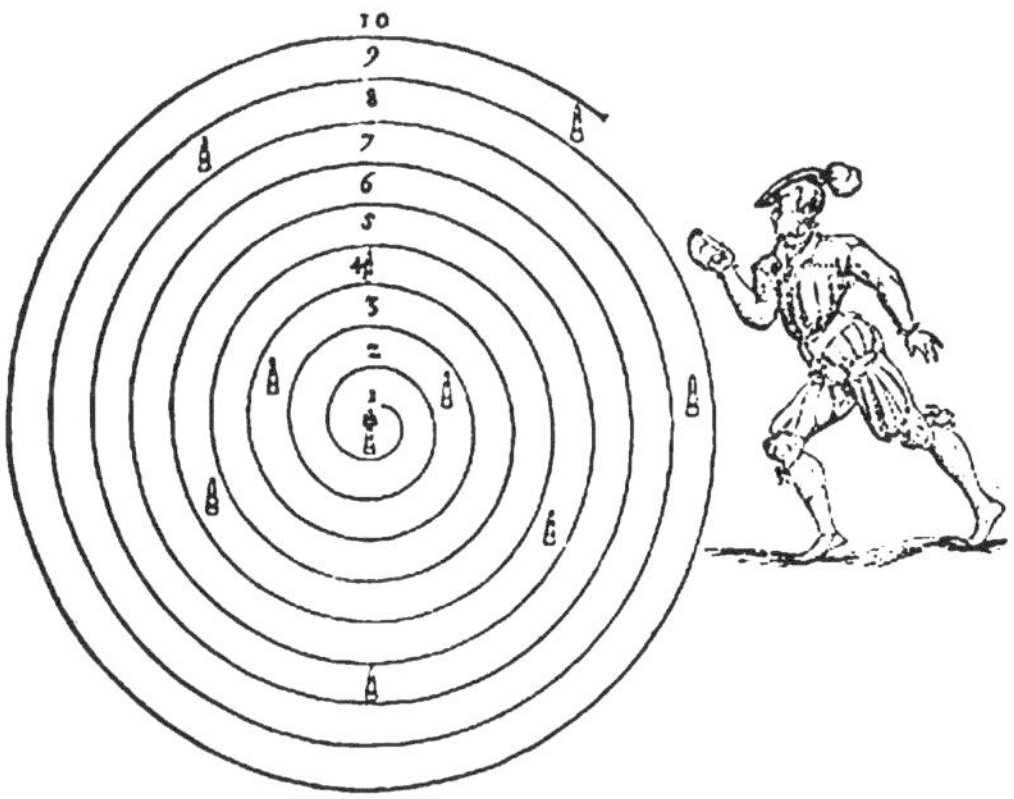

クザーヌスの考案した「球の遊び」

「球」をつかったピン倒しの遊びは、――クザーヌスが思弁的な意味を付け加えた他の遊びとは異なり――それほど一般的には普及しておらず、コメニウスもその遊びをおそらく実地では知らなかったであろう。ゆえに、コメニウスがこの遊びそれ自体についてチェコ人の読者に語ることができず、にもかかわらずクザーヌスの神秘主義的な比喩を提示しようとしたとすれば、シンボル的あるいは直観的で、できる限り手近にある何か別な比喩を作りろう。

出さねばならなかったであろう。クザーヌスのイメージ、またそのシンボル的表現やその発展については、コメニウスによるその翻案と同様に、ともに思想家であり詩人でもあった二人の特別な性格が大いに研究されうるだろう。

球の遊びは一種のピン倒しの遊びである。同じ中心から広がった一〇の螺旋で示された標的に向かって「球」を投げるのである。球の遊びは、底にくぼみがついた半球とピンを用いる。溝の間にはいくつかのピンがバラバラにおかれ、競技者は力を込めて球を投げ入れ、ピンをはじき倒し、球が中心からできるだけ近くに止まるように回転させる。キリストの生きた年数である三四点を先にとった者が勝者となる。この遊びは、クザーヌスの思想に基づいて、魂の王国から生の王国へというわれわれの魂の運動を表現している。そこには静穏と永遠の至福が行きわたり、われわれの王であり、永遠の生命の贈与者であるイエス・キリストが君臨している。われわれの生は、イエスという絶対的な中心が定められた運動の模倣であるべきであり、（クザーヌスの弟子であるトマス・ア・ケンピスと新しき信心（devotio moderna）のいうところでは[12]）イエスの実例を継承するべきものなのである。螺旋には無数の点があるゆえに、われわれが完全に同じ点になることはありえず、それぞれの点数において、それぞれの競技者が各自の順位で球遊びをあがる――ある者は中心からより近く、次の者はそれに続く。さてキリスト教徒は、平安の中心における永遠なる生にまったく希望をもてない者がいることを思う。それは球がもっぱら地上の王国をめぐっている場合である。一方には、永遠なる生への希望を抱くものの、イエスなしで、人間的な力と法だけで永遠の生命を得ようと試みる者がいる。――この者たちはただ自身の球〔世界〕にのみ属し、自身の精神的な力と自身の預言者や師匠の教えに従い、頂点にまで至ろうとする。ついには、自身をイエスとして示し、イエスにとってかわろうとするような道をとるような者もいる。すなわちこの者たちは、自己中心という中心、つまり神と人間の調停者である王の王たる者の玉座に向かっていく。

第一の対話において、類比はここまで展開されている。より詳細に論じるなら、ここで述べられている二重の中心という思想は付随的なものなどではない。つまり同じ対話において、世界や神に対する人間の類比は、王国に対する王国の類比、つまりはチェコ人とローマ帝国の類比と比較される。人間とはミクロ・コスモスなのであり、小さな人間のなかにある世界なのであり、王国のなかにある王国なのである。「こうして人間は、王冠を抱く自らの王の直接の支配下にあり、世界という王国に間接的に従属している」[13]。これらの両王国は「最大世界」（maximus mundus）であり、それは神である。人間は人間本来の私的な中心を有するが、それとは別に他のより本質的な中心があるのであって、それが絶対的な中心なのである。

このように、第一の対話において比喩はここまで展開されている。この比喩が、人間学的な要素、人間における二重の中心、この世界においては到達することのできない平安で共通的な中心の探究といったことに基づいているのは明らかだ。ここから頽落してしまう理由は、本質的に、われわれがわれわれに固有の中心、つまりコメニウス的な意味での「自己中心性」（samosvojnost）にのみ従ってしまうことによる。別の言い方をすれば、われわれの統率力を超えた絶対的な中心を得ようとする（「逸脱」（jinudost））によって、われわれは頽落する。

世界との対比は次の対話をもたらす。生ある者の圏域において、生命は円形の形をした螺旋として図示される。共通の中心をもつ螺旋の円はいずれも、いわば生のイメージなのであり、球のイメージなのである。球とは、こうして永遠かつ無限の生の運動のイメージである。輪とは、絶え間ない運動によってそこをめぐる中心の存在と認識による以外には、存在しえないし、認識されえない。ゆえに同様に、キリストであるところの中心は、あらゆる回転運動に存在する。輪は生の運動を表す。より活発な運動は、生の中心の近くにある輪によって特徴づけられる。生の中心はそれ自体として、より大きいとかより小さいとかいったことはありえない類のものである。輪が中心に近いほど、その運動はより速くなる。この結果、中心それ自体に融合した輪（絶対小の輪）

が今や可能となり、その瞬間に回転していることになる。――ゆえに、この瞬間において無限運動が存在するということになる。それゆえに、無限であるとともに最小である運動とは、中心と円周が一致したところにある。明らかなことは、中心に近いほど回転運動はより速くなるというクザーヌスの思想は、はずみ車の旋回運動を作り出すものである。こうして球の遊びでは、速く動けば動くほど円は小さくなり、その運動が終わりに近づくほど、最後にはあがりとなる「中心」に近づく。類比についてクザーヌスがここで述べていることが、まさにその遊びと不可分に結びついているのは明らかだ。その遊びは、あらゆる象徴的表現や思弁の表象なのである。しかしこれが、コメニウスには受け入れられなかった契機なのだ。

さて、クザーヌスのもとで、類比はさらに展開された。世界は中心の運動の似姿、すなわち神の生命の似姿であるがゆえに、この運動は同様に生の機能として表現される。この生の機能とは、内的な運動であり、中心から周辺への段階的な離脱であり、また同様に〈認識〉や神の展望のさまざまな段階である。輪は視の段階（gradus visionis）[14]を表象する。もちろん、段階というのは単に粗い意味にすぎず、中心からの離脱は、実際には連続的な過程である。そして、共通で特別な中心のイメージが再び繰り返される。生の王国全体は中心から周辺に広がっている。その広がりは一本の〈線〉のようなものとして理解される。この線は、〈中心から円周に向かって無数の同じ線を含み、共通の中心とさまざまな事物のある円周がすべて融合した〉ものである[15]。全領域はなおも九つの段階に分割される。それによってわれわれは、生の王国の美しく段階づけられた全体的な秩序に足を踏み入れ、その一致、つまりキリストにまで至るのである。キリストは創造者であり被造物であり、神にして人であり、あらゆる祝福された被造物の中心なのである。そして、キリストがその人格において、あらゆるものの中心、すなわち神と一致するがゆえに、輪の周囲として示されるあらゆる祝福されたものは、創造された本性に近いキリストという円周のうちにいる限り、静穏とその目的のもとにある。そこでさらにクザーヌスは、祝福された魂の王国の段階性、つまり天のヒエラルヒーについて詳説する。そして、類比全体、つまり流出の秩序の位置、そして普遍的な回帰のイメージの解釈の過程とを、あとでもう一度反転させる。外側の領域は、どれもそのうちに内容と目的をもった覆いなのである。こうして、あらゆるものは中心に向かい、中心にはその結合の力があり、全体のすべての力が分散することなく集中する。そこで、最も外にある円は混乱したカオスを表象している。それからカオスに最も近いのが、より基本的で自発的な力の領域である。さらに鉱物がもう一つの領域を作り、こうして三つの領域は植物的な力に集中する。さらに内側の輪、つまり感覚知覚はこの力のうちにあり、そうして想像力が現れる。植物的な領域、感覚的な領域、そして想像力の領域は、またしても結合して第七の論理の領域を構成する。そして知性の輪と悟性の輪が現れ、論理の領域がこれらと再び最終の境域で一緒になる。──それが第一〇の最も内部にある絶対的な領域である。[16]

こうして世界のヒエラルヒーは、クザーヌスのもとでは生のヒエラルヒーとして、ゆえに運動の段階として解釈される。さてわれわれの目に現れているのは、共通の中心をめぐっての円運動ばかりではなく、同時に〈中心からの円周にのびる〉線である。その線は、もちろん無限に多くある。というのは、これらの線は輪の半径であるからである。これらの線はそれにもかかわらずひとつに融合するのだが、それはこの輪が無限の輪であるからだ。そして、この無限の輪は、『学識ある無知』の教えるところにしたがえば、中心、半径、円周と同じ意味なのである。[17]

こうしてわれわれは、クザーヌスのもとにコメニウスの類比の本質的な要素のほとんどすべてを見出すのである。

一、世界を不動の中心としての神をめぐる運動にたとえている。

二、あらゆる被造物には二重の中心がある。

三、あらゆる被造物には、そのために中心に達することができない自己中心性がある。
四、あらゆる被造物には、キリストの導きによらず中心に至ろうと望む逸脱性がある。
五、被造物を、中心から円周に伸びる光線にたとえている（コメニウスにおいては、世界を車輪にたとえた際の「スポーク」）。
六、イエスの仲介による中心への帰還。

こうして明らかなのは、コメニウスが叙述にあたってクザーヌスのイメージを非常に単純化したということである。それは彼の著書に与えられた目的であった。これまで述べてきたように、彼は読者に対してすべてを納得させ直観させるように説明しようと望んだが、ピン倒しの遊びを知らなかったので、その遊びにシンボル的表現を求めることはできなかったのである。ゆえに彼は、単純ではあるが豊かなイメージを創造しなければならなかったのである。たしかにこのイメージには、多くの上質な思弁的内容を盛り込ませることはできていない。しかし、彼のシンボル的表現が刻みつけられた者の精神に深くとどめられるのである。

コメニウスが車輪のイメージを用いることでこうしたことに卓越した成功を収めたのは明らかだ。当時一般的に用いられた世界についての観念の一般的な形態は、不動の中心をめぐる円盤であった。それはそのイメージの理解しやすさと明白な直観性を保証するものであった。この形態では、円盤全体を同じ中心をもった部分の集まりに分割できる。そこではまた、クザーヌスのシンボル的な表現内容の本質的な部分を維持することもでき、さらに個々の細目を深めることもできる。つまり、この形態は退屈なものではなく、根本的な思想を常に深めるように類比の適用が広げられるのである。コメニウスのイメージのさらなる優位性は、クザーヌスのイメージが多くの箇所でぼんやりとして十分に明瞭でないのとは異なるということである。たとえば、クザーヌスの比喩においては、なぜ中心に近づくほど運動が速くなるのかを理解するのはまったく困難である。また、円のなかで中心からの半径が、反対物の一致という思想の役割を果たすということがただちにはとらえられない。コメニウスは、単純なもので置き換え、矛盾を解決し、それによって最後まで直観的に示すことができたのである。それに反して、クザーヌスのイメージにおいて重要なのは、それらのイメージが単に何かを示唆するスプリングボードとして用いられているということである。それらのイメージ自体に何か含まれているのではないし、何かを意味しているのでもない。クザーヌスのシンボル的表現は、若きデカルトが『思索私記』に残した言葉にうまく表現されている。「超越的〔オリュンピカ的〕なものを構像するのに適した感覚的なもの[18]」。また、デカルトはさらにこう記している。「想像力が物体を構像するために図形を用いるように、知性は精神的なものを形象化するために、風や光などのようなある種の感覚的な物体を用いる。こうしてわれわれは、一層高い仕方で哲学する際には、精神を認識によって崇高な高所に上昇させることができるのである[19]」（さらにわれわれが思うには、この洞察にはデカルトのクザーヌス研究が直接的に反響しているといいうるということであり、われわれはそれを「デカルトとコメニウス」の章で解釈したい[20]）。これに対して、コメニウスがとくに追求したのが直観性や示唆性といった教育学的な目標であり、ゆえに卓越した統一性をもったイメージに達したのである。その統一性は、鈍い目では裂け目を見つけられないほどである。

とはいえ、クザーヌスのシンボル的表現のうちにコメニウスのイメージの根源があるのであって、そのことはそれ自体として明らかである。その裂け目というのは、おもに次の二つである。

一、コメニウスにおける二重の中心という思想には、本来的な意味での直観的なアナロジーがない。半球を使った遊びには、その類比のための基礎がある。中心は螺旋の始点であり、半分の長さの螺旋にはぞれぞれに半球がある。われわれがピン倒しのイメージをその内容が「創造されたもの」（**entia creata**）を意味する輪のイメージに置き換えるなら、われわれのイメージのなかにある第二の中心は一度に消えていってしまう。

二、被造物すなわち創造は、ひとつには同心円の円周に場所が与えられ、いまひとつには円の半径に現れている。それらは輪についている「スパイク」やスポークで示される。この二重性はクザーヌスの比喩においてはよい意味がある。というのは、その背景には、円周と輪の半径が互いに混じり合うという、「反対物の一致」があるからである。読者はシンボル的表現が用いられているのに気づき、容易に読み替えるとはいえ、コメニウスにおいてはひとつの矛盾が生じている。しかし、それはこのイメージの根源を指し示す矛盾なのである。

『球の遊びについて』という著作が、チェコの読者が理解しやすい言葉でクザーヌスの思弁を置き換えるのに必要なイメージを見出す際にコメニウスの助けとなったということは、むしろ考えられることである。第一の対話では、作品すなわち「球」――ろくろのように回る輪の上で転がされる半球――の形成について述べられている。球の遊びの動きによって、芸術家や職人の観念の内で考えられた創造物の可能性が現実化するのである。しかし、コメニウスはやはり、本来の豊かな空想力、とりわけ視覚的な想像力を用いて、他のところからでも教えを引き出すことができた。『平安の中心』の細部にそうした示唆があることを、われわれは否定しない。たとえば、世界のなかに自己中心性がもたらされる悪例として、サタンによる試練がとりあげられているが、これは驚くべきことにベーメに合致している。

しかし、そのほかに強調されるべきなのは、キリスト教的な生活経験、神秘と生の放浪に至るキリスト教的な鍵が整えられたのはコメニウスの主観性と必然性によるものだったということである。それらはわれわれがクザーヌスのもとでは見出すことのない点である。クザーヌスは、非常に神秘主義的かつ思弁的な、ゆえに瞑想的な概念に全面的に没頭している。それに対してコメニウスの著作は、生の悲哀や混乱のなかで働きかけ、導こうとする。このため、その表象においてははるかに規模の大きな空間があてられ、精神的にもより深く表されている。たとえばクザーヌスにあっては、逸脱は単に示唆されているだけだが、それに対してコメニウスのイメージは、魂を彩るような表象によってイメージの深さを与えている。そこにはパスカル[21]を想起させるものがある。

コメニウスのイメージのさらなる利点は、彼が示したように、回転する世界というイメージが直接的に展開され、その詳細が充実させられているということである。これは、彼の時代に最も一般的であった世界についてのイメージと一致している。それに対してクザーヌスにおいては、世界のイメージは回転運動の連なりとして間接的に与えられているにすぎない。このために、すでに述べたように、運動それ自体は精神的生のシンボルとして、つまりそれぞれの存在の段階に対応した認識の段階として理解されたのである。クザーヌスはなぜそうした態度をとったのだろうか。なぜ彼はこうした仕方でシンボル的な意図を曖昧にしてしまったのだろうか。他方、コメニウスが百科全書的な効果や全体性でもって彼のイメージを発展させることができたのはなぜなのだろうか。答えは簡単である――クザーヌスは第二の対話で偽ディオニシウスについて論を展開しただけであり、また、かのアリストテレス的世界像を有してはいなかったのである。彼にあっては、世界は同じ中心をめぐる領域のユニークな集合ではない。クザーヌスの宇宙は無限で開かれたものであり、まさに果てしない空間において広がっている。ゆえにクザーヌスは、天動説論者のコメニウスが『球の遊びについて』のシンボル的表現を単純化したのに対して、ただ世界を輪にたとえるのを求めることはできなかった。ゆえにクザーヌスの円が意味するのは、つまり存在の段階なのであって、直観的で感覚的な宇宙の秩序ではない。クザーヌスのイメージは新プラトン主義的なのである。つまり、彼のイメージでは、中心から周辺に向かって自らの存在の相違と懸隔を増大させ、統一性を減少させ、ゆえに存在となるのである。こうしてクザーヌスのイメージは直観性ということでは不明瞭なのだが、それ自体は首尾一貫している。コメニウスのイメージは明瞭であるが、首尾一貫していないのである。天動説論者にとって、世界の周辺は何かカオス的で価値の低いものではありえない。というのは、アリストテレス主義者にとって、まさにもっとも貴重で荘厳なもの、つまり天は、最も激しい運動のうちにあるからである。ゆえに、コメニウスのイメージは、あらゆるものの中心としての神という新プラトン主義的イメージと目的論的イメージとアリストテレス的観念が結びついたところから創造されたのである。この観念は、本質的に感覚的で物理的であり、その観念の中心は地上なのである。また、ここで明らかなのは、一方においては、コメニウスのイメージはひとつの部品からできているのではないということである。つまり、そのイメージ自体を超えて最も始原的な源を指し示しているのである。他方において明らかなのは、コメニウスがクザーヌスによってインスピレーションを得ただけであり、受動的に影響を受けたのではないということである。コメニウスがインスピレーションを受けたのは、その哲学的な原理である。つまり、新プラトン主義、反対物の一致という教え（無限の円であり、無限の中心としての神）、流出説および三分法である。コメニウスに対するクザーヌスの影響についてどの程度まで具体的に述べることができるか、われわれはなおも見ていこう。コメニウスがクザーヌスの天文学や星の世界のイメージを受容しなかったのは確かである。そのイメージは、反対物の一致という原理の天文学的な帰結である。これは、『学識ある無知』の対応する節が〔コメニウスが読んだ〕ピンデルによるアンソロジーでは欠けていたということだろうか。それとも、コメニウスがコペルニクス主義に対抗した、より深い重要な理由のためなのだろうか。確かなことは、この場合にコペルニクスとの比較はクザーヌスとの比較を暗示するであろうということである。――しかし他方、ピンデルが、『球の遊びについて』の〈全部〉をそのアンソロジーに収録しなかったことは確かである。というのは、クザーヌスの著作の全体ではないからである。むしろ逆に、コメニウスがクザーヌスの著作をもとに構想した改作からすると、あらゆる見込みからして〈対話全体〉を知っていたということが仮定される。この対話については、クザーヌスの『緑柱石』へのバウルの序文を見る限り、ピンデルのアンソロジーに『球の遊びについて』がすべて収められていたのかははっきりしない(22)。

＊

『平安の中心』の根本思想がクザーヌスのもとに見出されるかについてバルトシュは懐疑的だったが[23]、今日われわれはこの問題に答えることができる。『球の遊びについて』という作品がコメニウスの著作の出発点であったことは疑いない。彼はこの著作のシンボル的表現を変容させ、自身の目的に合致させ、そして芸術的にも知的にも際立った成功を収めたのである。同様に、『地上の迷宮と心の楽園』をめぐっては、クザーヌスの『緑柱石』のとくに第七章から導き出されたことが示唆される眼鏡という証言ないしはモチーフからして、〔コメニウスが〕クザーヌスを読んだことは見逃せない[24]。クザーヌスにおいては、ベリル〔緑柱石[25]〕とは磨かれた眼鏡のことであり、コメニウスは魔法の眼鏡という寓話を用いているのである。この寓話は事物への新しいまなざしを記述するために用いられたのだが、この寓話はそのまなざしにクザーヌスの反対物の一致とともに学識ある無知（docta ignorantia）を付与するのである。われわれがベリルで事物を見たとしても、われわれは事物を転倒して見てしまう。分裂したものが一体化し、等しくないものが同じに見える。クザーヌスのベリルには、現象世界の虚偽で見せかけの所与に対して、「真実」を示すという特性がある。それに対してコメニウスの欺きの眼鏡は、純粋で自然な現実に対して逆転した仮象を示している。というのは、「その眼鏡には、〔私があとで何度も吟味したとおり〕遠くにあるものは近くに、近くにあるものは遠くに、小さいものは大きく、大きいものは小さく、醜いものは美しく、美しいものは醜く、黒いものは白く、白いものは黒く等々と見えるようにする力が備わっていた[26]」からである。コメニウスはここで再び、自由なバリエーションをとりだすというやり方でモチーフを採用している。彼は、アンドレーエをもとに最初の草稿を構想し、その話の筋にクザーヌスのモチーフをパロディー化したものを当てはめ、きわめて巧妙に加えたのである〔巧妙というのは、コメニウスにおける眼鏡が憶測というガラスでできており、習慣の力が角でできたフレームにはめ込まれているものであるというように、アレゴリー化をさらに展開しているからである）。パロディー的なモチーフといえば登場人物の「全知」（Vševěd）もそうである。この汎知という語の訳語はのちにコメニウスにとって積極的な役割を果たすようになる。――同様のパロディー的なモチーフが展開しているのが見出される他の例は、哲学者に言及した『地上の迷宮と心の楽園』の第一一章である。弁証家の間の入り口で巡礼が行きあたったのは、「建物のなかでのぞき眼鏡を作って売っている人」であった。[27] ここでは、以前の箇所よりもアナロジーが強められている。「あれは何ですか、と尋ねると、次のような答えが返ってきたのです。それは二次観念（notiones secundae）というものよ。それを持っていたら、すべてのことを表面ばかりでなく内部まで見ることができるのよ」。[28] つまり、クザーヌスの場合と同様に、ここで弁証家の概念は眼鏡と比較されており、ゆえにここでの比喩も積極的な利用なのである。しかし、この比喩は、このすぐ後で、以前の個所で消極的な形態でなされたのと同じように、コメニウスによって自由自在に洗練されている。[29] ――第三は『地上の迷宮と心の楽園』の第四一章で再び眼鏡のモチーフがとりあげられるところである。自身の内部へと目を転じ、イエスと出会ったあと、そこで巡礼は新たな靤と新しい眼鏡を受けとる。「それを通して見れば、たとえあなたが地上を求めたいと思っても、その虚しさに一層気づくことができるようになるからですし、私の選んだ民が慰められている姿を見ることができるようになるからです」。「その透視鏡の枠は神の言葉であり、内側のガラスは聖霊だったのです」。[30] そして今、眼鏡は実際に、クザーヌスにおけるのと同様の力を持つ。この眼鏡は、世界の見せかけの形態に対して、それとは反対の真理という容貌を示すのである。「そこでは地上とすべてが逆であるのを見たのです。見たというのは、言うまでもなく、地上は至るところで盲目と暗雲だらけだったのに、そこには明るい光があったということです。地上はペテンだらけでしたが、そこには真理があったのです。地上は無秩序に満ちていたのに、そこには高貴な秩序しかなかったのです。地上は苦役だらけでしたが、そこには平安があったのです。地上には心配と思い煩いしかなかったのですが、そこには悦びがあったのです。地上は欠乏だらけだったのですが、そこには豊さがあったのです。地上は奴隷状態と隷属だけでしたが、そこには自由があったのです。地上ではすべてが困難で難しかったのですが、そこでは軽快だったのです。地上ではあらゆるところから悔いるべき出来事が起きたのですが、そこでは安全だけしかなかったのです[31]」。

注

(1)【訳注】コメニウスにおけるクザーヌスの影響を考察する際に重要なテクストが、コメニウスが三十年戦争に巻き込まれ、逃避行を続ける不遇の時期に著した「慰めの書」の代表作のひとつである『平安の中心』である。ここでコメニウスは、人間の不幸の原因を、万物の中心としての神から離反し、自己を中心と見なす「自己中心性」(samosvojnost)によると見なした。

この論文でパトチカは、先行研究をフォローしたうえで、クザーヌスの『球の遊びについて』や『緑柱石』等のテクストも考証し、コメニウスが『平安の中心』や『地上の迷宮と心の楽園』で示した人間存在に関する考察がどのように生み出されたのかを考察している。

この論文も生前には公刊されなかったものであり、『ヤン・パトチカ選集』第一一巻に収録されているテクストを底本とした。

(2)【訳注】P・デュエム(Pierre Maurice Marie Duhem, 1861-1916)。フランスの物理学者、科学哲学者。科学哲学の基礎概念としてのデュエム—クワイン・テーゼで知られるが、ルネサンスの万能人ダ・ヴィンチ(Leonardo da Vinci, 1452-1519)についての科学史的研究(*Études sur Léonard de Vinci*, Paris, 1906-1913)でも業績を残している。

(3)【原注】『平安の中心』第二章、DK3、四八五頁以降。

(4)【原注】J. Hendrich, *Komenský a Böhme*, in: *Česká mysl*, XXXVI, 1942, str. 147nn.

(5)【原注】リールのアラン(Alain de Lille; Alanus ab Insulis, c. 1116-1202)。フランスのスコラ哲学者、神学者、シ

トー派の修道僧。

（6）【原注】『事物の六つの原理に関するヘルメス・メルクリウス・トリプレックスの書』（*Liber Hermetis Mercuri Triplicis de VI rerum principiis*）と並ぶ一二世紀に成立したとされる偽ヘルメス文献。

（7）【原注・訳注】D. Mahnke, *Unendliche Sphäre und Allmittelpunkt*, Halle a. d. Saale, 1937, S. 39f.
マーンケによれば、コメニウスが用いている世界と回転する輪のアナロジーは旧約聖書（エゼキエル書第一章一五節〜二一節）に基づいている。

「わたしが生きものを見ていると、生きもののかたわら、地の上に輪があった。四つの生きもののおのおのに、一つずつの輪である。もろもろの輪の形と作りは、光る緑柱石のようである。四つのものは同じ形で、その作りは、あたかも、輪の中に輪があるようである。その行く時、彼らは四方のいずれかに行き、行く時は回らない。四つの輪には輪縁と輻とがあり、その輪縁の周囲は目をもって満たされていた。生きものが行く時には、輪もそのかたわらに行き、生きものが地からあがる時は、輪もあがる。霊の行く所には彼らも行き、輪は彼らに伴ってあがる。生きものの霊が輪の中にあるからである。彼らが行く時は、これらも行き、彼らがとどまる時は、これらもとどまり、彼らが地からあがる時は、輪もまたこれらと共にあがる。生きものの霊が輪の中にあるからである」（日本聖書協会編、一九五五年参照）。

（8）【訳注】偽ディオニシウス・アレオパギタ（Pseudo-Dionysius Areopagita）。五世紀頃に活動したと考えられるシリアの神学者。

（9）【原注】J. Böhme, *Mysterium magnum, oder Erklärung über das erste Buch Mosis*, kap. 12, in: *J. Böhme's Sämmtliche Werke*, Bd. 5., hrsg. v. K. W. Schiebler, Leipzig, 1922, S. 61ff.

（10）【原注】「球の遊びについて」第一冊、第一七節（*De ludo globi*, I, in: *Nikolaus von Kues Werke*, Bd. 2., hrsg. v. Paul Wilpert, Berlin, 1967, Ss. 580-581.）。

（11）【原注】『球の遊びについて』の第一冊には、「われわれが驚くのは、これがまったく新しく面白い遊びだということだ」とある（*De ludo globi*, I, in: *Nikolaus von Kues Werke*, Bd. 2., S. 575.）。第一の対話でクザーヌスは、この遊びを彼の発明として詳述したが、この遊びの発明は、人間の魂と動物等の魂の本質的な相違の実例として重要だったのである。

そして、たとえそうでなかったとしても、『球の遊びについて』という著作は、世界や魂の運動を生き生きとした球体、つまり運動を与える「球」にたとえている。この本質的な部分は、一四世紀より以前にはさかのぼられない著述からインスピレーションを受けている。というのは、これは「インペトゥス」（impetus）の理論を前提としているからである。動くものから動かされるものに伝達され、その本性にしたがって継続するか消失する特別な質が前提とされているのである。こうした形態の理論は、一四世紀パリの唯名論者によるものであり、とくにジャン・ビュリダン（Jean Buridan）、ザクセンのアルベルト（Albert von Sachsen）、ニコル・オレーム（Nicole Oresme）によるものである（P. Duhem, *Études sur Léonard de Vinci*, vol. 2, p. 185ff.）。

（12）【訳注】本書、五四頁注（37）。

（13）【原注】『球の遊びについて』第一冊、四三節（*De ludo globi*, I, in: *Nikolaus von Kues Werke*, Bd. 2., S. 590.）。

（14）【原注】『球の遊びについて』第二冊、七二節（*De ludo globi*, II, in: *Nikolaus von Kues Werke*, Bd.2., S. 604.）。

（15）【原注】『球の遊びについて』第二冊、七五節（*De ludo globi*, II, in: *Nikolaus von Kues Werke*, Bd. 2., Ss. 605-606.）。

（16）【原注】『球の遊びについて』第二冊、一〇四節（*De ludo globi*, II, in: *Nikolaus von Kues Werke*, Bd. 2., S. 618.）。

（17）【原注】ニコラウス・クザーヌス、山田桂三訳『学識ある無知について』（*De docta ignorantia*）、平凡社ライブラリー、一九九四年、八〇～八三頁。

（18）【原注】R・デカルト、森有正訳、所雄章編『思索私記』（*Cogitationes privatae*）、増補版『デカルト著作集』4、白水社、二〇〇一年、四四一頁。

（19）【原注】前掲書、四四〇頁。

（20）【訳注】パトチカのコメニウス研究の多くの未完、または未発表の草稿のうちには長編の「デカルトとコメニウス」（*Descartes a Komenský*）がある。同草稿は『ヤン・パトチカ選集』第一一巻に収録されている。

（21）【訳注】B・パスカル（Blaise Pascal, 1623-1662）。フランスの哲学者、自然哲学者、数学者、神学者。

（22）【原注】L. Baur, *Praefatio editoris*, in: *Nicolai de Cusa Opera omnia*, Bd. 11/1, Hamburg, 1988, S. Vff.

（23）【原注】F. M. Bartoš, *Nikolaus von Cues a Komenský*, in: *Česká mysl*, XXVII, 1943, str. 59nn.

（24）【訳注】原注では『緑柱石』第七章となっているが、関連する記述は見当たらない。「眼鏡」の記述が登場するのは二七節からである（*De beryllo*, in: *Nikolaus von Kues Werke*, Bd. 2., S. 719.）。

（25）【訳注】中世においては、緑柱石（ベリル）が眼鏡のレンズの素材として用いられ、ゆえにドイツ語では眼鏡をブリレ（Brille）と呼ぶようになったといわれる。

（26）【原注】『地上の迷宮と心の楽園』（*Labyrint světa a ráj srdce*）、ＤＫ３、二七八頁、邦訳、一一頁。

（27）【原注】『地上の迷宮と心の楽園』、ＤＫ３、三〇七頁、邦訳、六五頁。

（28）【原注】『地上の迷宮と心の楽園』、ＤＫ３、同頁、邦訳、同頁。

（29）【原注・訳注】弁証家の眼鏡を使えば、哲学者は「互いに相手の頭脳までのぞき込んで、理性という点で相手に超越することができる」（『地上の迷宮と心の楽園』、ＤＫ３、同頁、邦訳、同頁）という言及を参照のこと。クザーヌスの『緑柱石』第七〇節には「あたかも一目でユークリッドの理性を見ることができる」（*De beryllo*, in: *Nikolaus von Kues Werke*, Bd. 2., S. 736）という言及がある。原注では、第三七節となっているが、第七〇節が正しい。

（30）【原注】『地上の迷宮と心の楽園』、ＤＫ３、三七四頁、邦訳、一九七～一九八頁。

（31）【原注】『地上の迷宮と心の楽園』、ＤＫ３、三七五～三七六頁、邦訳、二〇〇頁。

コメニウスと開けた魂(1)

Comenius und die offene Seele（1970）

人間の魂は、古今の哲学者たちによって、しばしば哲学の問題提示の中心におかれてきた。現代にあっては、哲学者が頭を悩ませてきた霊魂論に関する根本的決定事項を、開けた魂と閉じた魂との対立に帰着させることができる。閉じた魂とは、何らかの仕方で絶対的なものと同一視されるもの、ないしは、絶対的なものとの関わりにおいて定義されるものである。したがって、基本的に閉じた魂の外にあるようなもの、閉じた魂のもつ無限性に対して限界を与えるものや、閉じた魂のもつ自由に対して制限を加えるようなものは、何も存在しない。それにもかかわらずわれわれは、このような無限の魂を――逆説的にも――閉じた魂と呼ぶのだ。それはまさに無限なものとして、ただそれ自身にしか出会うことがないため、自分自身だけで完結している。閉じた魂にとって外部は存在しないのだ。またそれが、自らの内部にある力や手段だけで解決しなくてもよいような問題や、解決することができないような問題も存在しない。それゆえ、閉じた魂はまた自らの課題を、本質的に、それを克服し支配し併呑するという観点から見るのだ。

閉じた魂には、観念論的な型も唯物論的な型もある。「閉じた魂」という術語を目にするとき、さしあたって考えられるのは、もちろん思弁的観念論の見方である。すなわち宇宙を認識する精神に抵抗することができる力を自らの内にもたない閉ざされた存在と見なすような定式化や、世界を義務が物質化されたもの（Pflichtenmaterial）[2]として解釈する定式などが考えられる。閉じた魂が見通され支配される世界の最高の代表者として見られる場合もあるが、閉じた魂はこの場合にも支配的な位置を保っている。この場合に閉じた魂は、――あらゆる罠や力の隠蔽、狡知をも含めた諸関心に通じているがゆえに――最も力をもったもの、本来は自由で支配的なものと見なされる。閉じた魂は世界の頂点であり、価値と意義の点でそれを原理的に凌駕するものは存在しない。閉じた魂が何かを前にして、自らの可能性を根本的に超え出るような制約を見てとってひるむというようなことはない。

閉じた魂という見方は、今日われわれの時代には広範に見られるものであり、自明なものにすらなっている。またたいていの場合、魂について考える別の可能性がありうるといったような意味で、われわれがこの見方に接することはまったくない。ただやはり、閉じた魂に関する理解はまだまったく古くなっているとはいえない。かつてはこのような理解は新しいもので、聞きなれないものであった。この理解は、中世末期から近代初頭にかけてのヨーロッパで、当時流布していたキリスト教の魂についての見方に対立するものとして登場した。キリスト教の魂についての見方は、「開けた」魂を主張する唯一の事例だったわけではないが、その最も重要な歴史的形態の一つを表していた。キリスト教でいわれる魂は、根本的には何といっても自らの力が及ばない何ものかに対峙する。その何かとは、根本的に魂を凌駕するもので、魂にとっては理解不可能で、魂によっては克服されえないものであり続けるのである。それが魂にとってそれ自体として明らかなものとなり、魂に権限を与えない限り、それは魂によっては克服されえない。権限を与えられた場合であっても、魂は原則として自由へと開かれるものの、現実には意のままにならないことを行うにすぎない。ここでいう何かとは、創造者にして救済者たる神にほかならない。キリスト教でいわれる魂は、神の啓示と恩寵に依存しているのである。

閉じた魂という概念の成立は、生に関する近代的な見方や近代的な世界像の成立と密接に結びついていたが、同一のものではない。近代的な世界像には近代自然科学と技術が属し、またその支柱として近代科学的な哲学が属していた。近代科学は人間精神の英雄的行為の一つであり、人間の精神はそれに基づいて物理的自然を操作し始め、ついには自らの本性をも操作しようと望むようになった。われわれが機械論的な世界の見方と呼ぶ取り組みが始まり、また同時にそれが最初の成功を収めたのは、一七・一八世紀の偉大な精神の持ち主たちによるものであったが、もしこの者たちが復活し今日の自然科学の進歩を自ら体験することができたならば、そこに〈研究分野が異なるとか、当時は予見できなかった思いがけない結果が新しい科学の方法から生じたということはあるにしても〉、かつて自分たちを賦活した精神が成果を実らせている様相を見てとることであろう。それゆえ、この者たちが近代の科学の状況のなかに位置づけられるならば、――宇宙に関するガリレオやケプラーの思想とか、デカルトに見られた神学の残滓のような――異種の思想形成に由来する残骸部分を度外視するであろうことは、十分考えられる。というのは、客観的で数学的な手続きの方法は、この残骸部分に由来するのであるが、それがもたらした成果のみが、この者たちの眼前にあますところなく示されることになるであろうからである。

だがこの時代には、なるほど一般的には近代の先駆者として同様に名声を得ているが、同時に、自らが信任を得ている研究領域に関する近代的な取り組みに対して先駆的な役割を果たしてきたことをはっきり否定すると思われるような形態も存在した。私の見るところでは、体系的教授学と教育論の尊敬すべき創始者ヨハネス・アモス・コメニウスは、このような形態に属する。このような評価の根拠は、クラウス・シャラー[3]によるコメニウス研究によって示されている。近代自然科学の「先駆者」ないしは「創始者」においては、その作品とは理性の産物にほかならない。この場合の理性とは、デカルトの定式に即した人間の〈財産〉として理解される理性、それを通して人間が主体として自らを展開するところの所有物または所産として理解される理性のことである。われわれの表現法でいえば、このような理性は世界把握の根本的論拠として、閉じた魂から持ち出される。この理性は事象よりも上位におかれる。事象との出会いのなかで、理性は自らに疎遠なものに出会うのではなく、ただ自己展開したものに出会う。それに対してコメニウス的教授学は、このような理性の産物ではまったくない。コメニウス的理性は、自然の光のことではなく、自らの原理すなわち自分自身を、探究された事物のなかに再発見するようなものでもない。コメニウス的理性は、事物をそれがあるがままに受けとるために、まず次のことを理解することを学ばねばならない。すなわち、理性のもつ、事物を自分自身によって測ろうとする傾向は、理性が魂の全体ともども、自分とはまったく他なるもの、自分より上位のものに自らを開き、それに従うときにのみ、真の帰結に到達することができるということである。したがって、ア・プリオリに存在する卓越した理性が受容器官なのではない。そうではなく、コメニウスからすれば、諸力の一つとしての理性が出発点となる。すなわち、――神をも含めた――宇宙の全体にまで張り渡され織り込まれた魂の全体は、この全体のなかでようやく自らの正しい位置を確保し、この確保されたもののなかで自らを維持しなければならないのだが、この魂の全体はさまざまな力のもとにあり、その一つが理性なのである。魂は、まったく他なるものに本性的に依存するものとして自らを経験し、この他なるものと結びついていることをまず知らなければならない。その後にはじめて魂は、自らの理性が、その固有のあり方と意味において、受容によって事象そのものを感じ味わう〈賢察する sapientia〉ようになることを期待することもできるのだ。

この「自然的な自己を超え出る」ことのなかでは、自らのもつ自由自在な力を超え出ることと、神から来る真の啓示の光や神の導きに積極的に結びつくこととが、正確に区別されなければならない。この〈区別の〉地点からコメニウスの神学的―形而上学的な思弁、〈啓かれた〉絶対者への飛躍は始まっているからである。コメニウスの教授学と汎改革〈Panorthosia〉は、〈内容的には〉この絶対者への飛躍に基づいており、この両者はきわめて密接に連関している。しかし、開けた魂やその根本運動、すなわち、世俗的なもの、世界内に存在するものに対しても消え去らず、事物や人間に没入して全精力を捧げ、さらには神にまで没入しきる運動は、コメニウスにおける絶対者への飛躍とはまったく関係はない。

コメニウスの思弁は、起源から見れば、何といっても彼のチェコ語の著作から発展したものである。このこともまたクラウス・シャラーが最初に発見した。出発点となったのは百科全書であり、それは、宇宙が人間にとって、また存在者の全体にとっていかなる意義があるかという点で宇宙を叙述したものである。この意味とは、それゆえ、人間の魂の位置や運命について熟考することによって解明されることになる。その際とくに参照されたのは、『地上の迷宮と心の楽園』における、巡礼が誤った道をさまよった後に我が家へ帰還したこと〈Nach-Hause-Finden〉を語る神話である。『地上の迷宮と心の楽園』は、その根本的傾向としては、開かれた魂の自己叙述として解釈されうる。『地上の迷宮と心の楽園』の叙述のなかには、このような根本的経験の〈形而上学的―神学的解釈〉が見出されるが、それは『平安の中心』のなかでさらによく見てとられ、コメニウスの後期の著作、とりわけラテン語の著作のなかでいよいよよく見られるようになっている。何といってもイエスによって導かれる理性、神を中心にした理性が、世界の全体的な意味を経験することができるとしているからである。そのとき表に現れたことで(「慰めの書」にはまだ含まれておらず)、最も重要だったのは、〈世界の〉この統一的な意味が、現存するものの単なる呈示や模写ではなく、次のような、その実現が人間にゆだねられた巨大な課題〈人間に関する事柄（res humanae）〉をも呈示しているという認識である。

――神的な存在によって定められた全体の秩序のなかに人間を入れて接合させること

――われわれに学識を与えるような教育法や教授学によって教育を行うこと

——教育によって導入され、絶えずさらなる領域を巻き込むような仕方で、人間を人間たらしめるあらゆる事物を改革すること

教育と汎改革との弁証法が形成され、それがコメニウスの著作を最後まで規定している。

こうした巨大で非常に複合的でもある思想構造ではあるが、コメニウスは、とくに二つの箇所において、開けた魂という思想に導かれたように見える。すなわち、『地上の迷宮と心の楽園』における、道に迷った者の帰還についての叙述の箇所と、人間に関する事柄の改善（emendatio rerum humanarum）という、いまだ実現されていないプロジェクトを構想している箇所である。後者は、人間の諸関係の改革をめざすもので、ゆえに、コメニウスの著作における〈ユートピア的なもの〉としばしば呼ばれてきた。このプロジェクトは、たしかに永遠の理念、事物の芯（venae rerum）のなかに〈調和的に〉はめ込まれてもいるが、このプロジェクトが現存するものに基礎をおいていることは、ここでは背景に退いている。プロジェクトの普遍性＝一者を志向していること（Universalität）、人間が自らを捧げること、尽力することが重要事となったのである。このような視線の転換、関心の変化は、かつてプラトン主義の変形版において見られたよりもはるかに大規模な仕方で、人間に自らを超え出させようとするものである。人間の生は、神や事物、生活を共にする人間に仕えることに専念し、腐心する。コメニウスには人間に必要なものを構想しようとする衝動があったが、この衝動がここで、構想されたものを「自然」や現存するものや確証されうるもののなかに投錨しようとする彼の傾向と衝突することはない。

われわれは長い思惟の道のりが開始された場面に立ち帰り、このような思想の開始された諸位相を個々にたどることにしよう。『全事物界の劇場』はその断片が残されているが、そこでは若い学生だったコメニウスにアルシュテットの百科全書主義がインスピレーションを与えた青年期が振り返られている。一見すると、そこでは当

時のスタイルで構成された普通の百科全書について扱われているように見える。創造、堕落、再生に関する叙述を備えたそうした百科全書は、中世やルネサンス時代には数多くが知られており、一見すると、コメニウスの試みは自国民がこのような百科全書を母国語で受けとれないままにはさせまいとした点にのみ特徴があるように見える。だが、このときすでに彼の百科全書は、知りうるものの総体の単なる集合ではなかったし、また、ただ人間にのみ用いられるものでもなかった。この作品はイエス・キリストに捧げられており、神を賛美しあらゆるものから神に向き直るという根本的義務を人間に思い出させるという点で、百科全書が〈神自身〉にとっても意義あることが明言されている。献辞には、「あなたの手を離れて生じたこの小書も、あなたの全知を源としており、人間の粗野という汚物によってけがれてはいるものの、あなたがあるがままのあなたであり続けるために、すなわち、あらゆるものの唯一の始まりであり終わりであり続けるために、正しい道筋を経てあなたに戻っていくのです[4]」と述べられている。このような百科全書による啓蒙は、人間が正しい秩序から逸脱しているがゆえに不可欠だという。「あなたは賛美すべき被造物を創造することを思いつかれました。すなわち、われわれ人間と、ずっと高貴な種である天使とをです。……上位のものは自らが基づく義務に忠実に従っていますが、〈われわれ下位のものはあなたの調和を台無しにし[5]〉、ほかのものに目をとられ、われわれの義務となっていることをしないままでいます。恥ずかしいことに、われわれが黙っている間に、われわれがしなければならなかったことを、理性をもたない被造物が行っています[6]」。

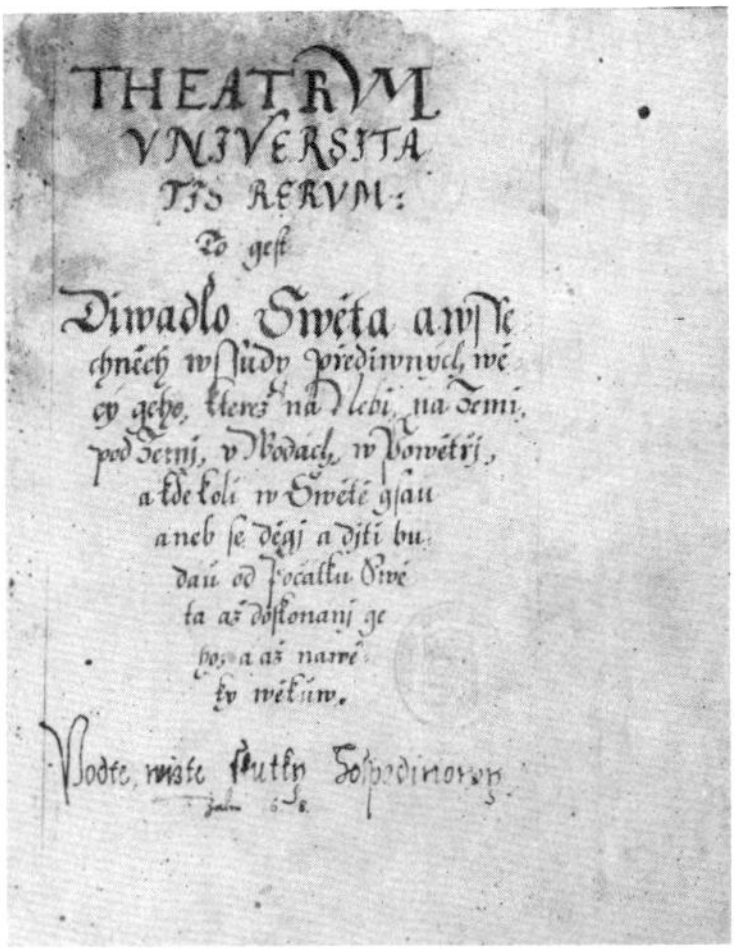

『全事物界の劇場』草稿の表紙

人間に自らの義務を果たすように迫る調和が自然のうちに支配している。人間がまさにこの義務を果たすという仕事に自ら着手するように、百科全書はこの調和を人間の眼の前に提示するという。この百科全書は、単なる虚無性ではなく、神から切り離されているあらゆるものの虚無性を明らかにしようとする。それゆえ、宇宙という機械（machina mundi）とその組み立ての記述とともに、それとつながった問題が常に扱われるという構成になっており、異教的な混乱した見方が真のキリスト教的見方からはっきりと区別されるようになっている。このようにして、古美術品とは対照的に、世界が創造されたものであることや移ろいやすいものであることが大いに強調される。また、世界が比較的短い時間しか持続しないこと、最後には変容すること、創造主の作品として世界が表す善さや美しさ、完全さが強調される。同時に他方においては、創造がもたらした悪やネガティブな面を罪から来るものとして記述し、最終的な世界の滅亡を人間の悪行から来る腐敗に帰するという傾向が明らかである。

『全事物界の劇場』の保存されている断片からは、われわれはその意図を概略的に読みとることができるだけだが、この意図は『地上の迷宮と心の楽園』のなかで精確に言い表されている。世界の誤った見方と正しい見方という、『全事物界の劇場』では一つの章で扱われていた、世界における誤った意図と真実の意図とは、『地上の迷宮と心の楽園』では二つの分かれた部分で述べられている。つまり『地上の迷宮と心の楽園』の前半では純粋な世俗性における無秩序が述べられ、後半では精神的存在の真理について述べられている[7]。天職の選択の前に人生や運命の現実的状況を見て検討することが許されたという幸運な宿命を与えられた巡礼は、また探索者でもあるが、彼には〔探索という〕職務の同伴者と案内人として、二人の奇妙な仲間が与えられた。全知（Všezvěd）（別名を遍在（Všudybud））と甘言（Mámení）である[8]（シャラーは前者のなかに、デカルト以後の主観的理性のイメージを見てとっているが、これはあまりにも細かい点にこだわっていると私は思う。全知とはやはり、コメニウス自身の解釈に見られるように、実のない好奇心という厚かましさのことである。それは、彼と同時代に見ら

『地上の迷宮と心の楽園』の草稿に収められたコメニウスの手によるとされる地上の図

れて彼が批判した百科全書主義、堕落して無意味な博識になってしまった百科全書主義のなかに現れていたような厚かましさである。同伴者（甘言）は、公衆の語らいや噂話に含まれている、問いをもたない見え方や考え方を表している。それは姿のはっきりしないぼやけたものであり、一定せずに変化するものである）。巡礼には、探索者〔という宿命〕がくじで割り当てられる前に、これら二つが与えられた。これら二つは人間に生まれつき備わっており、人間が何かを吟味しようとすると何かと指図しようとする。この二つによって、人間の目には、真理が実質をもたない幻影と化してしまう。プラトンの洞窟の比喩[9]において、囚人の目には手かせ足かせが幻影だったのと同様である。コメニウスの『地上の迷宮と心の楽園』のなかには、この手かせ足かせに当たるものが出てくる。それは轡である。それは探索者〔である巡礼〕の口に結わえられ、全知はそれを手で握っているとされる。また、惑わしの眼鏡が出てくる。それは探索者〔である巡礼〕の鼻に――もちろん少々曲がって――載せられているのであるが、この眼鏡のせいで探索者〔である巡礼〕は、プラトンの洞窟のなかの囚人と同様、光を見ることができない。ただ、このような共通点にもかかわらず、二人の同伴者が果たす役割は、最終的には、プラトンの洞窟に出てくる幻惑者や魅惑者とはやはり異なっている。二人の同伴者は、生きることの困難さを軽減する役割を果たしているのだ。人生における避けて通れない根本的決断が、この二人によって容易に受け入れられるものになる。これら二人によって、人生の重荷や義務はバラ色の光のなかで現れることになる。これら二人は、新しいもの、入れ替わるもの、まばゆいものによって絶えず巡礼を拘束し、本来的な意味での吟味から巡礼を遠ざけようとする。これら二人の同伴者は、簡単にいうと、探索者に課せられた吟味という職務をまるごと挫折させようとしているのだ。好奇心の策謀によって、伝統や匿名的な公共性という轡によって、また、すべてを逆方向に向け、無感覚へと順応させる惑わしの眼鏡によって、巡礼は世界に巻き込まれたままになっているという。そのため、巡礼がどこを向こうとも、彼が探しているものが見つからないことを知ることが妨げられているという。

探索者〔としての巡礼〕は、プラトンにおいて見られたような、受け身で座っている囚人ではない。その運動性には積極性が現れているが、錯覚や誤謬はまさにこの運動性に基づいている。この運動性は、空虚で、虚無的である。それは絶えず跳び回ること、至るところに居合わせることであるが、ただ、事象のもとに居合わせることではない。跳び回ることによって主人公は、空虚さ一般に出会うことができなくなっている。というのは、跳び回ることによって、魂の本性を吟味する可能性がすべて避けられてしまうからである。魂の本性が目に入るところでは、習慣や語らいによって無感覚化された見解が、解釈や解説の審級として登場する。このため、二人の同伴者の仕事は相互補完的なものとなっている。向きをそらすことや逃げることと、惑わすことや問題を小さく見せることとが互いに補完しあっている。好奇心や知ったかぶり、いつも至るところに居合わせることは、根本的には逃げることであり、解釈することは、本当のところは論じ立てることであり、無感覚にさせることである。

探索者〔である巡礼〕の目には、惑わしの眼鏡が曲がった状態でかかっていたのだが、そのため彼の探索者としての職務にとって好都合なものが、覆い隠されることなく残されていた。それは、彼が比較することができるということであった。全知〔という同伴者〕の運動性も、巡礼にとって無意味ではない。巡礼からすれば、全知はばらばらな諸部分から生じたものではない。巡礼はその運命によって、立ち止まることを禁じ、あらゆる固定化から彼を引き離す全知〔という同伴者〕の腕に落ちたのである。だが、巡礼はやはり悲運の人であり、家族や家庭や故郷、愛着のある領主やよき主君を喪失した者なのである。このような悲運のゆえに探索者〔である巡礼〕は、世俗における頽落から保護され、この頽落そのものを探究し究明する可能性が与えられている。彼が世界を巡礼する者であることは、彼が二人の同伴者と絶えず対決するということ、とくに甘言と対決するということでもある。巡礼は絶えず甘言と対話をする。甘言は、思慮＝虚栄心という世界の女王の代弁者である。甘言は世界にあるものすべてを解説することができる。というのは、世界とはまさに、いかなる人間、いかなる状態、いかなる生活、いかなる職業にあっても甘言によって引き起こされる両義性に〈ほかならず〉、すなわち、目をくらませるもの、混乱させるものに〈ほかならない〉からである。世界をめぐる巡礼と同伴者たちの旅は、甘言の立場からは、一時的なとりつくろいや惑わしを絶えず弁護することによって考察されている。このとりつくろいや惑わしは、二人の同伴者によって至る場所で仕組まれているのであり、人間はどのような状況にあっても、真なるものを見ることができず、悪や虚無、混乱したものや負の価値しかもたないものの支配に受動的に従うことを見せるためのものである。世界のなかにあるこのような転倒を描写することは、悪魔の力の効果を描写することである。それはその生の最初から人間を支配してきたものであった。虚無のこうした力は、虚無が見えないようにすることに何より気を配る。というのは、悪魔の意図するところでは、空しさや虚無、真実でないものこそが、まさに見られてはならないものにほかならないからである。したがって、悪魔の意志によって隠されるのは、何といっても死である。〔『地上の迷宮と心の楽園』のなかで〕人は、あたかも死がないかのように振る舞っている。人々は死から目をそむけ、死を問題にしない。〔『地上の迷宮と心の楽園』では〕、まさしくそれゆえに、世界とその多様さの側から見て、存在するもののすべてに即して、死が虚無の深淵として暴き出されるが、それはまた、二人の同伴者の支配が終わることである。われわれがここで確認しておきたいのは、ここで虚無を暴くこと（Entbergung）は、開けた魂の根本的行為であるということだ。開けた魂にとっては、単なる世界内的な存在者とは別のもの、世界の内に存在するものとは別のものが存在する。巡礼が惑わしの眼鏡を決然と放り投げ、あらゆる世俗的なもの、あらゆる存在者の基礎にある深淵を発見したその瞬間に、轡と誘惑と惑わしの力ともども同伴者は消え去ったのである。

このような行為がなされるまで、開けた魂は顧慮されないままである。だが、ここで救いをもたらす転回（Wendung）が到来している。根本にある深淵がもたらす虚無性のなかで、新たな始まりを告げる声が聞こえるのである。それは、世界の虚無から存在の肯定へと導く声であった。それは本当の存在であるが、コメニウスが見るところ、それは同時に真の存在者、最高の存在者であり、本当の神である。開けた魂が経る根本的経験はこのように神学的―形而上学的に解釈されているのだが、この見方は、コメニウスの思想のその後の道筋を規定している。コメニウスの見方では、開けた魂は〈そのつどの〉存在者の圏域から出ていくことはない。開けた魂は、〈存在する〉といわれうるあらゆるものの外に住みつくのではない。開けた魂は、プラトン以来の伝統的形而上学の全体とともに、真正ならざるものやうわべのものとは異なる「真なる存在者」の領域へと赴く。もちろん、人間が人間である限り、そこに足を踏み入れることはできない。人間の力によってはこの道を踏破することはできない。このように、積極的なものへの変化、新たな生や新たで真なる世界秩序の設立、信頼に足ると同時に喜ばしい人生の意味の発見は、神的な指導者によって道につけられる。たしかに人間は、自ら世界を疑い、世界の虚無性を洞察することはできる。だが、このような敗北を勝利へと転回し、人間が関与するべく召喚されているまったく別の真の秩序が存在することを洞察することはできない。人間が自ら（主体として）このような洞察に至ることは、根本的に不可能なのである。

『平安の中心』のなかでは、開けた魂が経る根本的経験は、『地上の迷宮と心の楽園』におけるのとは異なって解釈されている。ここでは、人間が世界に巻き込まれていることが「逸脱（jinudost）」として見られている。それは、唯一の真の目標へと導くのとは別な道を通って、確固不動の喜ばしさという普遍的中心に到達しようという努力のことである。われわれの文脈においては、「逸脱」を、人間が「誤った道に入っていること」と呼ぶことにしたい。『平安の中心』のなかでは、この「誤った道に入っていること」の理由がただちに挙げられている。それは人間の「自己固有のものであること——自己中心性（samosvojnost）」であり、すなわちそれは、人間が自分に対しても他のあらゆるものに対しても中心であろうと欲する傾向のことである。言いかえれば、宇宙の中心への抵抗であり、〔特別の存在として〕分離すること、反抗することである。『地上の迷宮と心の楽園』では、それに当たるものについては語られていない。そこでは、人間が自身から出発して真なるものに到達することはできないことが強調されているだけで、それが不可能である特段の理由は示されていない。そこでは、根本的に入手不可能な何かへと向かうという開けた魂の傾向とともに、〔開けた魂が経る〕根本的経験を記述するためには、不可能であるという名ざしで十分だったのである。『平安の中心』のなかで、この根本的経験の解釈を基礎づけることによってはじめて、コメニウス的思想世界が近代的な認識の努力と根本的に対立することが白日のもとにさらされることになる。

もっとも、認識による世界把握が、閉じた魂の主観主義的な存在投企における根拠として不可欠でなければならないということではない。認識による世界把握は、あらゆる世俗的なものの原理的二義性に関与することをも意味しうる。それゆえ、認識による世界把握は、閉じた魂がそれに没頭することなく、また、世界の認識において世界に対する権力に訴えることがない限り、開けた魂と両立しうるのである。したがって、デカルトによる哲学の新たな始まりを、主体の主観性の根本的革新といった意味で解釈することは、一面的な誇張であろう。パスカル[10]のように、また別の点でデカルト主義によって規定されてきた人物たちも、この点で〔デカルトとは〕異なる道を歩んだことは疑問の余地がない。いずれにしても、少なくとも『平安の中心』以来のコメニウスは、近代的な世界像と近代的な世界把握を閉じた魂の投企と根本的に同一視するような道の上にいたのである。この道は、コメニウスの論争的意図から理解されるが、一面的になる危険を伴うものであった。コメニウスは人生の終末にあたってコペルニクスやデカルトに抗することを書いたが、彼のこのような解釈の出発点はこの道にあったのである。[11]この道は危険なものである。なぜなら、数学的自然科学とは根本的に異なる学問の可能性、さらにはその必然性さえも主張することにまで誘導するからである。しかもこの主張は、世界の現象を丸ごと形而上学的に解釈するという枠組みにおいて行われる。これは、その後コメニウスが実際に歩んだ道でもあった。これは、『神の光へと改革された自然学綱要』という彼の著書を念頭におけば分かるであろう。近代的な知が全体的なものを提示せず、〈この意味において〉必然的であり、真なるものであることを知り承認することで、コメニウスは満足しなかった。そこから彼は、さらに高次の導きのもとで、こうした近代的な知による断片的な世界像に〈真の〉世界像を対置させることの正当性を導き出した。認識する主体が方法的に介入することから始まる世界概念、全体的なものの人間的な把握から出発し、それゆえに暴力的でもある世界概念に対して、コメニウスは、神的なものそのものから出発する世界像を置いた。そこでは、近代的な知も、（またいかなる）「暴力も事物から遠ざけられる（violentia rebus absit）」。その際もちろんのこと、コメニウスは、神によって啓示されたものと人間に自然的に備わっている理性との結合を遂行しなければならない。それはひとつの操作であり、そこでは彼自身も恣意ないし暴力によって待ち受けられることになる。この暴力は、シャラーがコメニウスの「超形而上学」（Hypermetaphysik）と呼んでいるなかに含まれている。[12]それは、方法的には「三つの光の統一」に基づいて「真の」全体的な世界理解をめざしたものである。

それは一七世紀に典型的に見られたことであり、当時のヨーロッパ人の精神的状況とも歴史的状況とも関連していた。当時、精神の光すなわち理性を統一的・徹底的に改革することによって、苦境に置かれている人類を根本的に新しい道へと至らせるために努力しなければならないということが口にされていた。よりよいものへと次第に発展するには、それ以前に、このように「意識」の根本的な回心（Umkehr）という激しく強制的な動きがなくてはならない。そこでベーコンが望んだのは、われわれを惑わせる「イドラ」の働きを妨げ、このような幻像や虚像の見え方にとらわれるという致命的な傾向に対して、精神を方法的に戦わせることによって、事物の原理としての新しい学問を獲得しようということだった。同様にデカルトが望んだのは、原理的な確実性の真の基準を歴史上はじめて獲得し、三つのきわめて判明な礎石の上に知を基礎づけ、それによってわれわれが、これまでの無力な状態との対極としての「自然の主人にして所有者[13]」となることができるということであった。人間の混乱すなわち迷宮は、何といっても、実際に知っていること（しかも確実に分別して知っていること）と単に知っているように見えることとを区別することができないところにある。したがって、ここで喧伝された根本的な回心とは、人間が引き受けた思慮の訓練のことであり、それは、完全に意識され、方法的に濾過され明らかにされ、積極的に獲得された洞察へと向かう。――コメニウスの場合も、回心への意志は根本的に魂全体に関わるものだったが、彼においてもそれは、やはり最後にもう一度「知性の改善」のために利用されている。コメニウスの意志は知性の改善という結果に至っているのである。この点でコメニウスは、パラケルスス主義者や錬金術師、バラ十字団の人々に似ている。彼は、ある確信に満たされて、存在するものの総体に関する閉ざされた直観、すなわち唯一の水準――知性の水準――にある直観を超え出て行くことが可能であるのにもかかわらず、逆説的なことに、このような直観を求めた。というのは、彼は、自らが経験したことの意味を再度提示し、それが客観的に確証可能なものと結合して、解体されえない知の統一体を形成することを求めたからである。この解体されえない知が、あらゆることに関して、開けた魂が知る必要のあることを人間に対して明らかにするのだ。この点に関してコメニウスをパスカルと比較することは、示唆に富む。パスカルと同様にコメニウスも、開けた魂についての関心を主張した。ただパスカルは、真なるものの〈さまざまな水準〉、いくつもの「秩序」を区別することによって開けた魂についての関心を主張した。それに対してコメニウスは、幾何学的な理性を存在の最終的尺度に格上げすることに対してはパスカルと同様に反論したものの、結局のところは、事物には〈一つの〉秩序のみがあると考え、それのみを認めた。このような理由から、人間理性への眼差しという点に関してさえ、コメニウスが基本的に事物をそのものとしてあるがままにしようと努力したと述べることは、全面的には正しくない。というのは、人間が自然に備えている理性を浄化するという先にも述べた案件、すなわち同時代の人たちが推し進めた「知性の改善」という案件に対して、彼は単純に反対したわけではないからである。むしろコメニウスは、（主観的）理性の外部にある審級の助けによってさらに遠くまで行こうとし、そうすることによって、絶えずこの案件に手綱をかけた。彼はまさに人間理性を、あるがままにしておかなかったのだ。認識の三つの源泉（世界（mundus）、精神（animus）、聖書（scriptura））と人間の三つの基本能力（感覚（sensus）、理性（ratio）、信仰（fides））との全体的調和を神の導きによるものと見なし、この調和に基づいてキリスト教汎知学と、さらにはその現れとしての教授学や汎改革に着手することは、一方では傲慢なことであるが、他方では冒険である。「全体」や「調和」が要請されるが、それは人間の暴力（humana violentia）であると同時に、どこにあっても十分で強力な認識の最終的基準として、明証や確実性を要請することでもある。調和や統一の創設を神に返還させようということが偽りだというのではない。そうではなく、〈われわれ〉が調和し一致しており相互に適合しあっていると感じるものを調和〈そのもの〉と称することは、いかに神中心主義への準備ができていたとしても、やはり恣意であるということだ。

したがって、すでに同時代の人々から、さらに後代の人々から、コメニウスが近代の視点から多くの解釈や誤解を受けたことは不思議なことではない。彼の根本的な目論見は繰り返し人間学的に読まれてきたし、彼の教授学や教育論は児童中心主義的に読まれてきたし、彼の改革計画は社会教育学やユートピア論の視点から読まれてきた（彼の教科書を非常に限られた種類の知識習得のための、もっぱら技術的な手引き書として見る解釈、たとえば『開かれた言語の扉』を一種の効果的な言語方法論、普遍的に適用可能な言語方法論と見なすような解釈も、ここに属する）。実践（Praxis）や応用（Chresis）の計画が、人間とその中心性をまったく対象としないような知の真髄であり頂点である（modulla et corona）ということは、非常に奇妙に見えるであろう。——だが、それがいかに奇妙であろうとも、近代の人間中心主義の精神においてもコメニウスの改革においても、組織化することや遂行すべきことは共通しているのである。この両者は、形而上学が実践的なものになるという点に係留しており、両者の形而上学が物質的な観点では非常に異なるものであっても、両者の間には形式的な共通点があるのであり、それは見逃されてはならない。

ここでわれわれは、本来のコメニウスの教育論の起源や成長をこれ以上たどることはしない。それには紙幅が足りない。コメニウスの教育論は、自然を、神の業のなかに根拠をもち、それを模倣し表現するものと見なすコメニウスの解釈に基づいている。神の業とは、宇宙の根本的な計画と秩序をそのあらゆる水準や領域においてあらかじめ描くような諸理念を生じさせることである。こうした神の業は事象そのものにほかならず、それに即し、それに合わせて〔あらためて〕人間の行いが力をふるう必要はない。というのは、人間の行いは事物の本質のもとにとどまっており、事物の本性が備える本質的衝動を当てにするからである。この衝動は、事物が現実化することを自発的に努力する。もちろんこのことは、ここで人間本性がもつ自発的衝動が顧慮されないままでいるということを意味するものではない。全体から部分へと進み、つねに全体的なものを眼前に置き、全体的なものを絶えず新たに、別のより高い水準においてさらに細分化して明確に検討するという、教授学の全体的な傾向はまた、単に人間学的にもまったく基礎づけ可能なものであり、〔実際に〕人間学的に基礎づけられている。しかし、このような基礎づけは――この点で私はシャラーの解釈に同意するのだが――コメニウスのものではない。コメニウスの教育論は後期著作のなかで、特に『パンパイデイア』（汎教育）において成熟した形態をとって現れるようになったが、それがもつ普遍的性格は、単なる人間中心主義からはまったく基礎づけられない。知の改革、教育改革、言語改革、社会改革という、互いに切り離すことのできない諸計画は、人間学的に見ればたしかに多くの観点で興味深いのかもしれない。だが、これらの諸計画は内的な必然性を備えていた。コメニウスが企図したことは全体として神中心的なものを目標としており、この目標からしてコメニウスはこの必然性を避けることはできなかったし、実際にこの必然性に従った。コメニウスの形而上学の根本前提を受け入れ、そこから出発するとき、はじめてこの必然性に気づくであろう。

さて今日、コメニウス研究のアクチュアリティーはどこにあるのだろうか。われわれは今、――三〇〇年後になってはじめて――コメニウスの著作のもつ本当の概略を知っているし、その具体的な形態も新発見によってますます明らかになってきているのだが、このコメニウスの著作は今日われわれに何を語りかけてくるのだろうか。技術の時代、また、技術と結びつき技術によって支配された科学の時代が、その根本的概念に基づいた成功をますます目の当たりにしているにもかかわらず、閉じた魂だけに支配されていては、ポスト・ヨーロッパ時代が突きつけてくるさまざまな要求に応えるにはもはや十分ではないという徴候が増大している[14]。閉じた魂という見方が、「ヨーロッパ的」と呼ばれてもよいような時代、すなわち、ヨーロッパが実効的な知を独占し、それゆえ力を独占した時代に現れて広まったことは、おそらく偶然ではないであろう。このヨーロッパ時代は、歴史や精神について、主体が自らの力を備えていることを述べるような、固有の見方を発達させ、また、同じ基礎に基づく国家哲学を発達させた。国家主権に関する理論を著したときのヘーゲル[15]ほど、国家哲学を完全に表現した者はいなかった。国家とは、世俗的な絶対者であると同時に、その歴史的根拠からして複数者であり、自分よりも上位の審級を認めないものである。それゆえヨーロッパは、それ以外の世界に対しては、たしかに統一体として定義されていた。しかし内側から見れば、ヨーロッパは統一体ではない。ヨーロッパの政治的形態は「協奏曲」、すなわち均衡であった。それは、均衡化されえない相違や対立が、解消されることはなくとも交じり合うところに成り立っていた。この協奏曲は、均質化されえない状態を世界の尺度に転用することによって、そうした状態を解消しようとするものであった。それはまた、そうすることによって世界の分割を求め、不安がついに全般的になりすぎた場合には、暴力という最終手段（ultima ratio）に訴えるものであった。これらのことを、ただすべて「現実的なもの」と見なして承認し、力や権力や暴力によって支配しようとすること、また、これらのことを諸力の結合のもとに考え、それを力づくでとり押さえて所有し、併呑して分割するといったことが、閉じた魂の兵器庫には収められている。閉じた魂のやり方は、非常に明確な弁証法を示している。世界分割が前世紀〔一九世紀〕六〇年代のヨーロッパを強大化させた後、自ら力を失い、その後に新たな世界が出現したところに、この弁証法が明らかな姿を現している。この新たな世界においては、ヨーロッパはもはや何の指導的な役割も果たしておらず、自らの力と熟練を収めた兵器庫を、歴史的にまったく別の起源からくる相続者へほとんど丸ごと移譲しなければならなかった。この相続者とは、人口統計的に見て圧倒的なまでの強さをもって、消尽することなく貪欲に進み、ついには世界的事件がもたらされる。最終的には解消されえないことが明らかとなったはるかにつまらない対立のために、閉じた魂を備えたヨーロッパが崩壊したあと、ポスト・ヨーロッパ時代には、さらにずっと険しいものが待ち受けていた。それは、絶滅の技術が整えられ生の実体そのものに向けられるという点で、致命的となりうるほど険しいものであった。絶滅の技術は、あるいは閉じた魂の核心に属するのかもしれない。――それゆえ新しい精神性がぜひとも必要である。〈精神的な〉回心が必要であり、夜明けを迎えようとしている日が問題をかかえていれば、その積極的な解決が試みられねばならない。科学と技術だけでそれをなし遂げることはできない。

現在、非常に多様な現象によって知らされる新しい精神の状態の誕生にわれわれが実際に立ち会っていなければ、希望と必要だけがあっても無駄に終わるところだったであろう。宇宙の汲みつくしがたさに対する新たな感覚が現に生じている。これまでの歴史のなかで、自らが絶対のものであることをさまざまな思想体系が僭称してきたが、このような思想体系がすべて崩壊した後の原型（Positivum）として、この新しい感覚が姿を現しているのである。われわれの時代の実証主義（Positivismus）は歴史的意識を覆う遮蔽物なのかもしれない。合理主義的な進歩のイデオロギーによって疑わしい平均化が引き起こされているが、そこにあっても存在の深みが明るみに出るのを見てとることができるような歴史的意識が、実証主義によって覆われているのかもしれないのである。われわれの芸術は、ヨーロッパという狭い伝統に沿って発達したものであるが、それはほかのあらゆる精神領域のなかにもあらかじめ存在している。芸術である以上それは神秘をめぐっているが、芸術がこの神秘一般を見ることができる場合には、閉じた魂がこの神秘を自らの手で繰り返し解体しなければならない。この神秘とはすなわち現出（Erscheinen）の本質であり、自らを示すこと（Sich-zeigen）であり、自らを開示すること（Sich-enthüllen）そのものである。ただここには、世界の内容、すなわち世界内の存在者には、自分自身を満足させないという明確な意識が存しており、このことは、魂が他のものと結びついていて他のものに依存しているということを意味している。このような魂は開けた魂である。また、開けているということは、当然のことながら、原則的に無限であることを意味している。実存主義のような方向が時代遅れであるなどというのは正当なことだが、たとえばニーチェ[16]以来のヨーロッパ的意識のなかで支配的な位置を占めてきたニヒリズムの問題は、やはり諸事物や実在物や現実性に帰着されえないものを前提している。このことから、非存在的なものに「現実の」力や権力とまったく同様の説得力を認めうることが、絶えず最後まで思い起こされるのだ。

このような状況のなかで、個別諸科学を基礎とする単なる人間形成の説ではないような教育学、転回の教育学（Pädagogik der Wende）をわれわれが必要としているということが、これらの示唆によって、少なくとも予感の領域においては知られたであろう。新しい時代への教育は、諸事物のうちの一事物としての人間、諸力のうちの一つの力をもつにすぎないような人間によっては築かれえない。要するに閉じた魂によっては築かれえないのである。この教育は、教育する者に世界を支配し、併呑し、利用できるような主体としての権限を与えるような説ではなく、自己を献呈し、全力を尽くし、配慮し、見守るということへと教育する者を開くような説となるであろう。またこの教育は、単純に知識と能力を植えつけるのではなく、ある地点にまで至らせるべく忍耐強く働きかけるものになるであろう。この地点においては、魂は事物の外部に中心をもつこと、また、魂は——力や実在物として見られた場合——自分自身の外部に中心をもつこと、魂が自らを乗り越え、自らを消尽し、自らを許すということが理解されるであろう。異議申し立てすべきではない！　——それはむしろ自らの内に引き受けること（Auf-Sich-Nehmen）であり、閉鎖性を放棄し、〈自然的に〉自らを閉じることを放棄するという諦観なのである。

自然のままに自らを閉じるということは、閉じた魂に関する〈理論〉によって証明され、仕上げられたことである。

以上の文脈からして、コメニウスの教育論に新たな関心をもつことは、その風変わりな形態、近代の観点から見れば問題があるように見える汎知的形態から理解されうるだけでなく、時節に適った着想であろう。閉鎖性の時代の始まりに生まれたコメニウスは、この時代を生き抜き、この時代の終焉において新たに姿を現している。

注

（1）【訳注】この論文はドイツ語で著され、『ヨハネス・アモス・コメニウス——三世紀後におけるその業績の意義』(Hrsg. v. Klaus Schaller, *Jan Amos Komenský, Wirkung eines Wekes nach drei Jahrhunderten, Pädagogische Forschungen*, 46, Heiderberg）に発表された。ここでは、近代への歴史の歩みが一七世紀知識革命に端を発する「閉鎖性(Geschlossenheit)」として規定される。パトチカは、その基調に対してコメニウスを「開けた魂（offene Seele)」の思想家として位置づけ、その可能性を展開するための方向性として「転回の教育学（Pädagogik der Wende)」を示唆した。

「転回の教育学」はパトチカの非業の死によって彫琢されることなく終わったが、この論文がパトチカにとって重要な意味があったことは、哲学者S・ソウセヂーク（Stanislav Sousedík, 1931-）宛ての書簡からうかがわれる。パトチカは近代の閉塞を克服する鍵をとくに知識人の「転回（回心)」に見ていた。ここでいう転回とは、近代的な思考様式としての「閉じた魂」から知識人が自己を解放し、「開けた魂」へと移行して新たな展望を持つことであった。彼は、書簡の末尾を次のように結んでいる。

「転回のうちに未来の教育の本来的な意味があります。間もなくシャラー編集による論文集に私の「コメニウスと開けた魂」という論文が発表されます。そこで私は、コメニウスの「あらゆる者への教育」をそうした普遍的な転回の教育学の最初の手本として描くのを試みています」（一九七〇年五月一〇日付、ソウセヂーク宛て書簡、ＪＰ

21、二八三頁）。

この論文は、ドイツ語で発表の後、チェコ語に翻訳され、著者自身による改訂が加えられたものが『キリスト教批評』（*Křesťanská revue*）第三七巻一〇号（一九七〇年）に掲載された。本書ではパトチカ自身によるドイツ語テクストを底本としたが、『ヤン・パトチカ選集』第一〇巻の注を適宜採用した。

（2）【訳注】ここで念頭におかれているのはフィヒテの学説であると考えられる。『知識学の原理に基づく道徳論の体系』には、「われわれの世界は、われわれの義務が感覚でとらえられるようにされた物質なのである」という記述がある（Johann Gottlieb Fichte, *Das System der Sittenlehre nach den Prinzipien der Wissenschaftslehre*, in: *Gesamtausgabe*, I-5, Stuttgart, 1977, S. 353, S. 430.）。また、『人間の使命』（*Die Bestimmung des Menschen*）には、「私の世界は――私の諸義務の客観であり領域である」（宮崎洋三訳『人間の使命』岩波文庫、一九三九年、一五三頁）とある。ここでは、その意を汲んで訳語をあてている。

（3）【訳注】K・シャラー（Klaus Schaller, 1925-）。ドイツの教育学者、ルール大学教授を務めた。コメニウス研究で知られるほか、「コミュニケーションの教育学」の提唱者でもある。パトチカとは生涯にわたる親交を結んだ。

（4）【訳注】パトチカによるラテン語原文からのドイツ語訳。原文をもとにした訳は次のとおり（藤田輝夫訳）。

「あなたの全知（vševědoucnost）という泉に由来するあの源流は、たとえ人間の粗野によって汚されたとしても、正しくあなたのほうを向いていますから、唯一のすべての端緒と終結であられる方よ、あなたは今のままのお姿に留まりましょうし、かつ、いつまでもそのお姿のままであるということになりましょう」（*Theatrum universitatis rerum*, DK1、一〇〇頁）。

（5）【原注】パトチカ自身による強調。

（6）【訳注】「ご自分のきわめて深い知恵と善意とにしたがって、あなたの賛美を表明しようとする被造物（詩編第六六編第二、八節）を出現させることはあなたの思し召しに適いました。すなわち、われわれ人間とわれわれよりも高貴な被造物すなわち天使とをです。あなたは、ご自分の称賛者たちをそのように二つの集団に区分し、地上（それは、彼らのために予め創造されたのですが）を彼らで満たし、われわれを地上の最底辺に、天使を最上辺に据え、そうして、あなたの賛美の声によってすべての地上が区分されたり満たされたりするようにさせました。天使たちは自分の遵守するべき義務を忠実に遵守しているというのに、われわれ人間は、われわれの創造主よ、あなたの調和を汚し、その他の事柄を大口をあけて待ち、自分の義務をないがしろにするのです。気高い主よ、そんなことをしても決してあなたから逃れられることはないのです。なぜなら、われわれが黙っている間にも、あの理性のない被造物は、われわれの行わなければならなかったことを行い、われわれは恥をかくことになるからです」（DK1、九九頁、藤田輝夫訳）。

（7）【訳注】『地上の迷宮と心の楽園』は全五四章からなるが、その表題が示すように前半の三六章で世俗世界の迷宮的状態が叙述され、後半の一八章で主人公の巡礼が自身の胸中の神と出会い再生に至る過程が扱われている。

（8）【訳注】パトチカは、ドイツ語で執筆した際には、この登場人物・全知（遍在）に Fürwitz Allerweil という訳語をあて、その性格の小賢しさと高慢さを強調した。

（9）【訳注】プラトンが、『国家』（*Politeia*）第七巻でイデア論を説明するために用いた比喩。

この比喩には、「教育と無教育ということに関連して、われわれ人間の本性を」（藤沢令夫訳『国家』下、岩波文庫、二〇〇二年、九四頁）考えるために引き合いに出されていることからも明らかなように、本来的に教育哲学的な含意がある。パトチカは、コメニウスの『地上の迷宮と心の楽園』で、主人公の若者が轡をはめられ、惑わしの眼鏡をかけさせられて地上世界を巡礼する過程を、プラトンの比喩と関連させて考察した（『コメニウスの教育の哲学』で詳述）。

ここには、単に宗教的テクストとして位置づけられがちな『地上の迷宮と心の楽園』のうちに、コメニウスの教育哲学的視点を見ようとする解釈が示されている。またこの解釈は、プラトンの比喩との対比的な考察によって、教育という現象の基礎を哲学的考察に寄与するものであると見なせよう。

ちなみに、パトチカもそのもとで学んだハイデガーは、一九二八／二九年冬学期に「哲学入門」講義で洞窟の比喩の解釈を試みており、教育哲学の原理的な考察に多くの示唆をもたらすと思われる（田端健人「ハイデガーのパイデイア論――プラトン「洞窟の比喩」解釈から――」『宮城教育大学紀要』第四五巻、二〇一一年、一九九～二〇六頁）。この点は、パトチカの教育哲学的視点がいかに形成されたかを考える上でも興味深い。

（10）【訳注】ここでパトチカは、一七世紀科学革命の中心的な業績を成し遂げた一方、回心を体験し、デカルト的な幾何学的精神に距離をとったパスカルに注目し、思想史の再考を試みている。

（11）【訳注】レシュノで戦火に遭って失われたと考えられているが、コメニウスは『デカルト哲学とコペルニクス天文学への反駁』（*Refutatio philosophiae Cartesianae et astronomiae Copernicanae*）を著した。

（12）【原注】K. Schaller, *Die Pädagogik des J. A. Comenius und die Anfänge des pädagogischen Realismus im 17. Jahrhundert*, in: *Pädagogische Forschungen*, XXI, Heidelberg, 1962, S. 61.

（13）【原注】R・デカルト、谷川多佳子訳『方法序説』（*Discours de la méthode*）、岩波文庫、一九九七年、八二頁。

（14）【訳注】この点は、『歴史哲学についての異端的論考』（*Kacířské eseje o filosofii dějin*）で展開されているテーマのひとつである（石川達夫訳『歴史哲学についての異端的論考』、九二、一二七、一七五、一七六、一九八頁等）。

（15）【訳注】G・W・ヘーゲル（Georg Wilhelm Friedrich Hegel, 1770-1831）。ドイツ観念論哲学の代表的思想家、ベルリン大学教授・総長を務めた。近代国家の哲学的基礎づけに大きな役割を果たした。

（16）【訳注】F・W・ニーチェ（Friedrich Wilhelm Nietzsche, 1844-1900）。ドイツの哲学者。西洋の思想的伝統の革新的な解釈は大きな影響を与えた。

コメニウスと今日の人間[1]

Jan Amos Komenský a dnešní člověk（1970）

コメニウス没後三〇〇年は、次のように問う機会をわれわれに与えてくれる。コメニウスがまだ生きているのは本当なのか。今日にあっても彼は単なる歴史の断片なのではなく、著名であるといえるのか。天才と認められる者の祝祭が第一級の葬儀として行われるのはとくに珍しいことではないのではないか。われわれの思想や傾向性の偉大な先駆者であったなら、本質的に彼らのうちから利益を得ることなどできない。というのは、われわれが彼らに名誉を与え、そしてのちには本質的に彼らに対して、またいかにわれわれが成長したかに対して名誉を与えたとしても、彼らの真実はずっと以前からわれわれの真実であり、時を経るにつれて、われわれは彼らよりもはるかに多くを知ることになったからである。それとも、彼らとの全体的あるいは部分的な違いを知っているので、われわれはまた引き続き彼らから実際に何を学ぶことができるのだろうか。――とはいっても、それには条件がある。それは、彼らがそれ自体として実り多く、われわれがその気になれば、少なくともある程度でも、あるいは彼ら自体を問題化することができ、現在にあって最も影響力がある自明の事柄に対して距離をとることができるということである。

こうした論点でコメニウスとどう向き合うべきなのだろうか。それは、われわれの偉大な教育者についての今日の解釈者たちが議論しているところだ。ある者は、彼を単純に天才的な予言者であるととらえている。コメニウスは、教育の実際にとってのセンスをもち、今日においても有効な、教授学的であるとともに教育論的でもある基礎を直観的にもたらしたというわけである。彼がもたらした基礎とは、教育内容の強調、言葉に対する事物の強調、直観の基礎の強調、直観教授の強調、母国語の強調、教授の周期性の強調、獲得した知識を応用する必要性の強調、思考と作業と言語を結びつけた訓練の強調である。そして、学校の組織化に対する彼の不滅の貢献、正確な時間割と標準化された教科書を用いたクラス別の体系的で集団的な教授、（中略）、そしてとどのつまり、性・身分・貧富・出身・民族的特徴、性格、同じく才能にもかかわりなく、あらゆる者への教育が不可欠であると宣言した壮大で根本的な教育と教養の民主主義である。他の一団は、これらすべての思想は実際のところ彼の作品ではなく、彼の時代とは等置されない体系のなかに示されるということだけ考察している。教育学的な問題について彼がじっくり考えたことは、今日においてさえ、その思想を教育論的な思考法にまで浸透させたいと望む誰にとっても、手本であり参考になる。しかし、そこで決定的な事実として強調されるのは、彼の体系の正当性が、まったく旧式な基礎によっているということである。この基礎は、かつて今日といわれた当時においても疎遠であり、非科学的で、どうしようもなく古くさいものであったとされる。そしてここに次のことが問われることになる。この体系のもとには、時代遅れで、歴史的には神学的・形而上学的テーゼのほかには何もないのではないか。この体系にはわれわれが役立てることができ、学ぶべきでもある創造的で確かな刺激という価値がないのではないか。(2)

われわれの時代は、コメニウスと彼より年長の同時代人であるイングランドの大法官フランシス・ベーコンが抱いた自然を支配するという夢、つまり人間帝国（regnum hominis）という夢を大半において実現している。この自然は、あたかも祖先の堕落以前の楽園においてそうであったように、人間に無条件に奉仕する。――創造されるべき有用な知識の大系は、ベーコンがただ瞑想しただけであったけれども。しかし、長く待ち望まれていた楽園は到来しなかった。ベーコンとデカルトは、わずか三〇〇年という非常に短い期間に人類を「自然の主人にして所有者」にするという方法の思想の主要な論点を実際に描いてみせた。しかし、こうした方法が自然それ自体の枠を超え、人間をも上回ってしまい、彼らの時代においてさえも彼らが請け合っていなかった結果になっている。客観的な方法のものはすべてを崩壊させ、明らかにわれわれに奉仕しうるものまで取りさってしまっている。しかし、われわれ自身についていえば、人々に仕えるのではなく、人々に君臨し、人々を支配し、人々を利用するわれわれの政府はどこへ去ったのだろうか。分析的かつ客観的な方法からすれば、われわれは他のあらゆる自然にもまして搾取することが可能な手段以外の何ものでもない。こうして「政府」というものは、まさに自分の意志を実行しようとする手段をもった者の恣意なのである。なぜなら意志というものは反対する意志に遭遇するものであり、実際のところ結果は紛争と混沌であるからなのである。一方では、人間が片方の足を地上、もう一方の足を宇宙においているのが見られるが、他方では、均衡を保った体制のなかで揺れ動く惑星が、総体的な破壊のおそれに瀕しているのが見られる。人間は、歴史上はじめて現実の手段をもったが、これまでのところそれは、自分自身の未来の課題を全体的な解決に向かわせることもできない。なるほど、現代がこうした時代であるという事実には、単なる一致という以上の何かがある。

手段ではない人間——事物は常に手段であるがゆえに事物でもない人間——は、こうして一方においては、人間であることにおいて把握されなければならない。次いで、その本性と人間が「主であること」の基盤、その限界や条件の定式を確かめなければならない。——それゆえに他方においては、人間には〔自然の〕主として常にふさわしい状態にあることができるような救済の道がなければならない。この〈支配する人間であること〉を理解し強めるために必要なことは、人間であることとは手段でも行使するための力でもなく、それ自体において意味深い何かなのであり、それ自体においてあらゆる意味の本来の場所だということである。

そして、これがコメニウスの提起した問題なのである。彼が提起した問題というのは、ベーコンやデカルトが提起した人間帝国ではなく、人間それ自体のことである。この問題への彼にとっての解答は、二〇〇〇年前の古代思想家と同じく、教育であった。ただしそれは、プラトンやアリストテレスにおける選ばれた者の教育ではなく、個々別々の人間を一緒にして行う人間一般の教育である。それはまた、人間の生の単なる準備のための教育ではなく、生それ自体の主要な要素であり脊柱としての教育である。こうした教育によって、生は〈人間的な〉生となることができるのだ。

人間であることが問われるべき問題が教育であるのはなぜであろうか。教育は、労働や学問や芸術と同じように、とくに他の存在とは異なった人間に固有の本性、人間であることの特別な〈現れ〉だということにはならないのだろうか。コメニウスにとっての教育とはそれらと同等のものではない。人間の他の行為、他の「人間に関する事柄」との比較において、コメニウスにおける教育とは、そうした事柄以上の何かであり、深く中心にある何かなのである。というのは、人間は岩や星や犬のような他のあらゆる存在と異なり、単にそこにあるのではない。人間がそこにいるというだけでは、それは〈本当に〉人間であることを意味しない。本当に人間であるということは、〈なる〉ことができ、ただそうあらねばならないことである。人間は人間であることができ、人間以外の誰もそうすることはできない。このことが意味するのは、人間であることというのは、ただ立ち止まり、それについて言明せねばならないというような事実でも現実でもないということである。人間であることとは〈成就〉される必要のある可能性であり、ひとつの使命としてその可能性を獲得することである。その可能性を見逃してしまう可能性があるのも、それが可能性であることによっている。実際、大半の者はその可能性を見逃してしまう。コメニウスは、『地上の迷宮と心の楽園』において、人間が心得違いをし、誤っている事実を描いた。

三十年戦争のさなかコメニウスが潜伏し，『地上の迷宮と心の楽園』を執筆したと伝えられる洞窟（右）と記念碑（左）（チェコ共和国，ブランディーシュ・ナド・オルリツィー，2006年8月，編訳者撮影）

まさに、人間は最初から大半にわたってさまよえる人間性という迷路のなかで生きている。ゆえに、世界のなかで人間がおかれている状況を本当に見た者は誰でも、人間に助力することを試みるように強いられる。そこでこの人間は、葛藤、不和、口論、戦争および弾圧を見る。これらの状況は根本的に次のことに由来している。つまり、この人間がその無知のために自身を何か個別的で部分的で占有的なものと同一視し、自身の固有性を見ることができないということである。もうひとつは、世界の全体が人間にとって意味をもち、事物がそれだけでは有していないような意味と意義を与えることを求めるという唯一の存在であるということである。人間は事物ではないが、迷宮で迷った人間は自分を事物にしてしまう。すると、自分を人間として見ることができなくなり、人間としての使命や人間としての責任を引き受けることができなくなる。その使命と責任は、自分自身のため、他者のため、事物のため、——全体がもつ意味のためであるが、それを引き受けることができなくなるのである。

このように迷い、苦しみ、絶望し、自らを消耗させ、自ら滅びつつある人間の不運を、若きコメニウスは、三十年戦争のさなかにあって、自分自身についても組織的にも身近に体験した。彼は、当時の世界政治の大きな文脈において、自身の生の人格的・宗教的連続性を貫いたのである。——こうした人間は、救われ〈なければならない〉。しかしそれは、どのような方途によって可能なのだろうか。支配する存在としての人間を、事物のように加工したり、操作したり、変形したりすることはできない。近代教授学は、「人間を事物として扱ってしまう」社会心理学という学問を補助手段とする傾向がある。人間は自分自身を救わなければならない。その本質において、人間は自身を救うことができ、救う意欲もある。ゆえに、人間にはそのための〈機会〉が提供される必要がある。人間は自らを〈導き〉、救わねばならない。そして、人間であることに〈自由に〉参画する者となるため、必要なものは何でも提供しなければならない。しかし、人間を救うためのいかなる取り組みもこうしたことについて無知なのである。——こうした取り組みはどんなものでも挫折せざるをえない。効果的で信頼できる方法は、人間にとって必要なあらゆる熟練を装備させることができる。ゆえにここで〈熟練した〉人間、専門家、さらには名人を作り出すのに助力することもできる。しかし、こうした方法は、人間をそれ自体に、つまり人間へと導くことはできず、そうした〈人間〉を教育することもできない。こうして人間にこそ問題らしきものがあるということを、見ることすらできないのである。(3)

教育の世紀と呼ばれる——一九世紀と二〇世紀の——二つの世紀においては、教育は、習慣や知識や熟練を形成するという視点、あるいは個別の教授者や教育者の視点から理解された。こうして人間は教育から放置されたのである。今日、人間はかつてないほど教育を受けない存在となった。今日、人間はかつてないほど内面的に躾けられていない存在になった。今日、人間はかつてないほど本能や伝統や社会的圧力といった遊戯の虜になる存在となった。このようにいったとしても、それは誇張ではない。あるアメリカの社会学者は、彼自身の社会について考察している。それは、最高に成功を収め、「人間帝国」[4]を最も前進させたと誇っている社会である。彼はその社会を性格づけているが、これほど恐ろしいものはない。それは孤独な群衆だというのである[5]。

しかし、救いは可能である。教育こそはその救いであり、教育は人間それ自身への、また、人間の使命の自覚への導きなのである。その使命とは、世界と事物の意味深さに仕えることである。この〈奉仕〉にこそ、コメニウスがその著作からわれわれに語る人間的政府がある。「暴力なくば、すべては自ずと発する」という彼の基礎原理の意味するところは、快適であるべきはずのことが、詰め込みによって不快なものになってしまうとか、詰め込みや機械的な猛勉強には効果がないなどということではない。むしろこの原理が意味するのは次のようなことであろう。人間は自身への道を自身から見出す。しかし人間には、そのための救いの条件が得られなければならない。こうした条件のなかで最も重要なのは、またしても自己をいかに導くかを知っている人間なのである。つまり、人間は人間であることへの有効な道をすでに歩み始めており、それによって人間は、達成される必要のある課題と目標と問題を明らかにする。こうして人間は〈自己責任〉に向かい、自律的で自発的、そして自由に充足できる生に向かうのである。こうした人間こそが教育者である。教育とは導き出すこと、迷宮から連れ出すことである。教育は生涯にわたる課題なのであって、——このことは次の言葉でも表現されよう。世界とは学校であり、世界とはわれわれが人間になるべき場所であり、また、人間のもとへと回帰する場所である。

さて、コメニウスがその時代に現れたこととはどのような意味で画期的であり、またわれわれにとってどのような手本であるというのだろうか。コメニウスが、教育の機会があらゆる人間に提供されるべきであるという〈教育機会の体系〉について注意深く考えたのは、人間が人間になるためであった。世界とは学校である。——しかし、われわれが学校でやっていけるように、本来的な意味において、そして比喩的な意味ではなく、学校が必要なのである。この学校という教育と教授の過程のうちに、〈あらゆる〉人間が包括される必要がある。成長しつつある者が通過する段階にはいろいろなものがありうるが、この者はどの段階においても知性の火花が燃え移りうるような状況におかれる必要がある。知性の火花は、それを把握した者から新参者に燃え移る。知性の火花は導き手にも助けとなるのだが、というのも知るということは常に「コミュニケーションによって」知り、接触において理解することであるからだ。教育は、事物への道を〈開き〉、事物の理解というわれわれの課題への道を〈開く〉。事物の理解という同じ課題を解決するために同じ道や異なった道を知っている他者がいるが、教育はこうした他者への道をも開く。あらゆる人間的な課題がそこに含まれ、究極的にはそこに向かうべき全体があるが、教育はこの全体への道を開くのである。

教育を人間であることに向かうこととして定めることから、教育がとる中心的地位が明らかになる。その地位が明らかになることによって、教育は人間に関する主要な「事柄」となる。そして、教育という事柄をとおして、（コメニウスが「人間に関する事柄」(res humanae）と呼んだ政治・宗教・哲学といった）人間であることの他のあらゆる特性も初めて存在が可能になるのだ。こうして、人間であることへの教育は、人間に特定の属性を備えさせるような〈特殊な〉教育のようなものではない。こうしてこの教育は、知性的な教養とは反対の「道徳的な」教育でもない。また、たとえば「人間性の理想」などといったある理想を実現できるように、人間の才能や能力を調節したり制御したりすることでもない。人間であることへの教育とは、はるかに深いところにあって、人間の可能性の目標や基礎のすべてを形成し、構想し、批判し、確認し、そして支持するのである。

コメニウスの教育概念における民主主義は、人間を人間であることへと導く道としての教育という概念と関連している。ゆえにまさに教育がなければならない。意識的で、体系的で、計画的な教育がなければならない。つまり〈学校〉の教育は、誰も拒むことができないのである。社会は自らを確実なものにするために、あらゆる努力をなさなければならない。結局のところ、社会の正しさを証明し、社会に意味を与えるものは、根本的には教育のもとにあるということである。思想家としての人生を経るなかで、コメニウスにとってますます明瞭に見えるようになったのは、真に人間的である社会とは教育の社会であり、実際に真の改革を意味することによって人間社会を正すことが教育を確かなものにするのだ。

およそ一六二〇年代後半から三〇年代初めにチェコ語で『教授学』を著し、教育とは何を意味するのかを理解した時期から、コメニウスの営為のすべては、人間を人間という存在へと導くような教育のための必要条件を整えることに向けられた。コメニウスは、第一に、人間であることへの教育には新しい「知」が必要であると見ている。この知は個別的な知としては扱われない。また、専門的な学問分野の「有効な」事物でもない。新しい知とは、世界という全体、その世界における人間の位置、人間の生の意味についての知である。このような細分化されない教養に、彼は汎知学という名を与え、彼は汎知学が学校での教授の内容の背景となることを求めている。こうした知は人間の理性とその利用についての一定の改革を必要とする。この知は、人間の生のあらゆる本質的な目標が統一されていることを人間に示し、人間にとって可能な目標が調和していることを示し、こうして人間であるということ一般を人間に示すのである。汎知学的人間とは普遍的、宇宙的、平和的、協和的であるだろう。というのは、汎知学の目的が本質的に全体的で普遍的であるからであり、個別政治的な目標や個人的な目標のような論争や闘争に人間を巻き込むことはないが、そうした論争や闘争のもとでは人間は一致し、合致しなければならないのだ。

一見すると、このコメニウスの考えは、空想的であり、非現実的であり、実行不可能だ。このような考えは、近代自然科学やそれを手本に構築された他の分野における「実効的」な知の力に向かう観点からは実行不可能である。しかし、われわれの実効的で近代的な知に関する実験は、少なからずユートピア的であることが示された。その知の総合を介してみると、純粋な事実に関するもっぱら「実証的な」知の支持者らの側からは、まさに古くさいものと思われた。実証的な総合の実験がユートピア的であることは一目瞭然である。——というのは、こうした力としての知は、そのものの本性としては無力なのであり、よりいっそうの細分化と特殊化と技術化が常に進むなかで打ち負かされてしまうこともあるからだ。しかし、力である以外の知はやはり本質的に存在しないのであろうか。——そして、力としての知の領域にあっても、事物を包括するのではなく、意味あるものにするような「全体への」まなざしはありえないのだろうか。力としての知以外に耳を貸そうとしない者にとっても、こうしたまなざしの必要性は感じられているのではないだろうか。そこでコメニウスの理念は、——その理念を自ら満たすように配慮された内容であるがゆえに、当然に現代的であるが内容としては廃れているにもかかわらず——われわれにとっても新たな意味をもたらすだろう。

まさにわれわれにとって意味があるのは、コメニウスの次のような思想である。それはすなわち、人間を人間であることへと成熟させるという視点から、社会はまた、その目標を明確にすべきだというものだ。これがまさに、教育の相からということである。すると、社会組織がある程度正当化されるということは、その言葉の深い意味において、そこで教育の機会と発展が保証されているということになる。また、ここで教育の発展とは、その社会組織それ自身の評価基準である。この評価基準にしたがって、社会や集団、人類全体が評価される。人間に関する事柄、とりわけ人間自身の改善とは、教育の規範、教育の評価基準、教育の目標を有するものだ。個々人もあらゆる社会も教育という過程を備え、つまり人間が人間であることへの道ができた時、全体的な改善が生じ、そこに到達するだろう。

人間であることに向かっていかに人間を助力するかについての省察によって、コメニウスは初めて教育論に至っている。そして、真の教育論が要求する知の方法に関する省察によって教育論から汎知学に至っている。そしてついには、汎知的教育の現実的な条件に関する省察によって、汎知学から全体的な改善へと至っているのである。「人間に関する事柄」の改善についての彼の最後の大著は、人間一般が求めることのできるあらゆる目標についての思想の体系である。コメニウスの『教授学』における実践は部分的にはかなり以前から評価されていたが、彼の評価されていた原理もとるに足りないものとなってしまった。しかし、どのようにして人間を真に人間になるように導くかという方法としての教育という、誰にもましてコメニウスに帰せられることは、今日にあっても彼の時代と同じように問題であり続けている。(6)

注

（1）【訳注】この論文は、本書の最後に収録する『コメニウスの教育の哲学』のⅣのもとになったもので、パトチカがチェコ語で著した最後のコメニウス論である。『コスモス』（*Vesmír*）第四九巻第一〇号に発表された。しかし、未公刊の草稿には公刊されなかった記述が含まれており、『ヤン・パトチカ選集』第一〇巻には、未発表部分が補われ、全体として一七パラグラフで収録されている。一九七〇年の初出時には、そのうちの五パラグラフは削除されていた。本書では、『ヤン・パトチカ選集』第一〇巻所収のテクストを底本とした。『コメニウスの教育の哲学』Ⅳと読み比べることで、パトチカがおかれていた社会状況や異なった読者層を想定したパトチカの思考の膨らみ等を感じとることができよう。なお、『ヤン・パトチカ選集』では、草稿との相違点が注記されているが、それらは割愛した。

（2）【原注】これ以降の五つのパラグラフが、初出時には削除された。『ヤン・パトチカ選集』の編集にあたって、草稿をもとに追加されている。

（3）【原注】初出時に出版されなかった部分はここまでである。

（4）【訳注】F・ベーコン、中橋一夫訳『ニュー・アトランティス』、『ベーコン』、世界の大思想、六、河出書房、一九六六年、四三六頁。「人間帝国の領域を拡大して可能なあらゆることを成しとげる」。

（5）【原注・訳注】D・リースマン、加藤秀俊訳『孤独な群衆』（*The Lonely Crowd*）みすず書房、一九六四年。

D・リースマン（David Riesman, 1909-2002）。アメリカの社会学者、シカゴ大学、ハーバード大学教授を務めた。現代人に支配的な社会的性格として「他人指向型」という類型を指摘した。

（6）【訳注】草稿にはこの続きがあるが、『ヤン・パトチカ選集』では省略されている。

コメニウスの教育の哲学[1]

Die Philosophie der Erziehung des J. A. Comenius（1971）

J・A・コメニウスの生涯と著作を当の時代の脈絡に照らして探究し、またそれを近代科学的に行う手法をはじめて確立したのは、ヤン・クヴァチャラという神学者であった。彼は、コメニウスをヤン・フスと比較し、ボヘミアの古の精神史を構成した二つの巨星の一方にあって、コメニウスは哲学的精神〔を表す存在〕であったと述べた。こういったときクヴァチャラはおそらく、第一原理や体系性を捉えるコメニウスのセンス、また自らが携わった諸分野の全体を捉えるコメニウスのセンスのことを念頭に置いていたであろう。コメニウスは自らが携わった諸分野の全体を見通そうと努力し、ある点ではこの見通しに到達していた。すなわち、眼差しが常に世界全体へ向けられていたために、コメニウスの視線が決して分散する

『コメニウスの教育の哲学』1971 年刊

ことがなかったという点ではこの見通しに到達していたのである。戦間期のチェコに生きたエマヌエル・ラードゥル(2)は、ユニークでありながら深い洞察力を備えた思想家であったが、彼はコメニウスについて、普通は非難の対象となっている点をとりわけ高く評価した。すなわち彼は、コメニウスが信仰と知識との統一へ向かって努力した点や、宗教において特別の真理が妥当することはなく、またほかの場合に比べて「高尚な」真理が妥当することもないと断言した点でコメニウスを高く評価した（「高尚な」真理は確かに麗しいが、陰秘な技法となるのが常であり、宗教的なものが発する真理要求はそれによってかえって逸せられてしまう）。もっともラードゥルの目には、コメニウスがまだ同時代の流儀にしたがって聖典の権威を強調しすぎているように見えた。ラードゥルが見るところでは、コメニウスはその実直さのゆえに一哲学者なのであり、知の統一と明晰性に向かって努力し、（コメニウスがいつも自らの「汎知学」を呼んでいたときの言い方をすれば）「単純素朴なものの道」に向かって努力した点において、一哲学者なのであった。このこととは対照的に、ラードゥルはコメニウスの自然科学と自然哲学を批判し、その折衷主義と独創性の欠如を非難した。またラードゥルは、彼の著書がしばしば伝える陰鬱な気分、とりわけその表題が伝える陰鬱な気分には共感できなかった。――しかしながら、ラードゥルが真の哲学者に要求したことこそ、まさにコメニウスにおいて見られたことにほかならなかった。気分に抗して、「世界改革の計画」に携わる仕事を決して放棄してはならないとラードゥルは哲学者に要求したが、それはコメニウスにおいてこれ以上ないほどによく見られたことであり、その顕著さはラードゥルが意識したよりもはるかに大きなものであった。まさに世界改善の計画こそがコメニウスが考えたことのすべてにほかならないことを、われわれはこれから見ることになるだろう。神学者クヴァチャラと哲学者ラードゥルは、コメニウスがひとつの哲学的精神であるという点で一致しており、神学者〔クヴァチャラ〕はコメニウスの思弁的才能を賞賛し、哲学者〔ラードゥル〕はコメニウスの信仰の真剣さを賛美した。ただ、二人ともコメニウスに高い敬意を払ったにもかかわらず、二人の意見に耳を傾けると、そこからはコメニウスの哲学に対する一定の不満が聞こえてくる。

ラードゥルはまた、コメニウスにおいては、全体性や体系性を捉えるセンスに比べて、問題理解や批判のセンスが乏しく、両者の間でつり合いがとれていないと断言した。ラードゥルはこのことを、ほとんどコメニウスの教授主義に起因するものとして説明している[3]。コメニウスの教授法は、一方では人を魅了し熱狂させる効果を現すが、他方では折衷主義に通じるような単純さを備えており、鋭く切り込むような批判のセンスを欠いている。このような乖離が解消しないために、コメニウスの思想のなかで、今日でもまだ当てはまることとしてわれわれが関心を持ちうる事柄を、それだけ取り出して示そうとする試みが生じることにもなった。コメニウスが生きた時代に対して単に敬意を払うということとは別に、このような事柄を示そうということが試みられるのである。コメニウスの思想のなかには、とりわけ神学的にはもはや意味を持たない遺物となってしまったものもあるが、それとは別に「コメニウス教育学の持つ進歩的な内容」を明らかにしようとする試みもまた、このようにして生じたものである[4]。このような試みにはこれまで多くの人が抗議を表明してきた。このような試みは通常、神学や形而上学に関するテクストから〔教育学の〕専門に関するテクストを区別するため、そこから生じる傾向として、神学上の言葉が人間の社会活動や願望を表す表現手段としても評価されうるという事実が見落とされてしまうというのである[5]。

しかし、コメニウスの著作や思想の世界がわれわれを魅きつけるとき、その魅力の核心は本当に〔コメニウスの〕学説にあるのだろうか。それは諸テーゼに定式化されて、部分的に受け入れたり全体として受け入れられたりし、また、部分的に拒絶されることもあれば全体として拒絶されることもあるといったものなのだろうか[6]。そうした学説よりもむしろ、それが湧き出してくる源泉、すなわち生き方や実存の方が問題なのではないだろうか。それはたしかに所与の歴史状況の下で形成されるが、自らのうちでそうした状況を一つひとつ克服していくのであり、自らの課題が歴史のなかで反復して現れるような状態を醸成し、そのなかで自らが備える豊饒さ、汲みつくせぬほどの豊饒さを明らかにするのではないだろうか。

われわれがコメニウスの著作に近づこうとするときに抱く問題は、このようなものである。思想家でもあり哲学者でもあったコメニウス〔が示すもの〕は、われわれにとって、単なるひとつの体系なのではない。また、体系に合わせて形成された精神科学の分野としての教育学でもない。コメニウスがこのような教育学のなかに登場することはない。世界やそのなかで生じる出来事に対するときの根本的に教育的な姿勢を彼は指し示したのだ。コメニウスが生きた時代は、その精神面が根本において神学的に規定されていた時代であり、彼が指し示した姿勢は、このような時代のなかで具体的な形をとって表現された。だがそれは時代を超えるものを備えており、それゆえ今日なおわれわれに語りかけてくることができるのである。

このことは、次の二つの箇所においてとくによく見てとられる。ひとつは、コメニウスが書いたもののなかで、自分が教育者、教育学者となった事情について述べている箇所である。もうひとつは、教育学がある状態に至ることが記されている箇所である。そこでは教育学は、人間の行為と放棄のすべてを、それが人間のものである限りにおいて、自らの内で捉え、それと自らを融合させ、人間が持つあらゆる目標設定を自らの内に担い込んだ後に、それらを再び外に解き放つものとして記されている。この箇所で述べられていることについて、われわれはコメニウスに従うことはできないが、このような箇所においてこそ、コメニウスの企てを新たな水準において、異なった状況のなかで繰り返すことが是非とも必要であることが示されているのである。

このような事情から、われわれが述べていく上で望ましいのは、時系列的に進む行き方である。これによって、思想や著作が生まれたときの動機が明らかになるからである。コメニウスの書いたものが見当のつかないほど豊かに残っている（そこに見られる深遠さや堅実さは、われわれ自身の義務としても感じられるものである）にもかかわらず、このような進み方をする試みはまだなされていない。以下の行論は、このような試みを行おうとするものである。

I

コメニウスの青年期が始まった時期に関してきわめて重要なのは、精神面において諸物を汲み出してくる源泉があったということである。この源泉は、当時の知識や学説から諸々に抽出されたものが集積して出来上がっていたもので、そこで統合されたものはそこから再び分割されていった。——この源泉とは、ナッサウとプファルツにあった改革派アカデミーという中心のことである。そこではプロテスタントの同盟が精神的な武装を行っていた。そしてこのアカデミーは、さらにまたもっと活発な出来事を反映して存在していた。その出来事とは、天文学者たちの探究や計測、パラケルスス派の医師や機械論者の医師による診療活動や著述活動、教授法の実践家が開いた教室といった形で現れていた。このような出来事が反映されていたことは、たしかに、偉大な宗教改革者以来の脈々と受け継がれる伝統を前提とするものであった。だがそれだけではなく、宗教改革の傍流となっていたものもあって、多くの人文主義者や、独力で思索する孤独な思想家たちは自由なやり方でキリスト教を信仰していた。また、諸々の宗派の思想がそこに一定の反響を見出していたということもあった。後期ルネサンスの成分がこのようにして凝集して、マニエリスムという思想世界・文芸世界を形成した。伝統が消失し始めたり、その輪郭がぼやけ始めたりした時代であった。この時期、教義解釈はさまざまに存在する可能性にすぎなくなっ

ドイツ・ヘルボルンの学校跡にあるコメニウスのレリーフ（2005年10月，編訳者撮影）

た。これらのことが、青年期のコメニウスにとって根本的な意味で重要な精神的刺激となった。神学から自然科学や文献学、教授術に至るさまざまな分野において、統一を求めながらも複数的なみなぎりを示していた精神世界の出来事が、迷宮の姿をとって若きコメニウスの精神に影響したことは疑いない。迷宮のなかで人は、輪の中に迷い入れられて方向と位置感覚を失ってしまうため、真理という確固とした目的地を持つことがない。キリスト教がますます亀裂を深めて分裂しながらも、統一をめざして懸命に努力する姿勢を保持している様は、迷宮を思わせるものがあった。歴史的状況もまた迷宮のようであった。宗教改革運動は細かく分散していたし、戦闘的な姿勢をとった対抗宗教改革は、徹底した攻勢によって諸宗派の敬虔な信者の心のうちに終末論的な思いを呼び起こした。天界の迷宮はたしかにコペルニクスが単純化してみせたが、その際同時に悩ましい問題がさまざまに巻き起こった。自然と自然学もまた迷宮であった。物理学では、古い概念と新しい概念が争っており、アリストテレス主義者や錬金術師はもとより、初期の機械論者までが議論をにぎわせていた。人文主義的教養も迷宮であった。それは秘儀や閉鎖的なエリート文化、本質を欠いた博識からなっていた。宗教改革の「秘密」結社もまた同様であった。それは太古からの伝統と称されるものや、諸々の敬虔な願望の混合体からなり、自己をも異質なものをも神秘化する姿勢と結びついていた。――中世の人々が統一的な世界秩序を体験し考えていた限り、彼らに世界が迷宮に見えることはなかった。それは――ムスリム教徒や異教徒のように――、この統一的な世界に関わりをもたず、唯一であると思われる真理を理解できない人々がほかにたくさんいても、変わることはなかった。これら他の世界の人々は盲目であるか、無知、無学であり、彼らが見せる誤りは、むしろ〔真理が〕欠けている状態であり、否定的なことを表すとされた。それは、〔真理が〕不在であること、欠如態（Steresis）だというわけである。だが今や、ほかならぬキリスト教の中心において誤りが露わになり、共通の真理が失われた。この動向は、古代の異端者たちの場合のように、思い思った個々人の個々の意思から生じたようなものではなかった。それは、それまで〔自分以外の〕あらゆることを疑問に付す資格を有していた、既存の権威の源泉を問題にするような動向であった。真理は、あるときはここにあるかと思えば、別の時には別の場所にあるといったように、そのつど位置と状態を変えるようになった。人が違う場所に行くたびに、真理は異なるものになった。そして、宗教改革以来、一人ひとりが個人的に真理を保証することがますます必要になっていった。真理は精神に関する専門家が携わる事柄ではなく、あらゆる個人に課せられるものとなっていたからである。他方で真理は、世俗から身を退くことによって成就されるようなものではなくなっており、世俗における具体的な活動によって証示されねばならなくなっていた。

しかし、迷宮は単に惑わせるもの、麻痺させ、しびれさせるだけのものではない。惑わせるものであるとしても誘惑的でそそるものなのであって、そこでは人は自らを惑わせる者にほかならない。こういった事象は全体として、さしあたって誘惑的なものであり、そこでは、驚くべき視点が見開かれたり新しい領域が開拓されたりすることによって、生活物資や知識の材料が途方もなく増大していくことになった。この頃、精神がふつふつと発酵する状態を丸ごとその原点に移し返そうとする衝動があったが、これも新しい領域を開拓しようとする営みの一つであった。コメニウスにおける最初の活動計画はそのようなもので、それはほとんど自ずからできてきたものであった。人間の知識は結局のところ自分の言葉で表現されねばならず、その時にこそはじめて表現されたといえる。そのように書かれたならば、百科全書〔に記されること〕も他の言葉で書かれた場合に劣らないものに見えるはずである。大部なチェコ語の語彙集があれば、それは精神（mens）と事物（res）、言語（verba）の間にある平行関係をまず示すものとなって、自分の言葉で表現するための道具となるから、それも同時に作成されなければならない。また、さらに平行するものとして人間の行為がある。百科全書的・人文主義的なもくろみ、愛国主義的なもくろみは、最終的には、和解という実践的行為、プロテスタントの諸勢力を結合させる行為のために役立つのである。このような実践的行為は、若き日のコメニウスの活動のまさに中心部において準備されたものであった。『反キリストに対する救い』は、教会が腐敗して改革された時代の結果がどのようなものであったか、コメニウスの考えを示した著作であったが、それは当時の教会の迷宮的な状況を識別することを教え、希望を持たせるものであった。『天への手紙』は、社会的差異の敷居を超えて国内の平和を達成するように促し、また素朴な生活や献身的な愛の活動に励むように促す、勧告の書であった。合理的な大規模農場経営が開始された時期、社会は対内的にも対外的にも危機にさらされていたが、多くの人はまだ、このような活動のうちに問題の解決を見ようとする楽観的な姿勢をとっていたという。初期にあって、これらの著作はすべて、外国の長所を自国に適用すること、置き換え移し入れることにすぎず、コメニウスの活動はその後長くこのような特色を持ち続けることになった。もちろん移し入れることも創造的なことではあり、このように受け入れることからは次第に独自のものも発展してくる。このようにコメニウスは、「いいところをとり入れる（pendre son bien où il le trouve）」という傾向を失うことはまったくなかった。コメニウスの著作に関しては、文学的な独創性とか思想家としての独創性といった尺度を当てはめる必要はまったくない。コメニウスの著作はすべて「役に立つ」ものなのであり、別の言語環境に置かれても適用された形態をとって精神的な影響を与えるはずなのである。

百科全書もまた、このような実践的な特色を備えるものになった。それは単に博識をまとめあげたものではない。当時の枠組みで作られ、創意に満ち、事例を挙げ、〔過去の事柄を〕再現しているこの百科全書は、たしかに

〔今日〕われわれがいうような意味での客観的知識であるよりも、世界の意味を語るものであった。しかし、ここには当時の通常の図式を超え出るものがあった。百科全書は人間に、神を賛美し、すべてを神に返すという根本的な義務を思い起こさせなければならないと、明言されているからである。「御身の手を離れたこの小書も、御身の汎知を源としており、人間の無骨さからなる汚物によってけがれてはいるものの、正しい道筋を通って御身に戻っていきます。それによって御身は御身のままであり続けます。すなわち、万物の唯一の開始であり終局であり続けます[7]」。こうした百科全書的な啓蒙が不可欠であるのは、人間が正しい秩序から逸脱したからである。「御身に対する賛美を表すはずの被造物を創造することを、御身は思いつかれました。すなわち、われわれ人間と、天使というずっと高貴な種とをです。……上位の種の者らは、存在し続ける限り自らの義務に忠実に従っていますが、われわれ下位の種の者らは、われわれの創造主である御身がもたらした調和を台無しにし、ほかのものをぼんやり眺めて、義務づけられたことを怠っています。恥ずかしいことに、われわれが黙っている間に、われわれが行わなければならなかったことを、理性をもたない被造物が果たしています[8]」。このように百科全書〔を編集すること〕は、事物に備わる大いなる秩序を理解することによって、神にあらゆる事物を帰するような類の行為なのである。事物は、それ自身としては理性をもたないが、神の計画や神の調和を実現している。神から生じたこの調和を台無しにする唯一の不調和、すなわち人間がもたらした不協和音を解消すること、またそうすることによって、神が創造において自らのうちから解き放ったものを神に戻すことが、百科全書の本来の目的なのである。この調和を再びとり戻すことは、イエス・キリストによって、神の具現化された知恵が導き入れられることによって実現する。それゆえ、百科全書という作品はイエス・キリストに捧げられている。

このような調和思想が生じた起源はもちろん、ピタゴラス的・プラトン的な思想が一千年来も伝承されて、キリスト教による創造の形而上学を通過したところにある。ただ、コメニウスにとって問題だったのは、彼が生きた当時、この伝承がどのようなモチーフのもとで思想的かつ文学的に結晶したかということであった。彼の師であるアルシュテットは、当時の論理学や自然学等に見られたさまざまな概念を「調和」させようとして努力したが、この努力もこのような問題意識に照らして理解されうる。この師はこの時代に、コメニウスにルル的伝統[9]を伝えた。コメニウスは分析や総合よりもアナロジーや比較を優先すること（後に「類比の方法」と呼ばれるようになったものもこれに基づいている）を方法論上の主要な見解としていたが、それはルル的伝統から得られたものである。さらには、マクロ・コスモスとミクロ・コスモスとを平行させて考える「錬金術的」モチーフやパラケルスス的モチーフ、段階からなる宇宙というモチーフ等が挙げられる。段階からなる宇宙とは、緊張と運動に満ち、統一と展開とのあいだを揺れ動きながら多様性へと広がっていき、始原への回帰にまで至る宇宙のことである。これらのことに基づいて、その後、カンパネッラと同じタイプの思想家やバラ十字団員、ヨハン・ヴァレンティン・アンドレーエといった人物たちが、全般的改革を企図することになった。彼らはまた、神的な調和のうちに人間を置くことを企図し、未来をユートピア的に構想していった。世界を神の知恵を学ぶ学校として見ようとする、古来の教父学的なモチーフもまた、これらのことと無縁ではない。パトリッツィ[10]のような後期ルネサンス期のプラトン主義者は、光について考察し、流出という光の神秘説のなかに光の物理学をはめ込むことによって、このような動向に寄与した。また、ロバート・フラッド、アルシュテット、デンマーク人のアスラクッソン[11]といった「モーゼ的自然学者」は、創世記をアレゴリー的に解釈する作業のなかに、同様に光の形而上学を組み込んだ。かの偉大な思想家を読み解く営みもまた、そこに有機的に結びついていった。その偉大な思想家とは、無限者において諸々の対立が一致解消し、有限な矛盾が無限者によって調和されることを説いた一五世紀における最も深遠な思想家であったクーサのニコラウス〔クザーヌス〕のことである。

コメニウスの最初の百科全書は、これらのモチーフと結びついていたために、世界の事物を人間の精神のなかに単に映し出すだけのものでは到底なかった。それは人間を、自らの真の生を自分で見出すこともできれば台無しにすることもできる存在と見なすものである。百科全書の現存する部分では、世界という機械（machina mundi）について述べられており、世界は人間を鼓舞して敬虔な思想に至らせるとされる。それゆえこの部分は、〔単なる〕賢者の著作であるというよりはるかに神学者の著作にほかならない。コメニウスはわれわれに、自らの神学的な心情によって世界という劇場から引き出され、神の著述を演じることになったと自ら述べている。彼の論の進み方はつねに、異教の知を、虚栄心を伴うもの、世界の不滅性を盲目的に信じるものとして、キリスト教の知と対比させるものである。世界が設けられた目標やそこで人間に期待される課題をキリスト教は知っているというのである。それゆえ、世界が創造されたものであること、移ろいやすいこと、比較的短い期間しか続かないこと、世界が美やその他の完全性を備えていることが大いに強調される。また、世界が人間にとって合目的であることが特に強調される。人間には被造物を統治する役割が任されているからである。だが他方では、〔コメニウスの論の進み方においては〕世界におけるあらゆる否定的なもの、粗悪なものや醜いものを、人間の罪が宇宙に作用したことによると見なす傾向が支配的である。第三の部分には、選び出された物語や逸話によって、人間の生の偶然性について述べる議論が当てられることになっていた。人間の生は、母の膝から始まって人間の運命の要所に至るまで、極めて多種多様な偶然事にさらされている。このことを示す物語や逸話を選び出す手順には、ある程度まで体系づけられたまとまりが表されており、それは後に、コメニウスの『地上の迷宮と心の楽園』において卓越した文学表現を見出すことになる。この著作では、迷宮というモチーフは和らげられた仕方で現れている。このモチーフは、コメニウスが青年時代の終わりを不遇に過ごした時期に書かれた著作のなかで主題化されて、基調となった。アンドレーエに『祖国巡礼の誤り』という小品があるが、この時期にコメニウスが書いた諸著作には、全体的なタイトルとして、この表題が掲げられてもよかったであろう。『地上の迷宮と心の楽園』と『平安の中心』という著作のなかで迷宮というモチーフが扱われているのであるが、この二つの著作においてコメニウスは、他の人が書いたものを手本にしてそれを変形するという書き方をしている。ついでにいえば手本になった著作も、それはそれで神秘的な〈共通の場所〉(loci communes)を主題とするものであった。『地上の迷宮と心の楽園』では、主人公の巡礼に特別な運命が課せられて、主人公は自分で天職をつかみとる前に、人間のあらゆる天職や生活を観察し体験することができた。この主人公は、コメニウス自身にほかならない。——なお、このような特別な運命が与えられたといって、自分の運命のなかに人間の宿命全般が反映しているのを見ることができなくなったわけではない。

世界巡礼という思想はアンドレーエに由来している。しかし、アンドレーエの「巡礼」は、善悪を区別し始める年齢にすでに達しており、自分の手本になりえるような指導者の出現を待ち望んでいた。コメニウスの『地上の迷宮と心の楽園』に登場する「探索者」は、これとは反対に、運命の門から旅を始めている。運命の門では、人間に使命が割り振られるため、「探索者」の巡礼行は人間の生をはじめから形而上学的な水準において表すものになった。コメニウスの寓意の用い方は感情を交えないもので、本質的に寓意が込められるのは二人の同伴者に限られている。この二人の人物は、本来とは違う人間の水準にあるものとして、非常に思弁的な観点から選抜されている。それに対して、アンドレーエの著作を読むときには、寓意が込められた人物があまりにも多く登場するのにつきあわなければならなくなるが、このような用いられ方をされて、〔寓意のもつ〕本来の疎外する力が失われてしまっている。ところがコメニウスは、アンドレーエの著作のなかでは特別の名前をもたない、〈空虚な心の勤め〉(mentis vana occupatio)を意味する同伴者をアンドレーエから引き継いだ。コメニウスは、この同伴者を全知と〔別名〕遍在と名づけた。〔巡礼にかけられた〕轡もまたアンドレーエに由来している一方、〈惑わしの眼鏡〉というモチーフはアンドレーエのテクストではほとんど示唆されていない。そこで巡礼は口に轡がはめられたと感じたまさにその瞬間に、目も曇らされたと感じている。ここでコメニウスは、非常に巧みなやり方で、クザーヌス的な真理の眼鏡を転用しているのである。コメニウスにおいては、世界を旅することと、迷宮を経て旅することは、まさに疎外のドラマなのであり、それは正義の者と不正義の者との間の戦いにまで高まっていき、その後、正義の者が迫害され拷問される話が続く。このドラマは、どこまで行っても追いつかれることのない可能性に向かって「先駆け」し、それによって欺瞞を打ち破るという結末に至る。アンドレーエの著作からはこのようなことは読みとれない。アンドレーエが書いたものには、劇的・実存的な導きの糸が統一的に存在することはなく、道徳的・寓話的な挿話劇が示されているだけである。

全知（遍在）と甘言という二人の同伴者は、巡礼（探索者）の活動を監督し把握しようとする。二人の同伴者は巡礼に、真理に見えるものは〔実は〕虚栄に満ちたまやかしにすぎず、〔実は〕単なる仮象にすぎないように見させるように振り返らせる。プラトンの洞窟の囚人が手足と首をつながれ、光に向かって振り返ることができないとされたのと同様である。コメニウスにおいては轡と眼鏡が手かせ足かせに当たり、探索者〔としての巡礼〕は、プラトンの囚人ほど受動的である必要はないとされる。〔コメニウスにおいては〕まやかしは動きのうちにこそあるとされる。動きとは、事象からたえず逸脱してしまうことをいう。この動きのために探索者は、一方では自分自身という事象に出会うことができず、他方では虚無に出会うことができない。まさにこのことのゆえに探索者は、本来の存在と虚無とのあいだに広がっている真理を実際に探究することができないといわれる。そして、それにもかかわらず、探索者の目の前に事物がまだある場面で、全知の隣に第二の同伴者が登場する。甘言という名のこの同伴者は、両性の被造物である。甘言とは内容空疎な雑談のことであり、誰もが同意するが、誰も本当だと思わないような習慣や表面的な意見によって鈍らされてしまうことをいう。二人の同伴者は相補的な働きをする。つまり、一方の全知は跳び離れて、たえず事象から逸脱することを強いる。もう一方の甘言は目をくらまし、鈍らせ、張りをなくさせてしまう。それはすべてを大したことのないものにしてしまうのだ。〔前者で示される〕逸脱は、基本的には逃避のことであり、〔後者で示される〕解説は、あれこれ話してごまかしてしまうこと、鈍らせることを意味する。

だが探索者は、惑わしの眼鏡を少し曲がってかけていた。——このことは、探索者が好ましくない状態にいたことを暗示するが、話の展開のなかで肯定的に見られるものであることが示される。探索者たる巡礼は、不幸によって打ちのめされ、追いつめられ、せきたてられる存在である。彼は、妻と子と故郷、身をゆだねる領主を失い、またよき主君をも失ってしまう。こうした不遇な運命のために、巡礼は、二人の同伴者から全面的に干渉されるのを免れることができ、さらには、同伴者たちがもたらす頽落について自ら探究する可能性を与えられる。世界——ここではもっぱら劇中の人間世界であるが——をめぐる彼の巡礼行は、二人の同伴者との絶えざるいさかい、とくに甘言とのいさかいとなっている。甘言は、この世に君臨する女王たる知恵＝虚栄の言葉を語る存在である。甘言はこの世に存在するあらゆるものを解説することができるが、それ以外の点では、曖昧さを示すもの、目をくらますもの、困惑させるものにほかならない。個々の事柄においては、身分や職業、状況といったことをめぐって、曖昧さを示すものや目をくらますもの、困惑させるものが生じざるをえないからである。二人の同伴者は、人間に真理が見えることがないようにして、虚無感や困惑や捨てばちの姿勢に人間がなすすべなく身をまかせるようになることを狙う。この二人は、どのような身分や職業、地位にあっても、移ろいやすいものや目くらまし的なものを呼び起こすため、世界を巡る共同の旅では、このような移ろいやすいもの、目くらまし的なものに関する釈明が絶えずついて回ることになる。それゆえこの旅を語る語り口は、人間が自分自身に至ることをあらかじめ許そうとしない悪魔的な力について語るものとなっている。また虚無の持つ力はもちろん、「虚無」が気づかれないようにするために気づかう。それゆえに虚無の持つ力は、とりわけ死についてまともに語ることがなく、死を隠蔽してしまう。このことはまた、虚無――世界とそこで生活する人間の立場から見られた虚無――の深淵たる死を開示することが、なぜ同伴者たちの力の終焉を意味することになるのかの理由でもある。虚無を開示することは、世界内的なもの以外に対しても開けている魂の根本的行為である。巡礼は〔ついに〕惑わしの眼鏡を投げ捨て、全世界を取り巻いて全世界に浸透している深淵を発見する。すなわち、われわれがふだん日常的に関わっている世界、われわれに話しかけてくる世界の深淵を発見する。そしてこの瞬間、同伴者たちは消え去らなくてはならなかった。またそれとともに、馬具と惑わしの眼鏡も消え去らなければならなかった。轡と眼鏡は、同伴者たちが持つ誘惑と目くらましの力を表すものだったからである。

人間の現存在についての近代的な分析について知る者であれば、誰が見ても、アンドレーエないしコメニウスの迷宮から衝撃を受けて生じた文学は、現存在の分析によって白日のもとにさらされる構造を、前理論的な〔形態をとって〕表しているように見えるであろう。気晴らし、原初的な自己喪失、自身を捉えず把握しないような自己理解、自己逃避、自己の有限性からの逃避、「ひと」の好奇心と雑談による自己の有限性の隠蔽、虚無を通って自分自身へ向かう道、追い越すことのできない最も固有な可能性へ向けた先駆け。これらのことがすべて概念としてもたらされているわけではないにしても、動機上の連関においてははっきり区分され、物語や神話の形で示されている。実存というよく知られた現象によって、このような状況から脱出させる道筋までもが導入されていることは、不思議ではない。それは良心の呼びかけによるが、それは神学的にはもちろん神の子の声として解釈されている。神の子は、世界のなかで失われた者や、自らの現存在の不可能性という可能性に不安を感じている者に呼びかけて、心という小部屋へ戻そうとする。自らの自己を問題とするような生の可能性に向かい、その最終的な限界にまで行こうとするような内的行為によってのみ、人間に対して「開けて」いることができる。すなわち人間は、自分自身あるいは自らの現存在に属する何らかの構成要素に絶対的価値を付与したり、ところまで来れば、われわれは生のなかで何よりも自分自身にのみ出会うようになる。事物や隣人に出会っていると思う場合にも、自分自身にのみ出会っているのである。また自分自身というよりは、恣意によって抽象的に構成された存在に出会っている場合もある。本能や伝統に基づいて知らず知らずのうちに自己を選択するために、われわれはこのような存在と一体化してしまっている。もっともコメニウスの場合には、人間に関して具体的な経験をしてきたことによって、自己に関するこのような取り違いは問題にならなかった。したがって、たとえば迷宮とそこからの脱出という経験に込められたテーゼは、人間には本質的に世界への関わりが属している（それゆえ人間を、認識や確信等を行う抽象的主体としてとらえることはできない）ということである。そして、欺く二人の仲間と決着をつけたことは、次のようなことを意味する。反省は単に知性に関わる問題ではない。反省は、謎めいた仕方で外部から内部へと転回する、単なる視線に関する事案ではない。そうではなくそれは、第一に内的な行為、すなわち良心に関する事案なのである。良心は、まず自己をわがものとする可能性を開き、またそれによって自己を把握する可能性を開く。近代自然科学や思想研究および近代における意識の哲学の基礎づけは、コメニウスの偉大な同時代人たちに帰せられるとわれわれは考えていよう。彼ら理性の天才たちは、ここで見られた問題を、もっぱら純粋な知性の水準において表される限りで把握していた。〔それに対して〕コメニウスは、これらの問題について実存の具体的・実質的経験に即して考える思想家であった。この点で彼は、同時代の抽象的な合理主義者たちに比べて、人間としてわれわれに近いのである。ただ、彼は自らの経験を概念的に表すための十分な表現手段を持ちあわせておらず、当時の神学的・形而上学的な〔表現〕手段による解釈を試みなければならなかったところに困難があった。それゆえ彼の哲学思想は、表面的に見ると、様々な起源からなる、折衷的に組み合わされたモザイクのような印象を与える。しかし、それらはすべて表現手段にすぎず、彼が最終的に表現しようとしたことではない[12]。コメニウスはこれらの表現手段を、何らかの点で自分の経験に一致しているように思える限りにおいて用いた。コメニウスにおいて人間は、世界のなかにある存在、世界に開けた存在である。――そのため彼は同時代のミクロ・コスモス思想を利用した。人間は回心を行うことができ、回心によってはじめて人間にその本来の根本可能性が開かれる。――コメニウスはためらうことなく、この根本的可能性をつねに潜在的な状態にある属性、自然の資質として扱い、適切なやり方をすればそれを顕在的なものにすることができると考えていた。回心は人間を普遍的存在にする〔とコメニウスは考えたのだ〕。――宇宙の規定をつねに眼前でとらえることができるように、宇宙に備わる段階性や平行関係、調和に訴えるといった具合に、話は続いている。

また、良心の声とは、生活の気晴らしのなかで失われた現存在に呼びかけて真の状態へ戻そうとするもののことであるが、それがキリストの声として解釈されるとしても不思議ではない。――ついでにいえば、この点はヨハン・ヴァレンティン・アンドレーエの言葉をそのまま引き継ぎながらいわれていることである。もっとも、体系に関して重要な点――同時に矛盾している点――は、迷宮から脱出する道を示す人物が、次のようなことを例に挙げながら示している点である。すなわち、その人物は、――身体的な現存在を犠牲にして――人間を諸々の事物のなかの一つ――「精神的な」事物の場合もあるが――にしてしまうものを、すでにありとあらゆる仕方で経験してきた、人間を自分自身のなかに閉じ込めさせてしまうものを経験してきた、というのである。これが重要でまた矛盾してもいるのは、人間は事物ではなく、その現存在の根本において光、透明性であり、明かりであるからである。人間が事物の間に置かれていて、性格や力という点で、また事物との関わりという点で定義されうる存在だということは、見かけのことにすぎない。人間は所与の存在を有するのではなく、その存在を生き、その存在を「担わ」なければならない。そして、この任務の遂行は、人間が自らの外に出て「自らを開く」ことによってのみ可能となる。すなわち、人間が全身全霊を尽くし、身を捧げ、もっぱら己から去り行きながら

（von-sich-weg）自らに至ることによってのみ可能となる。人間は、日常の世界のなかで自らが発見した課題を引受けながら、自分が何のために必要とされ、用いられ、自ら全身全霊を尽くすかを見てとることによってのみ、自らの自己を見出すのである。

また、このように絶対的に真の人間という事例がたどられているだけではなく、さらにそれを超えて、最奥の知恵を告げ知らせる人という事例がたどられているところに、時代の特徴が現れている[13]。神学上のイエスにおいては、同時に形而上学的な神的知恵のことが主題化されている。三位一体のうちの第二の位格のことである。キリストに従うということは、単に自らを開くだけでなく、同時に、端的に客観的な意味において「知る」ことを意味する。イエス・キリストは、単なる導きの手本ではなく、この世という学校における教師だとされる。学校とは準備をするところだからである。この世が学校と見なされているところには、この世と来生との関係が譬えられている。世界を学校と見なすモチーフは古くからあり、すでに教父にも見出されるもので、クザーヌスによって新たな形態を与えられた。ウルリッヒ・ピンデルがクザーヌスのテクストのアンソロジーを編集しており、コメニウスはそれを手本にしたことを自ら認めているが、そこには『神の子であることについて』という論文が含まれている[14]。この論文では、われわれが人生のなかで神の知恵の言葉をいかにして判読するか、また、来生で獲得されることができ、獲得されるはずの〈聖なる言葉の権威〉に向けて、われわれはどのような準備をするのかが、述べられている。しかるに判読することとは実際に学ぶことなのであり、直接知ることの段階をなす。このように判読することとは、啓蒙された無知の眼鏡、「学識ある無知（docta ignorantia）」の眼鏡でもって、有限な対立をさまざまに通覧することである。神が有する無限性、神の子において現前しているこの無限性は、この世界がもつ秘密を解く鍵となる。このようにキリストは単に実践上のお手本としてわれわれを導くのではなく、形而上学的知を表している。クザーヌス主義者にとって神学的・形而上学的な知は、キリストの導きと不可分のものであったが、この点はコメニウスにとっても変わらなかった。キリストの学校はまた、学説であろうとする。学説とはもちろん世界の単なる記述ではない。それは世界の解釈でなくてはならない。敬虔な巡礼は、回心を経た後に、いたるところで神の足跡を経験し、あらゆるもののうちに神の足跡があるのを認めた。『球の遊びについて』という対話編で、クザーヌス主義者は、人はキリストに従ってあらゆるものの普遍的中心に至ることができるのに、自分の中心を追求するため、誤った道を通って普遍的中心に至ろうとしてしまい、人生が進み行くはずの目的点をほとんど不可避的に外してしまうということを示している。これとまったく同様にコメニウスも『平安の中心』で、二つの中心という形而上学的な学説の助けを借りて、人間の運命を解釈している。ありとあらゆるもの、とりわけ人間は、神という普遍的根拠と、被造物の固有の本質たる個別的中心という、二つの中心を持っているという。

このように『平安の中心』で述べられている教えは、『心という別荘』[15]で述べられている教えと同様に、根本的な経験を形而上学的・神学的に解釈したものである。根本的経験とは、人間が根本的には自分自身を所有していないのに、所有していると思っていることを意味する。人間は家にいると思うときにはすでに道に迷っており、まさに家にいると思ってしまうがために、〔かえって〕人間は迷いの内で右往左往しなければならなくなる。人間は、このように自立していると思い込んでいる見せかけの自己、自然で自明であるような見せかけの自己を根本から放棄することによってはじめて、自己自身を見出すはずである。ここでは人間の根本的な可能性が、世界に関する教えのうちにすでに組み入れられている。それによれば、世界は大きな故郷として、あるいは家族共同体たりえるものとして示される。――事物の存在とは、このような秩序における自らの場所、自らに指定された場所に踏みとどまることである。このような秩序のうちにあることが「中心に」あるということなのであり、それはまた同時に、事物が存在において得ている場所にあるということである。それゆえ、事物にこの場所を指定した神の指示に従うことはまた、間接的にではあるが神という中心に立つことでもある。自分自身を確保しようとすることは、自らの存在が崩壊すること、大いなる秩序のうちに指定された場所ともども、自らの中心が崩壊することである。世界の運動のなかで事物が中心から周辺へ移ってしまうということは、もちろんたえず生じている。それから後は、事物は元に戻ってくることができるか、自分とは異質なもののなかで消え去ってしまうかのどちらかである。天使と人間という理性的な被造物においてのみ、〈自分自身から進んで〉（von sich selbst aus）自分に自分を置く可能性、大いなる普遍的秩序から自分を引き離し、自分の「秩序」を得ようと努力する可能性がある。この自分を自身に所属させようとする根本的傾向を、コメニウスは、おそらくはヤーコプ・ベーメにならって、自己中心性と呼んでいる(16)。自己中心性とは、利己主義やエゴイズムと同じものではなく、次のような無意識の根本的状態のことである。すなわち、自分の生、その諸要素および状況を絶対的なものと見なそうとする傾向のことで、それは、理性を与えられた存在において、すなわち世界のなかにある存在において、ほとんど不可避的に生じる傾向である。この傾向は、自分という絶対的なものにそれ以外のすべてを関係づけ、この意味であらゆるものから自らを閉ざそうとするものである。このような隔離の遂行は、「故郷にいないこと」（nicht daheime sein）、「普遍的な中心とは違うどこか別の場所に憩いと助力を求めること」（woanders als im allgemeinen Zentrum Ruhe und Hilfe suchen）として生じる。――基本的にそれは自己喪失にほかならない。それは、自分自身について知ろうとせず、他者を支えにして自分自身を回避し、世界のうちにそうした支えを探すことである。もちろん世界のなかには最終的な中心はなく、あるのは中心とは異質のものにほかならない。それから再び神秘的なモチーフに則って、真の還帰が実現する。この還帰は、立ち戻って没頭すること、自分の意志を放棄することであり、自己を道具とすること（Sich-zum-Werkzeug-Machen）、自己を献呈すること（Sich-Widmen）である。

こうして、百科全書（『全事物界の劇場』と『全事物界の円形劇場』）の背後にはすでに『平安の中心』の形而上学があること、コメニウスが自らの根本的経験を伝統的な自然学と形而上学にしっかりと組み込んでいるために、コメニウス自身にとって自然学と形而上学は自らの根本的経験と切り離せないということが分かるだろう。こうして生まれた世界解釈においては、経験と報告、訓戒と知、神学と思弁とがほとんど融合しており、また事実と、事実に対して自らを閉ざすことのない人間存在とがほとんど融合している。こうした知を、というよりもむしろ、こうした知を普遍的な説得力をもって示すことを、コメニウスは生涯にわたって〈「汎知学」の名のもとに〉探究していくことになる。というのも彼は、迷宮ならびにそこからの脱出という自らの実存経験を、自らが生きた時代の意味で形而上学的に解釈しているからである。またそれゆえ、人間の開放性へと至る道はこうした知によってのみ可能であり、人間の明るみと思弁的知とは同一のことであるか、少なくとも一体化していると信じていたに違いないのだ。

またわれわれには同時に、精神的な時代状況から余すところなく理解されることのないような深部に、思弁の起源が届いていたことが分かるであろう。自己閉鎖による人間喪失、原的な悲惨の起源、錯誤とそれに伴う憎悪や不和や悪意の開始、迫害、戦争、殺害といったことは閉鎖性において生じているものであり、この閉鎖性から人間を救い出すことが急務である。このことの緊急性をきわめて強く感じたならば、それはまた、人間には救いが必要だと感じること、救いを求めて叫ぶこと、救いを手中にするべく準備し、救いに対して自らを開くことを意味する。――そしてそれは同時に、〈すべての人を〉あらゆる点で救い、すべての人を助け出し、すべての人を特殊存在から世界存在へ、すなわち普遍存在へと変えるような手段を探すことを意味する。それは、人間に不意に訪れるような外面的な救いではありえない。それは、人間を事物のように手中におさめたり、枠組みのなかに押し込んだり、人間に外形を刻みつけるようなものではありえない。問題は、人間を〈内面において〉救うことである。人間に呼びかけて、それぞれの人間が根本的可能性としてのみ発見できるものへ向かわせること、それぞれの人間がその可能性に向かって突き抜けることができるものへ向かわせることが重要なのである。このように人間の閉鎖性を開示することは、同時に開放性を発見することでもある。開放性を発見することは同時に、共に遂行することを呼びかけることにもなる。すなわち、他者のうちにも人間の根本的可能性を見出し、この可能性に向かうように呼びかけるということである。人はこの呼びかけに向かって準備し、この呼びかけによって自らを開くのであるが、この呼びかけは、人が自らを救うべくふるまうときに見出されて、呼びかけ自体を救い出す。この呼びかけは、悲惨の底から人間を引き出すことであり、まさに〈教育（educatio）〉にほかならない。引き出すということが、実際に人間を人間たらしめるのである。[17]

人間はまず人間へ形成されねばならない。喪失と自己発見、閉鎖性と開放性、自己保全と自己献呈〔といった両面〕があるため、人間的なものが単純に存在するというような、錯覚されがちなことはないからである。そうではなく、人間的なものはまず迷宮という経験において見出されなければならない。コメニウスが見るところ、イエスは原教育者（Urerzieher）である。イエスは人間を外面的には捉えず、真に人間たりえることが危うくなるような状況に人間を置くからである。またイエスは、人間に芽生えた責任を人間から引きとることはなく、人間の手に渡し、ゆだねさえするからである。

コメニウスの『地上の迷宮と心の楽園』とヨハン・ヴァレンティン・アンドレーエの作品との関係についても一点述べておこう。W・E・ポイケルトはコメニウスの『地上の迷宮と心の楽園』を、アンドレーエの『祖国巡礼の誤り』と『キリスト者の都』を単に（時代にあわせて改編しながら）翻訳したものと見なした。二つのコンセプトを一つの作品に統合したことは、たしかに著者〔コメニウス〕が独創的に着想した点である。だが、このことはアンドレーエにおいても『キリスト者の都』の副題で示唆されていたことであった。その副題は「巡礼の過ちからの帰還」となっている。世界をさ迷うこととキリストを再興させることとが平行している点は、アンドレーエが残した精神的財産であり、キリストを指導者であると同時に教育者であると見なす思想として現れている。コメニウス自身の財産は、いま見られたような点にはまったくない。それは、「迷宮―迷宮からの脱出」という対立が、いま見た二つの平行する事柄によって解釈されるという手法にあった。アンドレーエが示した対立は、「肉体（caro）―精神（spiritus）」であったが、それに対してコメニウスは、この対立のほかに、この対立の根底にあるものとして、個体化的事象化と普遍性・全体性という対立があると考えたのである。したがって、アンドレーエが考えたキリスト的伝授では、個人が禁欲することと信仰上の真理を詰め込むというやり方が伝統的にもっていた限界を越えられないのに対して、コメニウスがこれに対抗して立てた計画には、「世界改革」という彼の後の計画がすでに萌芽的に含まれていたのである。

同時代の事象をもうひとつ瞥見しておこう。迷宮からの脱出を探る一連の叙述のなかでは、迷宮的ではない状態のイメージが発展させられ、平和・統一・調和の世界への信仰が生じている。この世界はたしかにまだ存在していないが、神の働きによっていずれ存在するようになり、また、世界の終末を前にして慰めをもたらす者が現れることによって存在するようになるという。迷宮には、音が雑多に鳴り乱れているが、それには解消が訪れるという意味、錯乱した状態ではあるが、それによって来るべきものの必然性が理解可能になるという意味がある。神の業はこのような恐ろしい状態の中にとどまっていることはできない。完全な創造者の業が、自ら不完全性に至って終わることはありえない。このように考えたために、迷宮についての思想家はしばしば千年至福論者となった。コメニウスに千年至福論（これはフス派[18]の根本的なモチーフであったが、一六世紀の間にチェコ兄弟教団では忘れ去られていた）を伝えたのはアルシュテットであった。アンドレーエと関わったために、個人の心の小部屋に立ち帰ったが、状況からの示唆が与えられると、コメニウスはすぐにこのような姿勢から再び離れて、この世界の完成に向けて共にとりくむ作業へと向かった[19]。千年王国論（千年至福論）はこのような道を行くことを容易にするものであった。チェコ語の『教授学』とそれ以後の著作のなかでも、コメニウスにおいては学校が、神の学校の模倣として、とくに来生における生を準備する役割を果たしている。『光の道』の中でコメニウスは神の学校に区別を設けているが、そこでついに彼は、神の学校はすべて、もっぱらこの世での生とこの世の生の改善に役立つと述べるに至る。[20]

Ⅱ[21]

コメニウスに刺激を与えた者と彼自身の思考の歩みとの間には本質的な相違があるが、それは彼の考えが、単に内面上の刷新を行うことから、この刷新を生活と制度のなかで実現することへと移っていったことによるものにほかならない。このようにして彼は、教育の精神的本質について単に思弁をめぐらすことと、学校改革者が原理的な思想的裏づけのないまま教授法を実践していることとの間に橋を架けたのである。このクザーヌス主義者は、テガーンゼー[22]の修道士といった霊的生活の専門家のやり方にならって、学校としての世界ということについて哲学した。アンドレーエは、「秘密結社」という形態で内面の改革を行う緊密なサークルや結社を構想した。それに対してコメニウスは、学校と教授を現実に改革することをつきつめて考え、内面的な刷新が社会的制度のなかに係留され、そこから分離できなくするための方途を求めた。

彼の思想のこのような独特のあり方に明らかに関わっているのは、一六六八年の彼の告白である。[23]それによれば、〔その告白の〕約四〇年前、彼の胸中に「神、ついにその光を現せられかし」というダビデの願望に似た欲求が生じたという。その後の彼は、そこから生じた彼の最も独自の計画に、神の約束を関わらせた。すなわち、世界が終末を迎える前に――したがって千年王国が到来する〈前に〉――光が闇を打ち負かすという約束である。
このような努力の成果がチェコ語による『教授学』という形をとって現れるのを、われわれは見ることになる。これは、教授法の実践の成果を体系化することと教育哲学とが交わる十字路の上に立つものであった。それは、教育哲学やその基礎づけに結びつけて、また、先立つ時代にこの基礎づけが萌芽的に行われていたことに結びつけて、「ア・プリオリな教授学」を構築しようとする努力を表すものであった。この努力は、「ア・プリオリな教授学」を自然の原理に基づいて構築しようとするものであり、それゆえ哲学的に構築しようとするものであった。ただその決定的な一歩は、概念、課題、問題、方法を体系化することであった。われわれはまず、過去との連続性を明らかにし、その後に、それに続く肝心の著述部分をたどることにしよう。

過去との連続性は、チェコ語『教授学』の序文によって確認されている（この序文は、そのラテン語版である『大教授学』でも、本質的には変わらない）。この序文は、初期の「慰めの書」に見られた問題性と『教授学』の第一部との間にくる中間部分を形成している。『教授学』の第一部は、教育の本来の原理を述べるものであり、コメニウスはそれに「一般教授学」（didactica generalis）という名称を与えている。「慰めの書」は、最初から道に迷って困惑している人間が、普遍的本質という自らの本性を忘れてしまっていることを叱責し、そこから人間を救済する唯一可能な道を示すものであった。いまやコメニウスは、この事柄を聖書神学的な連関のなかに明らかな仕方

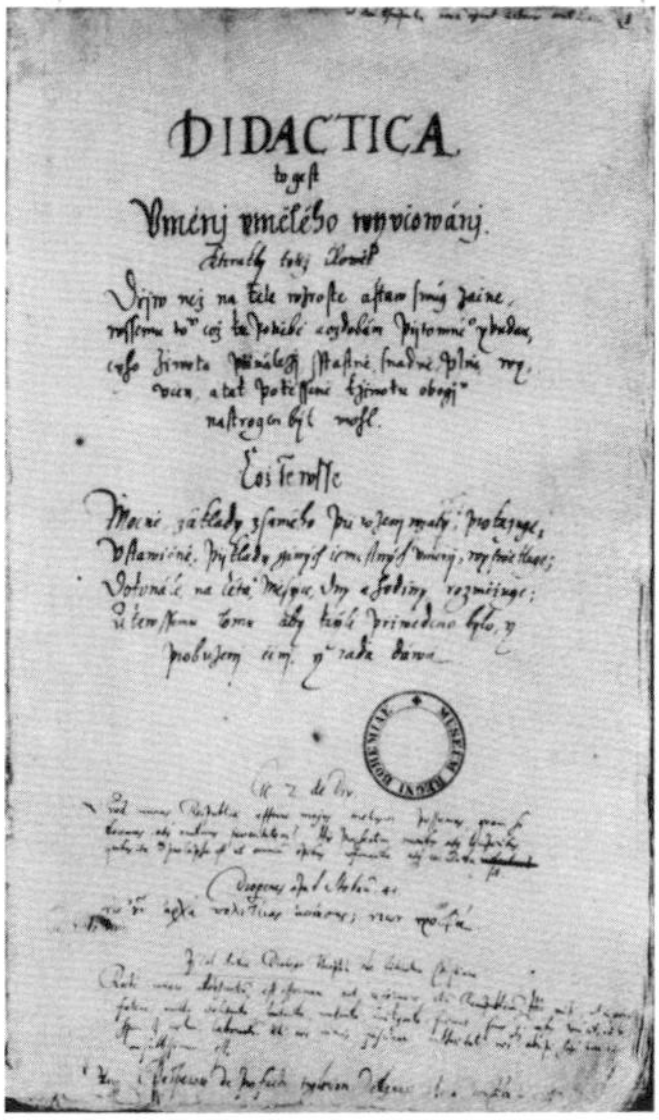

『教授学』草稿の表紙

で当てはめており、個々人の運命の概略が人類史全体の概略に似たものとして示されることになる。すなわち原初状態から始まって、人間が堕落した後に神の恩寵によって回復するという歴史である。こうした神話物語は、どのようなところで堕落が生じ、どのようにして回復が達成しうるかについて理解を得させる点で、深まったものになっている。それは教育的な点で深まっているのである。

神が人間を楽園においたのは、そこに庭を作るためだけではなく、人間が神にとって喜びの庭園となるためでもあった。世界の本質たる人間、小世界たる人間、世界のエッセンスたる人間に出会うことは、神自身にとって喜びや楽しみとなる。なぜなら、世界のエッセンスたる人間は同時に、知性と意志という平面に投影された世界であって、自由で創造的な存在となっているからである。人間にあって、移ろいゆく世界は永遠性に到達する。というのは、キリストが肉体となることによって、神は人間と永久に結びついたからである。またキリストを媒介にして神は全宇宙に作用を及ぼす。こうして、人間が神の楽園として見られることにおいて、なぜ神が世界を創造したかが示されることになる。しかし、人間に関するこのような普遍的規定は、現在という日常における人間に関しての規定ではない。というのは、人間は外で楽園を喪失したのみならず、自らが神の楽園であることをやめてしまったからである。人間は荒廃してごたごたした藪になってしまった（ほとんど迷宮だといってもよい）。それにもかかわらず、送り出された神の知恵たるキリストは、刷新が達成されるためのきっかけとなった。神の法によって、神の庭が開墾されることが可能になった。神と人間との共同体が新たに成長していった。つまり、教会のことである。ところが、この共同体の成長は、たえず変わることのない狂気によって繰り返し破壊された。刷新された楽園も荒れ地となった。かつて「迷宮」は、ソロモンが最初は勝利をおさめ、最後は敗北を喫することとして物語られたが、そのソロモンでさえも、どの場所にも虚栄や虚無のほかは何も見出さなかった。人間の知恵や人為のうちにおいてさえ、見出されるのは虚栄と虚無だけであった。残ったのは次の二つの希望だけであった。すなわち、一　永遠の楽園が彼岸にあることに対する希望と、二　かつて『反キリストに対する救い』で語られたように（『地上の迷宮と心の楽園』のなかでソロモンのエピソードが語られているのも、これと同類のことである）、この世界で教会が定期的に刷新されることに対する希望、とである。ただこの二つの希望に向けては、あらかじめの準備という同一の道があるのみであり、それは〈青少年を正しく陶冶すること〉にほかならない。子どもは、その根本的な本性が反対のものに転倒されてしまうことがあっても、そこからくる欠点にすっかり支配されてしまっているわけではない。自らの本質に対して逆行（Verkertheit）したままで自らが忘れ去られていることが、今日の頽落状況にある成人を特徴づけるものとなっているが、子どもにはこのような兆候はまだ見られない。そのため子どもは、知ったり指導されたり教えられたりするのとは別に、失望、絶望、転向（Umwendung）や意識の回復といった否定的経験を通過することなく、人間のもつ普遍性や根本的可能性に向かって成長することができる。――子どもは、迷宮から外に出る道を見つけ出すのになくてはならない指導にただ身を任せるだけで、そうすることができるのである。

ここにはコメニウスに関してもっとも問題となるテーゼのひとつがあり、われわれはそれを看過してはならない。コメニウスが、ここで人間の頽落を、当時あまねく行きわたっていた存在論の学説に照らして解釈していたことは、まったく明らかである。――この学説は、実体には属性があり、実体は潜在的に、交替する二つの対立した属性をもって存在するかのように考えるものであり――コメニウスはこの点で事物の生成の図式を採用していた。細部の異なる多様なヴァージョンはあったものの、それは当時の公式的見解として一般的になっていた図式であった。このような形而上学的な解釈は、物象化ですらある。コメニウスはこのような図式に従って、人間が迷宮に迷い込まないように、人間を最初から人間にふさわしい秩序のもとにおき、人間を誤りに落ち込ませず、人間が動物や単なる事物となることがないように努力した。コメニウスは、実践上は回避していたものによって、かえって理論的物象化の手に落ちてしまったことになる。

コメニウスが子どもに対してどのような姿勢をとっていたか、さらに見ることにしよう。子どもの純真さに関する彼の見解は、多くの教義的な見解、たとえばカルヴァン正統派と単に対立しただけではない。彼は多くのピューリタン神学者とは違って、子どものことを「怒りの子」とか「毒蛇」などと呼ぼうとすることはほとんどなかった。少なくとも子どもは固有の存在であり、小さな大人などではない。コメニウスにとって子どもは、楽園の可能性、それゆえ人間の真の可能性の生き生きとした証言なのであった。この意味で、彼にとって子どもは、教育者が上から形成する対象などではない。その反対に子どもは、教育者を刺激して指導という任務に向かわせ、教育にとりくむ責任をもたせることによって、教育者を教育者にするのである。また子どもは教育者に、教育者としての自らの現存在がもつ真の根本的可能性をはじめて与える。したがって教育においては、子どもは決して純粋に受容する極ではない。それは、教育者が純粋に与える者（Gebende）、贈る者（Schenkende）ではないのと同様である。このようにして、さまざまなことがあるにせよ、教育を内的で相互的な助力として、あるいは互いを本来的な人間であることを認めあうこととして考える見方が、理論的な物象化に打ち勝ったのである。[25] この見方は、コメニウスの思想が進展していくなかでさらに高まっていくことになる。[26] ともあれ、内面的な頽落によってたえず脅かされているため、教育が必要となるのである。われわれの自我には、頽落した自己中心性（Zentripetalität）と自閉性（Verschlossenheit）という最初の状態から離れて、普遍性や生の全体に向かって開ける能力、全体から出発して全体に向かって開ける能力が備わっている。この能力が教育を可能にするもの、教育に目標を与え、その実行可能性を基礎づけるものにほかならない。人間が逆行した状態にあって、教育は生の慰めの源泉にも希望の源泉にもなるが、コメニウスにおいて教育はこの二つの源泉に関係づけられることになった。それは、彼岸における永遠の生と同時に、世界における「教会の刷新」にも関係づけられる。「教会の刷新」とは同時に、世界における人間の刷新、とりわけ終末状態にある人間の刷新でもある。この二つの関係の間には一見、完全な矛盾とはいわないまでも不調和が存在する。生の目標が世界とは別のところにあるなら、なぜ世界を改革すべきなのか。それともわれわれは、逆に世界の調和を完成させるように任じられているのだろうか。いかなる権利をもって、世界外的な目標はわれわれにとって最高の規定として設定されるのだろうか。千年至福説の信奉者たちはもちろん、慰める者とその〔者による〕平和と和解の王国の到来に備えるために必要だということが、世界改革の根拠になると考えた。だがこの千年王国それ自体は、世界外的な生の目的があるということと矛盾しないだろうか。一般的〔教授学の〕部分は、教育目的論を提示し、また、この目的をこれまで存在しなかった普遍的な学校において体系的に実現するための理論を提示しているが、この部分において、コメニウスにおける矛盾が頂点にまで達しているように思われる。というのも彼は、世俗的でしかありえない制度を組織するのと同時に、生と教育に関しては、世界外に目標があると主張したからである。しかしコメニウスの見るところでは、彼岸と世界とは対立するものではない。神自身が、創造と救済と自己犠牲とによって、他の存在者のなかに、自身に鑑みて生の第一の範例を与えるからである。そして人間にとって、高みにある世界を待ち望み、彼岸で神にまみえることを期待することは、具体的には、物質界のエキスから姿を変えて、世界を完成させる際に共に働くことのできる存在となることを意味する。それゆえ逆説的な課題が生じることになる。子ども、すなわち人間たることの希望に溢れた萌芽たる子どもは、大人の世界が与える人間疎外的な影響を受けないように世界のうちで保護されて、大人の世界に接して頽落することなく、そのまま普遍的存在へと形成されなければならない。そのためには子どもは、宇宙とその意味を自分の故郷のように感じ、それにたえず接していることに慣れなければならない。また子どもは、自らを閉ざすことができるようになる前に、開放性に向けて形成されなければならない。そして、このように保護し普遍的存在へと発展させる場を、いまや新たに組織された学校が提示しなければならないのである。

このように、『地上の迷宮と心の楽園』と『教授学』との間には断ち切れない連関がある。『教授学』は「心という別荘[27]」を具体化したものであるが、「心という別荘」については、多くの人が解説しているように、〔前半の〕「迷宮」において人間の迷いが語られているのと比べて、叙述がぱっとせず、生彩を欠いたものとなっている。これを挽回するという課題に、コメニウスはライフワークの残された部分を捧げることになった。――全体として、教育の理念は、迷いからの脱出についての見方をたえず明確で詳細なものにすることにほかならず、本来的な別荘を備えることにほかならない。そのため『教授学』は、その最初の六章で、人間学の概要と教育目標の理論を扱うものになっている。世界はただわれわれの「栄養源、苗床、学校」であり、われわれは世界のなかで、永遠の生のために必要なものを得なければならない。この必要なものとは、開けた魂がもつ性質のことであり、それこそがはじめて普遍的連関を享受し、この連関のうちに生きることができる。この彼岸的な目的論は、こうした生の基礎を注視するならば、当初思われるほど非実用的ではない。

彼岸的な教育目的をこのように解釈することによってのみ、それは人間が此岸に対して積極的な姿勢をとることと矛盾しないのみならず、此岸の改革を促し、此岸の調和にますます参画するように鼓舞するという理解も許容される。人間は存在全体としては、肉体と精神および両者の合一とからなっており、その点で単に調和、協和音、合致――もちろん頽落した形態のものであるが――にすぎない。事物に対する人間の関わりは頽落し歪んでおり、人間の相互交流の主要手段である言語は、混乱している。道徳的な結びつきや神との根源的な関係も混乱したものになっている。したがって不協和音が解消されて、知と行為と語りにおいて再び協和音が支配するようにしなければならない。この三つが同時にひとつの改革によってなされなければならない。これらに関して人間には、萌芽的にすぎないとはいえ前提がすでに与えられているので、それを意識的に洗練し、養護しなければばならない。つまり、醜く変形されたり衰退したりしないように、この前提を守らなければならない。若々しく弾力のある状態から成熟し特徴を帯びた姿へと、人間を普遍的存在へと陶冶しなければならない。

このように捉えられた陶冶目標を定式化していえば、それはまさに宗教改革の教育的遺産の継承・深化、そして基礎づけということになる。教育される主体に関する教育の普遍性は、現代ではたいてい教育の民主主義と呼ばれる。主体はすべて例外なく教育を受けなければならない。そのとき、性別、財産、身分が勘案されないだけでなく、素質も勘案されてはならない。また、後に次第にはっきりしていくように、国や民族的な所属も勘案されてはならない。人間が全体としての存在へと展開していくという普遍的転換は、人間の実存そのもの、それぞれの人のその人ならではの生という基礎に関わることだからである。その人ならではの生を、コメニウスは魂と呼び、人間の世界状況に属する非本質的契機から区別した。このことに関して例外となる人がいてはならず、そこに至るための物質的手段が端的に用意され〈なければならない〉。コメニウスは為政者に問いかけ、一般的な学校の設立が政治的案件となった。これは、啓蒙とそれ以後の時代にはどこでも案件になったことである。この点でコメニウスは紛れもなく啓蒙の先駆者であった。もっともコメニウスは、単に生存することや生存を維持すること、生存のための手段を強化することによって教育目標が定められるままにするような、教育のプラグマティズムに近づくことはなく、この点では、啓蒙主義者にしばしば見られた傾向に与しなかった。彼は論敵の異議を先取りして、次のような激情的な言葉でこの相違を表現した。「手工職人、農民、運搬者、さらに女までが教育されて、いったいどんなよいことがあるだろうか。私は次のように答える。すなわち、熟考し、願い、努め、行うためのしっかりした材料を誰もが十分に持つようになるということ、……どこに向かって行為し、どこに向かって生きることを望んだらよいか、どのような枠組みのもとで進んで行き、どのような枠組みのもとで自分のいま現在の仕事を守ったらよいか、誰もがわかるようになる、ということである。……一言でいうならこういうことになる。あらゆる者が、いたるところに神を見、いたるところで神をたたえ、いたるところで神を抱くことができるようになるということ、此岸における生の中にある苦悩によりよく耐え、より大きな憧憬と希望をもって永遠なるものを期待するようになるということだ[28]」。先に見た普遍的転回という意味でこの言葉を読むと、それは、あらゆる人間が例外なく陶冶によって成長して、普遍的使命に至らなければならないということを意味する。すなわち、人生において自分のために活動するのではなく、普遍的調和と秩序のために活動するという使命、人生のうちに自らの位置を見出し守るという使命、こうした統一・普遍性が支配することをますます願い、このことのために働くことで生きるという使命に至らなければならないということである。

このことは教育と教授の〈内容〉に関しては、誰もが〈あらゆること〉を学ばなければならないということを意味する。すなわち、教授は全体にわたるものでなければならず、全体と全体の意味とが知識習得の対象とならなければならない。そして知識習得は、実践的要素や言語的要素をも包含する、人間の陶冶の過程全体のうちの構成要素とならなければならない。人間ははじめから専門家として教育されたり、部品や道具として教育されるのではなく、人間として教育されなければならない。すなわち、根源や世界の概念を表す全体的な像として教育されねばならない。人間は宇宙を映す球鏡であり、そこには事物から発せられる光線があらゆる方向から集まるからである。このように事物との関係において人間が普遍的存在であることが、あらためて強調される。人間は事物を単に観察の対象とすることもできるし（知識）、また事物を模倣・模写し、模造することもあれば（技巧）、事物を役立て利用することも学ばなければならない。このことと同時に人間の全体性が、現実性に関する三つの構成要素（理性、意志、記憶もしくは良心という、総合的構造の契機）に帰属される、異なる機能に関して強調される。このことによって、人間の生が普遍的転回の後に、それに照らして意味することについて、ある定式が準備される。それは、神と事物と自己自身に仕えるということである。それは、すべての他者よりも先に自分自身に仕えることではない。そうではなく、あらゆるものに奉仕する包括的な秩序という枠組みのなかで、ただ他者と並ぶ一人としての自分自身に仕えるということである。先に述べたように教授がたえず全体性をもつということも、当然このことから来ることである。また、間を置いて反復しながら進む必要があるということや、教示と実践とがたえず結びついている必要があること、学識と技芸と雄弁とがたえず結びついている必要があることも同様である。コメニウスの教授学は、単に教育される主体という点においてだけでなく、内容の点でも普遍的で全体的なのである。

コメニウスの教授学はまた、学校や教師という手段の点でも同様に普遍的である。この二つは、計画全般を遂行するために必要不可欠となる教授制度と、それを運営する者のことである。生に関する意味の普遍性において生を手にするために、たえず教授と教育がなされることになるが、それは共同的・集団的にのみ可能となるものである。それは単なる応急処置などではなく、教育的に見て積極的で重要な方策である。というのもそれは、個々人を訓練して、自らを支配している秩序にはめこまれ、適応できるようにすることであり、この秩序の枠組みのなかで、できる限り合目的的で効果的な活動ができるようにすることだからである。R・アルト[29]が正しく洞察したように、ここにはマニュファクチュア時代に分業が始まったこととの関連が見られる。コメニウス自身が述べていることからは、この時代の偉大な発明、とりわけ印刷術の発明が影響していたことが思い起こされる。もっともこのときコメニウスの精神において捉えられていたのは、自動的に成果に到達する機構のことではない。物象化とそれに基づいた人間疎外の手段が考えられていたのではなく、逆に、世界の秩序がぜひ必要なものとして人間に提示するものを意識的に肯定することが考えられていた。人間は世界の秩序に組み込まれて、歓迎しながら受けとり、教えながら教えられ、助けられるところでもさらに自分を助けるようにならなければならないという。

教育の基礎と可能性は、人間のうちに「自然本性的に（von Natur）」与えられており、自然（Natur）はまた、教育の方策に関する規範をも提供する。この「自然本性的」という言葉には、もちろん注釈が必要である。それが意味するのは、人間の本質には普遍的な転回（Umkehr）を遂げうることが属しているということにほかならない。ただ教育の規範がどのようにして生じるかを見てとるためには、コメニウスの自然概念がどのようなものであるか、また、技法（ars）、技芸（Kunst）、技巧（Fertigkeit）といった他の基本概念と自然概念との関係がどのようなものであるか、さらに詳細に見なければならない。一見、アリストテレスの立場——ストアへの共鳴によっていくばくか修正されてはいるが——を引き継ぐことが問題となっているように見える。というのも、「ヨーロッパ思想の」全伝統と同様にコメニウスにおいても、自然は、事象そのもののうちにある運動（と静止）の原因であり、運動を行う存在のうちにあるとされるからである。すでにギリシアの思想家において、学習はしばしばこのような「自然の」運動を表す例と見なされていた。すでにこのような最初の出発点以来、自然と技巧との関係、あるいは自然と技芸との関係がどのようなものであるかに関して、見解が分かれてきた。自然のうちには、人間の関与なしに運動が生じる自発性があるのに対して、技巧や技芸においては、事物は受動的に存在して人間が主導権を握っている。ここには乗り越えられない対立があると見る者もいれば、自然（ピュシス）そのものが根本において「技術（テクネー）」ないしは技法であり、神の技芸だと見る者もいた。——後者にはたとえばプラトンがいた。プラトンによれば、世界にあるもので、動機を欠いた必然性を備えたもの、この意味で偶然的な必然性を備えたものはなく、すべては神の匠の技によって組み立てられ、しつらえられたという。コメニウスもこの後者の伝統に属していた。彼においては、自然と技芸との間には対立ではなく推移があるとされる。人間の技芸で高次のものは、低次の技芸の事例や、純粋に本能的または植物的な自然に属する事例によって導かれる。なぜならこれらのうちには、技芸のなかの技芸、すなわち神の合目的性がはっきり現れているからである。

自然について語るとき、コメニウスは自然を第一に神の技法（ars divina）であると考えた。というのは彼において世界とは、機構でも自立した有機体でもなく、最高の理性による作品だからである。このように見ることによってコメニウスは、技芸の領域において自らの比較の方法を広く応用することができることになった（これは後に「類比的」方法と呼ばれることになった）。こうすることによって、自然の事例と個々の技芸の事例との間に前提された平行関係から、〈普遍的な〉技芸の規則、すなわち教授学の規則を見てとることができる。それは、人間をあらゆる知の領域や技巧へ導く「技芸の中の技芸」の規則である。このように教授学の技法（didactica ars）は、根源的な神の技法（ars divina）に対する一種の人間的な対応物である。それは、哲学する教授学者のうちに生じてくるイメージなのであり、このイメージは、個別的事例を理念にもたらす手順を普遍化し理念化することによって生じる。すなわち、ある存在を「陶冶（Bildung）」し、形成し、誕生させることがどのようにして成り立つのか、個別的事例を理念にもたらす手順を普遍的・理念的なものにしなければならないのである。それゆえ教授学は学説であり、技芸一般、生産、産出についての本質直観の上に築かれる。それはいくつもの技芸があるなかの一つではなく、まさに技芸といってよい〈唯一〉のものである。教授学の技法の成立は、理念――ここでは技芸の理念であるが――の生成を示す事例である。理念は、神の知性（intellectus divinus）においては事物に先立っており（ante rem）、進行中は派生的にさまざまに産出され、物質に埋もれた産出物のなかにあり（in re）、人間の知性（intellectus humanus）においては事後（post rem）にあるようになる。そして人間の知性のうちにあっても、理念はさらに引き続き創造力を発揮していく。

この重要な例は、人間に見られる不協和音を調和させることが具体的にどのように行われるかを表すものであり、教授学の本来の核心なのだが、コメニウスはこれには個人の独創性が必要になると述べている。個々の方法上の規則、教授に関する着想物、設備、施設、補助手段は、その大部分が先人から引き継がれたものだが、教授学の核心に関しては個人の独創性が必要となるということである。ただ「自然という基礎から」「ア・プリオリ」に導き出すという手続き、すなわちピュシス（自然）そのもののうちに備わる原理から導き出すという手続きは、コメニウスが自らの先人のうちには見出すことのなかったものであった。

こうして、まず的確な（確かな）教授に関する規則が、あらゆる技芸の根本条件として導き出され、次いで、平易な教授と着実な教授に関する規則が導き出される。(30)技芸の根本条件として導き出されるのは、技芸は次の点で、偶然に大ざっぱな産出をすることとは異なるからである。すなわち技芸は、目的に向かって確実に進み、闇雲に歩き回って労力を費やさないようにし、何といっても自らの効果を洞察して、この洞察を深部や構造にまで浸透させる。的確性、平易性、着実性は、技芸の統一的な基本規定に属する三つの側面にすぎない。

われわれは、多くの手がかりがあるにもかかわらず、コメニウスの「自然からア・プリオリに導き出された教授学の原則」を周到に検討した分析を手にしていない。(31)そこで、的確の原則と平易・愉楽の原則、着実の原則という三つに分かれているのは何を意味しているのだろうか。同一の学習過程、人間的な人間を育成する同一の過程が、相互に分離できない三つの視点から見られているとわれわれは考える。そのために、多くの原理が三つの章(32)で繰り返され、話が滞っているかのように見える。的確性は、本来の意味で成就することを意味しており、物事を本来生じさせるものであるため、それはあらゆることの基礎である。的確性の原則によって、育成の過程を客観的で事象的な側面に即して見通すことができるようになる。平易性の原則によって、育成の過程において、それが何によって自発的なものとなり、自己の内面に属するものになるか、ということが主題化される。着実性の原則は、内的になった過程全体が再び疎遠になったり失われたりすることなく、たえず人間全体をとらえて自らのうちに取り込むように配慮するものである。

根本に来るのは、もちろん的確性の原理である。(33)成果が生じることを表すためにコメニウスが依拠したモデルが、ここで示されなければならない。コメニウスが職工モデル（これは材料に形が与えられることを思わせる）と植物モデル（これは種子が発芽して、技芸の典型的な手本をとっていることを思わせる）とを、技芸の二つのあり方として考えようとしたことは、一見してわかる。すなわち、技芸は予見されたイメージを現実のものとすることであるが、これは意識的な手順によって行われることもあれば、無意識的な手順によって行われることもあり、同じ技芸に二つのあり方があるということである。もっとも無意識的な手順の背後にも、最終的な審級として創造的知性が存在しているのではあるが。このような見方において共通している点は、次のように考えるところにある。すなわち、生み出されるもの、つまり実際的な目標が、創造されたり企図されたりすることはまったくなく、ただこの目標を実現する営みだけが実際に行われると考えるところである。目標それ自体は、どこかで何らかの仕方で与えられる形式やイメージ、理念なのである。このような目標やイメージ（ここでは人間の真の知や技巧、実践上のふるまいがそれに当たる）を実現することが問題となる。このような目標やイメージを、それが生成するのに好都合な状況のもとで、好適でしっかりした素材を用いて、秩序だった構造をもった活動による生成の歩みに集中しながら、実現しなければならない。また、この秩序の意味を内から外に向かって洞察し、実現されるイメージをたえず注視し（したがって全体から細部へと視線を移し）ながら実現しなければならない。そして、一貫して終わりまで進んでいく歩みを続け、反対の作用をするものからたえず回避しつつ、物理的な現実性において実現しなければならない。自然とは根本においては神の知的意志であるが、それを行うのは、大いなる全体秩序に属する個々のものをその場所にはめ込み、その場所で個々のものをしかるべきものとして手にすることだけである。ここには『平安の中心』の教説が再認識される。そのため原理を分析するときにも、「正しい時」、すなわち季節の周期的な移り変わりという自然全体の全体秩序が出発点となっており、その後に、宇宙がこのようにやりくりされることや、個々のものに作用を及ぼしながら宇宙が変わらぬ運動を続けていることが述べられる。このような原則が表す意味は、人間もまた成長してこの調和のなかに入り込むということである。もちろんしかるべき場所で、しかるべき仕方においてであるが。

するると、教授学の原理が基づいているのは帰納法のようなものなのだろうか。教授学の原理は自然法則であって、自然や技芸における生成の事例から導き出されるのだろうか。もし帰納だとすれば、教授学の原理は〈比較によって〉ではなく、〈分析によって〉得られるであろう。比較の方法が行おうとするのは〈理念化〉であって、自然法則を帰納することではない。全体の秩序が統一的に司っていることが、さまざまな事例を挙げて範囲を広げながら述べられる。そして、全体の秩序が何によってたえず創造し獲得する自発的秩序となるのかが、事例において見てとられて、この秩序に組み込まれなければならない人間にとっては実り多いものが得られる。このように見るならば、コメニウスがヒューープナーの批判を受けて、後にそれまでとは異なった仕方で教授学の原理を記述しようとしたことも理解される[34]。ヒューープナーはコメニウスが素朴な帰納法をとろうとしているものと誤解したのである。またこのように見ることによって、コメニウスが批判に動じることなく『大教授学』〔での主張〕を保持し続けたことも、同時に理解される。

的確性の原理においては、何よりも教育に関するリアリズムが基礎づけられている。コメニウスが支持したリアリズムは、言葉だけの知識よりも内容からなる知識のほうが実践的に優位にあると考えるものであった。またそれは、言葉の知識においては、文法よりも語彙が優位にあると考え、何かを産み出す知たる技術（ars）よりも、理論的な学問たる学知（scientia）が優位にあると考えるものであった。先に述べたことからもすでに明らかになっているかもしれないが、リアリズムを基礎づけることは、特別な生活目的のために実践的な知識を重宝することとは何の関わりもたないし、また一般に、（深く掘り下げるものも含めて）単なる事象知とは何の関わりもたない。そうではなく、問題となるのはもっぱら、人間を全体の秩序のなかに組み入れることである。まさにこのことが、事象を表す表現よりも事象のほうが優位に立つことを要求し、素材に形を与えることよりも素材のほうが優位に立つことを要求するのである。というのも、世界全体の意味を知って、それを共に創造する全体的人間、世界の意味をその根源にまで差し戻すような全体的人間が生じさせられ、確保されねばならないからである。そして、知や行為や敬虔[35]はつねに、あらかじめ与えられたものが形成されること、すなわち秩序へもたらされることを意味しており、まさにこの秩序にもたらすということが手中にされ、確かなものにされなければならないからである。――表現や秩序よりも素材のほうが優位に立つという原理と「内から外へ」という原理とは緊密に関連している。「内から外へ」という原理は、素材の秩序がどのように進んでいくべきか、その技法と方途を記述するものである。この原理はまず把握し、次に把握したものを保存する。言いかえれば、秩序と同時に連関へと導き、その後に、このようにして総合されたものによって処置し司る。ただ、素材が優位に立つということは、一時的で方法上のことにすぎない。というのは、形を与えることは、もっとも広がった全体や先取りされた見取り図、理念を出発点にするからである。それゆえ、素材が一時的に優位に立つことに対しては、秩序づけの面ではこのように全体性があることでバランスがとられる。したがってリアリズムといっても、知ること、できること、利用することが[36]、個々の知識や個々の行為の総計だということが意味されるわけではない。

平易性の原理には、段階性、自発性、直観性、応用が含まれる。子どもに備わる純粋で汚れのない本性が、いまやそれ自体で素材として把握され、能力として把握される。そしてこの能力は、形を慕い求めるもの（Sich-nach-Formen-Sehen）として把握される。たしかに、形を慕い求めるようにするべく、子どもの本性が素材の配置を整えるといわれることになる。そのため真の人間的生活が、根本的可能性として原理的に前提されることになる。しかし、真なるものや正しいものに対するこのような憧憬を湧き起こし、かきたてることに関してコメニウスがいっていることはどれも、効果という観点から見れば、失望を与えるものであるように思われる。もっぱら外面的な事柄に関わるようなことは、基本的にとるに足らないことであり、妨げとなるようなものがあることを警告するものにすぎない。他方、中心的な論点に関しては沈黙が保たれており、まさにこのように沈黙することが根本的な意味で重要なのである。というのは、中心的な論点に関しては、事象的で客観的な意味では何も生み出されないし、何かがやりとげられるということもないであろうからである。真なるものや普遍的なものへの憧憬は、呼び起こされるものではないし、また手を加えて操作できるようなものでもない。それは人間の現存在それ自体の根本可能性のひとつなのであり、それを外的な因果関係によって呼び起こそうとすれば、人間そのものを誤認して物として扱うことになってしまうであろう。それゆえそれは、再び迷宮へと頽落することを意味するであろう。

奇妙なことにここでは、直観や直観教授の原理が、平易性との関連において現れている[37]。直観はそれだけ独立して登場してはおらず、段階性の枠内に登場している。直観は平易性に入るものであって、記憶、理解、判断能力といった、より難しいことに先行する。このような基礎づけの仕方そのものにおいてすでに示されているように、コメニウスはいわゆる感覚論とはまったく関係がない。コメニウスが見るところでも、それ以前の伝統全体の見るところでも、感覚論者の見方とは違って、精神的な生が知覚とその派生物からなることはない。知覚はただ単に、原型としての事物に至る直接的な道を与えるのであり、知覚は、いわば何の苦労もなく与えられるままにわれわれが手に入れるものなのである。それに対して記憶等にはすでに、意志的で目的志向的な働きや、自らの機能を間違えることもあるような活動が含まれている。そのうえ段階性の原理は、諸原理からの発展の原理に従うものである。すなわち、目立たないながらも確固とした基礎からすべてを導き出すことを生徒は学ばなければならない、という原理である。さらにコメニウスにおいてこの原理はより包括的なものでもあって、段階性も本来はそこに属している。そのためコメニウスにおいて、直観の原理は自立したものではない。――たしかにコメニウスは直観と思考の関係については哲学しなかった。この問題はもっとも深くもっとも決定的な問題のひとつであるが、それは彼においてはとくに主題化されなかった。しかし彼は、次のことは見てとっていた。それは、感覚的直観が原型たる個物を与えることや、イメージは原型の直観に準じるものであるため、教授学において感覚的直観と同じ意味で用いられうるし、用いられるべきであるということである。彼の時代は範型の時代、図を複写する技術が用いられた時代であり、百科全書的技法を用いて原型の直観を代用する時代であった。コメニウスは感覚論にまで突き進むことはなかったが、これらすべてのことが彼のなかで息づいていたのである。コメニウスは、たとえばイギリス経験論者において見られたような主観的感覚論とは関係をもっていなかった。これとまったく同様に、教えることと実践上の応用とが必然的に関連していることや、意味と言葉と手先の熟練とが必然的に連関していることを、彼が強調しているといっても、それが実際主義を意味するとか、近代的な行動理論を先取りしているということはない。そうではなくそれは、人間の実存の諸契機が構造的統一性をもっていることを見ようとする、コメニウスの根源的洞察から来ているのである。同様に、有意義な理解の原理や、獲得された知や熟練の合目的性の原理は、実際主義をめざすものではなく、明るみを知ることに基づくものである。すなわちそれは、実践的な行動そのもののなかに含み込まれている明るみを知ることに基づいているのである。

着実性の原理は、本質的には主観的な平易性の原理を継続したものにすぎないが、そうであってもやはり次の点では特別な意味をもっている[38]。それは、教授や教育の対象にも、根本的可能性のなかにある主体にも関わらないのであり、人間を教育に関わる存在にすること、このような存在であることを人間の目に明らかな仕方で示して、人間の生を常に教育に係留させることをめざすという点である。それゆえここではそもそも、教育に関する熟慮が繰り返されており、どのようにしたらこのような目標が人間に常に見えるようになり、人間にとって全体規定的なものとなるのかということが、この〔着実性の〕原理が本来対象とすることである。そのためこの着実性の諸原則は、全体として、全体性というテーマをめぐるものとなっている。すなわち、生の全体性や教材の全体性、学習構造の全体性といったことがテーマになっている。その際、新しいものと古いもの、知ることと応用することとが関連し、循環し、互いに支え合いながら深め合うこと、学ぶことと教えることとが相互的な関係にあることが、繰り返し強調される。

これらの原理の上に教授学の各論が構築される。まず、統一の教科書を用いた集団の授業について扱われ、次いで学問、熟練、言語、作法、敬虔に関する方法論が扱われる。教授学の各論は本来の教育哲学とはほとんど関係しないため、われわれはこれ以上かかわらないでおこう。ここからは、コメニウスのリアリズムが大々的に応用されるとき、語学の授業がどのように改革されることになるか、またそれに絡んでどのような言語観が示されることになるかに目を向けよう。コメニウスが世界的な名声を得る理由となった作品(バイエ[39]によれば、『開かれた言語の扉』は一七世紀後半において聖書に次いで普及した書物である)では、言語的なものよりも事象的なものが優位に立つという原理、文法的なことよりも語彙的なことが優位に立つという原理が遂行されている。事象的なものが優位に立つことは、直観の原理と同じ源泉から生じているものである。それは、次のことを前もって理解するということである。すなわち、原型を直観するときにわれわれの眼前にあるものについて、非直観的な思念たるわれわれの概念が妥当すること、したがってわれわれの知と思念がすべて、自らの外部にあるものをめざして、事物のなかにいわばその重点をもつことを、前もって理解するということである。われわれの知は言語表現を通過することによって事物をめざし、事物によって知は思念としてはじめて「充実」される。このことはありふれた自明なことであり、基本的なことであるため、学問や哲学はこれを遺憾なことに看過したのだが、コメニウスはこのことを誇張しながら言いかえて、事物と概念と語とが平行することとして述べた。このような平行関係はもちろん、思念と思念された事象との間の関係とは異なるものである。思念と事象との間の関係は二つの事物の間の関係に帰着されえないものであるが、コメニウスはこの関係を事象間にある実質的な関係に置き換えた（この場合、平行関係はもちろん言語の事物化を意味しており、このような事物化はさらには、イデア的原理だといわれることにすらなる。だが遺憾なことに、言語がイデア的原理をかなえることはない。――〔この原理によれば〕言語は、たとえば化学の専門用語やそれによって表された言葉のような人工言語、ありうる限り完璧な事物の〈イメージ〉でなければならない。コメニウスはさまざまな言語について文法的・語彙的構造が統一のものであることを信じただけでなく、われわれが後に見るように、純粋に即物的な普遍言語を追求した）。

この平行関係の理論が誤謬であるにもかかわらず、コメニウスはこの理論に導かれて、世界（ないしは世界内容の根本特徴）という事象の全体が生徒たちの精神の目に常にありありと見えるための主要な手段を、言語のうちにこそ見出していくことになった。『開かれた言語の扉』にしても、その後にコメニウスが著した数多くの言語の手引書にしても、それのもつ意義はこの特別な「発明」のうちにこそある。[40] これらの手引書には、『開かれた言語の扉』を理解するための前段階の役割を果たすものもあれば、『開かれた言語の扉』の内容を拡張するものや、その内容と直観的な図解資料とを結びつけるものもあった。[41]

普遍的計画の第三部は、本当に事象的なもので、知が向かう新たな内容や普遍的内容、また部分に分けられない全体的内容に関わるものであった。その内実は、形而上学的な企図とその上に築かれる自然論――自然学――であった。『教授学』や『開かれた言語の扉』の作業と同時並行して、コメニウスの形而上学も形成された。その最初のヴァージョン――一六三一年のレニングラード草稿に書かれている小形而上学――には、形而上学が何を対象とするかについてコメニウスが最期まで保持し続けた見解がすでに含まれている。彼自身が述べているところによれば、コメニウスは自らの形而上学を二〇回改めたとのことであるが、この部分の見解は変わらずに保持され続けたわけである。コメニウスが理解した形而上学とは、人間の知の第一の基礎を扱うと同時に、思考・

意志・行為が向かう対象という意味での存在についての第一の原理を呈示する学問（後には技芸であるともされた）であった。スアレス[42]がいう意味で超越論的なものから出発する、当時まだ新しかった形而上学の体系をコメニウスは採用した。ただ彼の目には、スアレス的な体系化は解答の半分にしか見えなかった。彼は、カテゴリーも同じように形式的に扱う必要があると考えたからである。一なるもの（unum）・真なるもの（verum）・善なるもの（bonum）という最初の原理によって存在論が純粋形式的に呈示され、そこから三位一体論に至って、それが厳密に扱われている。神の三位一体のイメージとして、三位一体論はあらゆる学問領域に応用されていたのである。

はじめの箇所でも、彼の議論はもちろん整合的には進んでいない。彼の最初の形而上学には「形而上学の各論」（metaphysica specialis）という章も含まれており、「存在するものの種類について」（de specie entis）という表題がついている。そこでは実質的存在、物質的存在の構造が論じられていて、ここを読んでいてわれわれが出会う原理は、コメニウスがその上にさらに自然学を構築していくことになるものである。受動的原理（物質（material）、原子）、能動的原理（光（Lux）――コメニウスはパトリッツィ[43]の光の形而上学の熱烈な信奉者である）、媒介的原理（霊（spiritus）、精神、生気を与えるもの、存在の統一性に責任を負うもの）という三者は、おそらくヘルボルンの雰囲気に影響されて、ロバート・フラッドから借用されたものであろう。コメニウスの自然学は、それからもさらに形而上学を継続していく。その形而上学は、先の物質―光―霊という三つの原理からどのようにして可視的世界が発生し、変化し、完成するかを表している。また人間は、この可視的世界の中心にある世界のエキス、世界の頂点として描かれる。人間は、四方八方の事物から集まる光を受けとるミクロ・コスモスだとされ、このミクロ・コスモスは、このようにして集められた統一を、一に向かうもの（uni-versum）として、全体が精神的に統一されたものとして、根源に差し戻すといわれる。この説明は、同時に〔旧約聖書〕創生記の第一章の解釈としても述べられており、「モーゼの自然学」の継承を表明するものである。このことによって示されるのは、物質世界が単に比喩的な意味でではなく実際に人間の「栄養源」であること、物質世界全体が自らの構成要素を変容させることによって人間の存在に働きかけていることである。またその際、低次のものが高次のものへ精製され純化される過程が（おそらく錬金術を手本にして）描かれている。こうして自然学において、物質世界は再び学校として描かれる。すなわち、人間を作り上げる場所として描かれるのである。学校とは単に教授の枠組みであるだけではなく、教授の対象でもあるのだ。

一六三〇年代の初頭には『教授学』、『開かれた言語の扉』、序論が形而上学となっている『自然学綱要』が著されており、この三つの著作は構造上の連関をなすものとなっている。『教授学』では、新たに組織される学校教育の助けを借りながら、迷宮から脱出させる営みが全体規模で企図されており、そのためには新たな言語ツールと新たな教授内容が必要だとされている。言語の教授は、事象に即した構成のものでなければならないという。また、人間の生に意味を与える過程が言いかえれば教育であるが、事象の教授もこの過程から離れたものになってはならないという[44]。このようなところからは一見、教授と学校に関する改革案の全体が教会的・宗教的な目標に従属しているようにのみ見えるかもしれない。だが、コメニウスにおいて神学的・形而上学的要素は、根本的にはるかに広いことに関する考え、歴史のなかで変化するような見方を解釈するための手段となると、われわれは考える。すなわち、いかにして人間を自らに立ち帰らせることができるか、また、人間を自らに立ち帰らせるための不可欠な手段や条件をできる限り広く準備するにはどうしたらよいかということに関する見方を解釈するための手段となるのである。〔われわれのこのような考えが正しいとすれば〕、次のようなコメニウスの根本思想もまた真摯に受けとられなければならないであろう。すなわちそれは、教育は意味に満ちた世界を前提とし、この意味を与えることが教育そのものときわめて密接に連関するのであり、それゆえ世界は教育の世界でなければならないという考えである。このような点でコメニウスには、時代に拘束された意義を超える意義が認められる。

Ⅲ

こののちのコメニウスの思想活動はすべて、これら三つの著作を基礎として行われていったものであり、そこで表現されたことの深化にほかならない。テーマになっているのは、宇宙に関する統一的な知を構想することである。そのとき、この統一的な知に至るための手引きになるのは、人間を迷宮から脱出させて秩序のなかに置き直し、同時に世界の完成の作業に参画させるという教育そのものの営みである。また、この全体の統一的意味をすべての人が感じることができるようになるために学校が存在するのであるから、学校を社会に係留させることがテーマになっている。そうすることによって人間の共同体が、自ら教育の過程を自分の中心事と見なして支えるようになるという。人間を誤り迷った状態から救い出すことが教育の過程であるが、人間の共同体はこの過程を支えると同時に、この過程によって支えられ、規定され、熟せられるというのである。

コメニウスは『自然学綱要』の序文のなかで、形而上学、自然学、教授学は三つの小流であり、そこからキリスト教汎知学という統一的な流れを導き出すことを意図したと述べている。普遍的な学校には普遍学が必要となり、学校ではそれが教えられる対象になるという。このようにして、教授学という地盤から普遍知の計画が生じることになる。この普遍知とは完全に統一化された知のことであり、それは、個々の自立した科目が複数存在して、特殊化の方向に進んでいくうちに解体することはないという。——知られたことの統一と調和という、分裂や特殊化とは反対のものに汎知学的知は寄与するという。

しかし、このようにどこまでも統一的な知というものは可能だろうか。コメニウスが答えるところによれば、われわれはこのような知の助けなくしては迷宮から脱出することができないのであるから、それは必要不可欠であり、絶対に必要なものとなるのではないだろうか。そうだとすれば、迷宮からの脱出を可能とする手段も〈なければならない〉のであった。そうでなければ世界には最終的な意味がないことになるが、そのようなことは彼には考えられないことであった。そして、この手段は実際にあるという。それは神の三書、三つの普遍的書物だという。すなわち、〔一〕世界というもっとも包括的な書物、〔二〕善なるものへ気持ちが向かい悪しきものが警戒されるようにする、われわれの良心、〔三〕このような道徳的決断が行われる事情を解明する聖書、という三つの書物である。これら三つの普遍的源泉を統一して調和的な全体へともたらすことで十分であり、それでわれわれの目標は達成される。このことはもちろん、われわれの精神の根本的能力をある光源に向けて開くことによってのみ可能となる。すなわち、三つの書物からわれわれの精神の根本的能力を照らすことができるような光源に向かうことによって可能となるのである。事物の光を受けとるのはやはり感覚であり、より正確にいえばそれは、光のなかではじめて見えるようになる事物の形を受けとる。個々の事物と結びついているために感覚では不十分な場合には、理性によって、個々の関連や原因から一般的なそれらへと進むことが可能となる。また、結局のところ感覚と理性によって現前しているものを意味豊かに解釈して、最も根本にある豊かな意味をそれに付与するために、このような一般的な原理では十分でない場合には、信仰の声がわれわれに語りかけてくる。それが語るのは、事物との直接の出会いによっても、原因へと進んでいく理性によっても解明されないものである。こうして、自然、聖書、良心という三つの書物はそれぞれ、人間の認識の次の三つの源泉に語りかけてくる。すなわち〔一〕〈感覚的経験〉と〔二〕〈理性〉による分析と総合、〔三〕われわれが自ら経験したことも考え出したこともないものを素材とする能力、すなわち〈信仰〉に語りかけてくる。いかなる能力もこれらすべてに基づいているにもかかわらず、偉大なる「書物」はそれぞれ、これらの知の源泉の一つに特別な親和性をもっている。すなわち、世界は認識されうる最初のものであり、聖書は信じられる最初のものであり、良心は定立を行う最初のものである。――というのは、われわれの〈われあり〉(sum)、すなわちわれわれの自我が、あらゆる主張や認識の基礎となっていて、それがなければ何も存在するものとして主張されえないからである。それゆえ、これら三つの源を適切に統一することが問題となる。三つの源泉の順序は、感覚に始まって信仰を通り、理性による理解に至るものであり、その後にわれわれはキリスト教汎知学に到達するであろう。キリスト教汎知学とは、すべてを知っているという思い上がりにではなく、大いなる秩序を知ることにいきつくものであるため、学識ある無知と呼ばれてもよいものである。人は大いなる秩序のうちに置き入れられて、それに従属するはずだからである。

コメニウスの人間学の理論は、チェコ語による『教授学』の最初の叙述にはっきり結びついているもので、そこで予告されていた完全な体系の内容を敷衍するものとなっているが、コメニウスがこの人間学の理論を述べたのは、『汎知学の前認識』という、近年はじめて発見された草稿においてである。[45]これは、先にも挙げた一六三〇年代初頭の著作群(『教授学』、『自然学綱要』、『開かれた言語の扉』、『母親学校の指針』、『形而上学』等)と彼が汎知学を創造した本来の期間とを架橋するものである。われわれはこの〔人間学の〕体系について、ここでさらに詳細に述べることは、残念ながら控えなければならない。人間の生に備わる構造全体が重要な役割を果たしていることを示そうとする努力が、この人間学の至るところに見られることを確認するだけで十分なはずである。しかもこの努力は、認識することや意志することといった根本的能力を備えた心そのものに関わっていると同時に、精神物理的な実存にも関わっている。人間が構想したり願ったりすることが実現するのは、精神物理的な実存に生まれつき備わった能力によって可能となるからである。『教授学』では簡潔に素描されるにとどまっていたことが、『汎知学の前認識』第一巻では広範に述べられるようになっている。述べられているのは、世界の意味と生の意味に関する人間的な統一知を実現するための人間学的前提のことである。『汎知学の前認識』のような重要な著作がいかなる理由で未完成のまま残されたのか、われわれには知る由もない。それに引きかえ『コメニウスの意図の序曲』[46]は、一六三七年に（一六三九年には『汎知学の先駆』に改題されている）、原著者の知らないうちに出版されている。『汎知学の先駆』は汎知へと導くための方法論的な入門書であり、人間の混乱した知を調和させることが必要だということから出発するものである。それは先の三つの書物から創造される汎知学の力を借りることによって、この改革を約束する。この三つの源泉のなかに含まれた知の素材を、汎知学が加工していくという。根源的な理念のうちには調和が含まれており、また、事物をかくかくしかじかであるままに保持する共通の理性的根拠のうちには調和が含まれていて、この調和によって遺漏なく一致した状態がもたらされるという。汎知学のもつ汎調和的規範は、形而上学を示唆するものにほかならない。この形而上学は万物に対して同一の根本的鍵を提供する。すなわち、神的であるか天然であるか人工であるかを問わずあらゆる事物に対して、また知や言語や行為に対して、不可欠の同一の鍵を提供するのである。――認識能力の改革という当時の時代性に非常に適した計画のひとつとして、『汎知学の先駆』はかなりの成果をあげた。コメニウスはイングランドへ旅行して、すでに以前から手紙で接触のあった同じ考えの人たちとグループを作ることになった。汎知学の体系の骨組みはすでに『汎知学の先駆』においても現れていたが、それがとりわけはっきり見えるようになったのは、その後ほどなくして書かれた『汎知学の意図の説明』[47]という書物においてであった。これは、不安を抱くようになった正統信仰派に対して自らを弁護する書物であり、汎知学の努力に対して生じる誤解を晴らそうとするものであった。これらのなかで示されているのは、キリスト教的新プラトン主義の骨組みであり、カンパネッラ流に改編された流出思想から――「諸世界」が平行して構成されるという点で――広範な影響を受けている。ただカンパネッラにおいては、とりわけこのように考えられているのが神的三位一体からの流出であるのに対して、コメニウスにおいては神の統一へとさかのぼる道のほうが強調された構成となっている。この道は当時、――一者から一者へという――完全な円環の形態をまだとっていなかった。この道は当時七つの部分からなるとされ、その内容は、方法的序論、形而上学的序論、可視的世界の描写、人間の活動からなる人間世界の描写、堕罪と救済からなる道徳的世界の描写、神の崇高さを備えた永遠の世界の描写といったことで、最後には、このような構成をもつ統一知全体の利用に関する学説が来ている。

こうして新たに哲学的に捉えられた百科全書の問題を集中的に扱ったときにも、汎知学の創始者〔たるコメニウス〕が見失わなかったものがある。(48) それは、普遍的転回を「人間に関する事柄」(res humanae)に応用することであった。普遍的転回は「人間に関する事柄」に「効用」や効果を与えるというのである。「人間に関する事柄」とは、人間の根本状況のことであり、人間を人間たらしめるもののことである。汎知学ははじめから、自らの学説の部分をなすものとして、あらゆる改革を自分のうちに含んでいた。近年さらに発見された部分があって、その『汎知学の二重描写』は以前より豊かな内容を備えていたことが分かってきているが、(49) この著作に現れているような汎知学のさらなる展開については、われわれはこれ以上立ち入らない。というのも、『人間に関する事柄の改善についての総合的審議』を扱う機会に、もう一度この点に立ち戻らなければならないからである。われわれがここでしようとしていることは、体系を記述することではなく、体系が湧き出る源泉となった根本的意図を探り出すことである。ゆえにわれわれは、個別的な事柄について読者を煩わせなくてすむ。このこととは逆に、先に言及した「応用」〔という概念〕が、ロンドン滞在中とそれ以後に非常に重要なものとして現れてきている。この概念は新たな動機を示すものであり、それだけで独立したものになっていった。というのは、汎知学の発する統一的な光が応用されること、この光が制度の形をとって効果を発揮することと、汎知学そのものとの間に、互いを生み出しあう関係にあることが、ますます明瞭に示されていったからである。このことはたしかに『教授学』のなかで、普遍的な学校が何らかの仕方で社会に係留させられなければならないということで、すでに予告されていた。だが、このように学校を社会に係留させることがぜひ必要であることについて、今ようやく体系的に熟考されているのである。――このことは、さらに別の問題を設定して解決するきっかけにもなる。いま見られている変化は全体的に、ハートリブ、ペル、ハーク、ヒューブナーら、ロンドンにいるコメニウスの友人[50]に起因するという仮説が述べられたことがある。また、コメニウスの著作のなかで、社会改革の計画や人間的制度を変革する計画については、ロンドン滞在以降にはじめて具体的な形で述べられていることも確かである。しかし、それ以前のコメニウスの著作からも、このような傾向がまったく有機的に導き出されること、また、彼をロンドンに招いた人々がこうした傾向についてすでに知っていたようであり、だからこそ彼を仲間に加えたいと思ったようだということも、また確かなことである[51]。コメニウスの最後期にとって決定的となった著作があり、ここで見られた新たな省察の方向もその成果として現れている。彼の教育思想は晩年に大変な進捗を遂げることになるのであるが、この著作はこの進捗の動きを導くものであったといってよいであろう。

『光の道』表紙

この著作とは『光の道』のことであるが、それは新たな教授学、普遍的改革の教授学を意味している[52]。今や学校改革は、諸々の改革からなる体系のなかに組み入れられているのであるが、それは単に学校制度の改革というだけではない。人間の生活は原初的には、神の知恵の学校、すなわち光の学校に帰属するものなのである――あらためて意識されることはなくても、その都度そのようなものとなっている。そこで、人間の生活を〈目に見えるように〉神の知恵の学校にしていくすべての事柄に関して、改革が行われなければならないのである。『光の道』の序文は、〔本文の出版から〕二五年以上もあとに著されたにもかかわらず、本論の内容と本質的に同じ考察から発想されており、このなかで、七部からなる『人間に関する事柄の改善についての総合的審議』について言及されている。――『光の道』が『総合的審議』の本質的思想について、そのあらゆる点に関わる核心を含んだものであれば、これは正当なことである。

この著作が献呈されたのは、一六七〇年代に設立されたロンドンの学識者団体〔ロンドン王立協会〕であった。この団体では、ある種の実証主義的な自然研究者のプログラムが発展させられており、そこには政治が扱われる場も神学が扱われる場もなかった。――政治や神学では、参加者全員の意見が一致することはまず期待できないからである。この機関はその後に非常に有名になっていて、コメニウスはかつてその前身の会員であったわけだが、〔著作を送ったのに〕そのことが無視されてしまったと感じた。彼は『光の道』という自著に序文を追加する形で贈呈と献辞の言葉を書き、このなかで、この機関のプログラムに対する厳しい内容の批判を繰り広げた。彼にはこの機関のプログラムは冴えないものに思えたのである。人間に関する事象を改革することは、単にわれわれの「知（scire）」に関わるだけではなく、われわれの「意欲（velle）」や「能力（posse）」にも関わらなければならないこと、知そのものも決して単に自然だけに限られるのではなく、人間を取り込み、また人間に啓示される事柄をも取り込まなければならないことを、彼は強調している。

すべてのことを同じ仕方で知る能力がすべての人間に備わっているだけでなく、本質的にすべての人間は同一の善きことを望み、それを基本的に同じ手段によって追求する。ただ人間は、この共通のものに注意を向けないため、それを知らないのである。強制を加えることなく、この共通のものを示すだけで、「光の作用を及ぼすことによって」、混乱は除去され、人間に関する事柄を再生させる作業が着手される。自然研究に限定されてしまっては、改革の全体が不完全なままになるだけでなく、完全に本末転倒したもの、頽落したものになってしまう。支配的に働く知によって自然の諸力をわがものとする者たちは、事物の究極の意味が明らかでない人間の目にはばかげたものでないとしても、神や天使には嘲笑されてしまう。この者たちの営みは、バベルの塔を、天に届かせようとしてではなく地に向かって逆に建てようとすることである。人間は自然の主ではあるが、それは同時に仕えるものであり、自らを捧げて自らを開くものである限りにおいてである。――この点にこそ人間の普遍的本質の根本構造がある。人間の普遍的本質は、支配されている自然からそれだけ読みとられるようなものではない。そこに至るためには、この世界という学校の教室のなかで一段二段と昇っていかなければならないのである。

世界とはひとつの学校である。――このことが意味するのは、人間の存在と行為の意味が、教えること、模範となること、準備すること、責任を喚起することによって、互いに助け合うところにあるということである。このような「有用性（utilia）」、効用性は、教授する者と教授される者とが互いに与えあうものである。知ること、受けとること、与え続けることは、互いに関連しあっている。世界とは、人間が自分が贈与すること（Sendung）を見出し「習得」するはずの場にほかならない(53)。われわれはそれを自然から習得し、われわれ自身と神の言葉からも習得する。また、われわれの運命を区別するときの、関連しあった補助手段からも習得する。このとき、自然から学ぶことはごくわずかな助けにしかならず、人間の固有の本性や人間の内面、人間の良心のほうがはるかに多くを導く。もっとも、どちらにも注釈と規定が必要であり、それは〔コメニウスの〕著作によって与えられる。はっきりしているのは、コメニウスにおいては啓示もまた非常に人間的に理解されており、人間に備わる道徳的本性の側面から理解されているということである。人間の真正さと崇高さは、受けとると同時に与えること、贈られるにまかせること（Sich-Beschenken-Lassen）に基づいている。また、身を捧げること（Sich-Verschenken）、他者に対して自らを開くこと（Sich-für-andere-Öffenen）、自己を献呈すること（Sich-Widmen）に基づいている。受けとることと与えることとのカデンツァのうちに、人間の開放性という「学校」の本質が存する。人間が不幸なのは、このことを知らないことである。われわれは根源的に、ここにいるわれわれが学校にいることを知らないし、生徒としてどのように振る舞うべきかも知らない。相互の開放性ではなく、争い、闘争、混乱が支配している。これらのことを洞察するために、人間は辛い試練にさらされ、それと同時に神の約束と徴が与えられる。しかし人間は、目がくらまされているのを治す薬を、自分自身からも求める。そこで哲学が精神の薬（medicina mentis）として発明された。それは、徳を強化することであり、人生の道における同行者の役割を果たすものであった[54]。哲学は真正なる薬であるが、それはわずかな人をわずかに捉えただけだった。人間を秩序ある状態に保つために法学が導入されるが、それはわれわれに外面的な合法性を与えるため、法を踏み越えることがそそのかされることにもなり、それに対していくら残忍な罰を下しても助けにはならない。国家を創設した者たちの征服意志も、その究極的意味はこれらと同じである。つまり、この暴力的な者たちも本能的に、暴力によるものであるとはいえ、人間に関する事柄に秩序をもたらそうと努力するのである。ただこの者たちは、この点について考えが誤っている。というのは、人間の世界への開放性という普遍的目標は、外的な強制によっては達成されえないからである。そして、同じ考えをもった者たちが自主的にセクトや結社といった集団を作っても、これに本当の意味で対処することにならない。というのは、このような集団形成においては、一方と他方とが対立するということがその本質的な契機であり、その点で個別性であるからである。集団形成という効果があがらない試みを反省するとき、これとは逆に、目がくらまされている状態を克服するのに実際に効果のある手段とはどのようなものであるか、その条件が確かめられることになる。実際に効果のある手段は、非暴力的、魅力的、一般的でなければならない。今やこれらの条件すべてに適合し、非常に効果のあるものを疑いの余地なく表す現象がある。それは光である。光は普遍的である。光は光源に集中しているものの、個々の照らされたものにはどれにも、分解することなく伝わるからである。光はあらゆるものに強制することなく働きかける。というのは、事物は光を通してはじめて、光のなかではじめてその形を現すからである。このようにしてはじめて事物は、それ以外の諸性質、作用能力、力を得る。要するに、事物は光によってはじめて、固有の本性を得るのである。光はあらゆるものをそれ自身に対してと同時に、他のものに対しても開く。それゆえ、人間に関する事柄を改革するためには、人間の心のなかの光のようなものが必要となる。この光は、本来の光と受け止められた光、跳ね返され反射された光とからなる遊戯とでもいったほうがよいだろうか。この光が、世界において問題となる出来事を理解するための手引きとなるのだ。また、受けとりつつ自らを与え続け、自らを送り続けるという、教育の本質をなす過程を理解するための手引きとなるのだ。このようにコメニウスの教育概念からは、新プラトン主義的な光の形而上学の末裔のひとつが見てとられるであろう。われわれがさらに関心をもつのは、もちろんこの形而上学そのものではない。われわれが関心をもつのは、当時の学校で教えられた哲学の言葉によっては把握できなかったことを、コメニウスが形而上学によって与えられるイメージの助けを借りながら表現しようとしたという事情である。それは人間の「主体」(Subjekt)の構造のことである。人間の主体は、閉じた実体を形成することもなければ、外部のものを自らのうちに取り込んで、自らのうちに閉じ込めようとすることもない。そうではなく、人間の主体は、同時に受けとりながらこのことをするのであり、同じ運動を続けるなかで自分自身を伝達し、自らを捧げる。その結果、事物と人間の本質のもつ力との双方が、喜びに満ちた同一の過程に参画することになる。それは、世界の構成要素が互いに助けあってその固有の存在を高めていく過程である。コメニウスは〔『光の道』の〕第一〇章で、外なる光と内なる光とが広く平行関係をもつことを論じており、この議論はその後『パンアウギア』〔汎啓明〕にも引き継がれているが、この平行関係は、ここに述べたようなことから見られたときにのみ理解されうる。

このような観点に立つとき、内なる光に点火するとともにそれが燃え立つという同時並行的な過程をたどることは、胸躍るような作業になる。内なる光は、物理的なものであると同様、真理であり、真理を形成するもの、つまりは形を与えるものだからである。またその際、この光は同様にいかなる暴力的契機ももたないからである。心のなかで光が最初にきらめくことに当たるのは、人類の始祖が楽園で事物を直接経験して（直観（Autopsie）して）、事物に名前をつけようとしたことである。光は事物のほうからやって来て、人間の理性にさしこむ。人間の理性は受動的なままではおらず、名前を考えだす。事物をどのように支配する場合にも、また事物がどのように変化する場合にも、〔名前があることが〕出発点になる。最初の人間はこのことと同時に、他の存在とのアナロジーに基づいて、自分が孤独であることを理解し、〔最初の人間である〕〈彼にとっての〉（sein）他者がいてほしいと望む。ただ、他者がひとたびいるようになれば、この二人が互いに互いのことを省察するという営みが始まる。また、人間のコミュニケーションが始まって、二人のうちの一方だけが実際に体験したことを共有するようになる。人間の数が増えることで、光を拡張するという新しい可能性が生じる。この拡張は、公共的な集会で多くのことが知らされ、互いに影響しあうことによって生じる。光がさらに進んでいった先が書物の出現である。書物によって過去の深層が開けるからである。――書物は過ぎ去ったことや、それにとどまらず非現在的なこと全般を現在的にするのである。また書物が発明されたことによって、公共の学校がなければならなくなった。印刷術の発明によってさらにこの状況が超え出られるとき、それは単に量に関することに見えるかもしれないが、現実には質的な意味での超出が起こる。印刷術によって、心の光が計り知れないところにまで広がることができるからである。印刷術は、書物のように過ぎ去ったことをわれわれの前に表すだけではない。それはさらに新たな発明を促す。すべての人が発明されたことに批判的に関わり、まだ解決されていない問題に関わるようにするからである。そしてついには、心の光が地球全体にまで広がることを可能とするような手段まで発明された。それは航海術のことである。しかし最後に挙げた航海術の発明は、光がどこまでも広がることを可能にするがゆえに、光の作用がこれ以上ないほど強いものになることを必要とする。光がこれ以上ないほど集められてまとめられなければならないのである。このことはまた、混乱した迷宮的な世界の時代が終結する前に、闇を破って光が新たに生まれることを意味する。このようにしてすべてを照らし出すためにぜひとも必要な手段は、普遍的書物、普遍的学校、普遍的集会（国際的な学術協会ないしは、国際的な教育省や啓蒙省）、そして普遍的言語である[55]。これら四つの普遍的制度は、人間は世界のなかにあって、普遍的学校のうちにいるということをはっきり知ることから生ずる。普遍的書物とはもちろん、神の三書をまとめたものにほかならない。普遍的学校とは、普遍的書物をあらゆる面で利用するという実践的活動のためのもので、それによってあらゆるものをあらゆるもののために利用しようとするものである。普遍的集会とは、社会改革によって光を広げ、光を確かなものにしようとするとき、中心となるものである。普遍的言語とは、一般的認識をより進めて、制限なく広めるための手段である。コメニウスが思考を進めていったとき、その思考はこれらの手段を入念に仕上げることに捧げられることになった。

したがってここでわれわれは、これらの手段について引き続き『光の道』との関連で考察するのではなく、それがより洗練された形をとっている限りで考察することにしよう[56]。このような形が見られるのは、『人間に関する事柄の改善についての総合的審議』の枠組みにおいてである。ただそこに話を移す前に、もう一度集約的に熟考しておきたいことがある。それは、人間精神に関して特異な解釈がとられていることである。見られてきた光の思弁の陰に、人間精神に関する特異な解釈が隠れているのである。

人間がその本質、その根本構造において、光として把握されるということ。このこと以外に『光の道』が意味していることがあるだろうか。それに従えば、人間に関する真理は、人間のうちに窓のないモナドを見るような仕方で人間を表象することとは、まさに正反対のものだということになる。いかなる光にも光源があるのと同様に、人間はたしかに中心であるが、まさに光と同様に、人間も本質的にその中心から流れ出て、他の中心に向かっていくものである。人間は、他者の光を受けとって自らの光を他者に贈ることができるだけでなく、そのことを望んでいる。そして、光はこのことによってはじめて集中し、さらに力強く大規模なことをなしとげることができるようになる。この能力は、〔人間という〕光の中心のみを利するだけでなく、それ以外のものをも、すなわちそれだけでは光に満たされていない事物をも利するものである。伝わるという働きは消耗したり弱まったりすることがなく、強まり集中していく。光は、一般的になろうとし、あらゆる中心を結合しようとする。ただだ多くの中心と合致できるように、あらゆる中心を統一して調和させようとする。これとは逆に、孤立した光の中心は、いかに強いものであっても、外に向かって放射する際に、闇のなかで消えてしまう恐れがある。光の中心は同時に鏡、反射の中心でもあり、受けとる能力を備えたものであり、もっぱらそれゆえにこそ、光が集中する可能性、またその後に光が広がっていく可能性も生じるのである。いや、それは単に可能性というだけでなく、この二つの段階からなる必然性である。〔光による〕明るさはコミュニケーション的な性格をしており、伝達においてのみ成長する。このような意味で、もっとも人間的なものが同時に教育的なものでもあるのだ。

『人間に関する事柄の改善についての総合的審議』は、人間に関するこのような根本的解釈から生じたものである。この著作では、集中した光がどのような帰結をもたらすか、光が流布するための真の条件とはどのようなものか、といったことが省察されている。ある意味でいえることは、この著作はそもそも、それ以前のコメニウスの著作にないような多くの新しい要素を含んでいるわけではないということである。ついでにいえば、われわれが手にしている形態（現在入手されるのは、チェコスロヴァキア科学アカデミー教育学研究所によって出版されたものである）では、この著作は、もちろん原著者の計画に従ったものであり、原著者を出処とする素材からなってはいるものの、編集者の編纂作業によって出来上がったものである。[57] もっとも『総合的審議』のなかでも、とくに『パンパイデイア』（汎教育）、『パンオルトシア』（汎改革）、『パングロッティア』（汎言語）の各部のなかでは、コメニウスの全体改革に関する実践的視点が最高度に体系化されている。『光の道』の思想のなかで示された全体の核心が（『総合的審議』にも）含まれてはいるが、人間の社会制度の改革のほうに力点が移されていることは見誤りようがない。『総合的審議』はそもそも、『光の道』で述べられていた普遍的書物について概説した書である。したがってそれは、「汎知」がくみ出される神の書物を概説したものである。神の書を要約すれば、百科全書ができるだけでなく、計画が示されることになる。すなわち、世界のどんなに離れた場所にあっても、汎知は人間の意味をことごとく浸して、織り合わせていくわけであるが、それがどのようにして行われるか、計画が示されるのである。また、こうすることによって、あらゆる人間が自らの課題に対して閉鎖から普遍的に開けた状態に到達するとされ、この開けた状態を基礎にして、人間の共同体が単に並存している状態が変化させられ、平和の共同体、光の共同体、調和の共同体になるといわれるわけであるが、これがどのようにして行われるか、計画が示される。またさらにここで示されるのは、人間はそれぞれどこに自分の場を求め見出すかということであり、人間はそれぞれどのような場において他者のために献身することができるか、事物を完全なものにし、自分なりの仕方で神と共同するために献身し、自らを贈ることができるか、といったことである。

「徹底して調和的な」この著作は対称性からなる構成をとるため、導入部分と終結部分が必要となる。導入部分では、課題がぜひ必要であるが、それは可能であり、容易に実行されうることが示される（導入部分は『パンエゲルシア』（汎覚醒）と名づけられている）のに対して、終結部分では、この課題を本来の形で実現する作業へ移っていくことが述べられる（すべての人を作業に向けて鼓舞するという意味で、『パンヌテシア』（汎勧奨）と名づけられている）。第一部で示されているのは、世界という迷宮に属するものとしてどのようなものが残っているかということである。それ以外の部分ではすべて、「心という別荘」が広範に広がっていることになる。[58]この箇所にも、相互に対応する二つの部分が見られる。方法的部分は『パンアウギア』（汎啓明）と名づけられている。[59]そこでは、本来の改善手段に関して議論が展開されているのに対して、『光の道』では簡潔な表現に縮小されている。なお、人間の発明を、光が点火され、進み、拡がっていくという段階をとるものとして見るような（それゆえ人類の教育もこのような段階をとるものと見なすような）歴史哲学――これは最初の著作（『光の道』）の魅力を大いに高めたものであったが――のことは、ここには出てこない。物理的な光と精神的な光との間に大きな平行関係があるという考えはここでも放棄されておらず、とくにさまざまな精神的な光についての要約が述べられている。また、比較の手続きに重きを置いた「類比」という方法のことが述べられ、それは分析や総合よりも優位に立つとされている。『総合的審議』を読むと、この著作は「徹底して調和的」でなければならないと書かれているのが見えるが、このような性格の書物において、いまや類比の方法は「発見（inventa）」が続けられるための源泉という役割をもつようになっている。というのは、平行した事象に導かれることによって、秩序を構成する要素がたえず新たに見出されるわけであるが、この新たな要素は比例やアナロジーの点で見出されるものであり、人間はそれを現実の世界に取り入れなければならなくなるからである。コメニウスによれば、知ることと行うこととの間、言語と事物との間にはアナロジーがあるという。また、世界のさまざまな水準において現実の全体が広がっており、このように存在するさまざまな「世界」の間にもアナロジーがあるという。さらに類比が認められているのは、教育の課題をも含めた意味での人間存在の諸部分の間や、全人類が共同して生活するための規則を与える諸制度の間、といったところである。比較をするなかで、空隙があっても部分的にアナロジーが見当づけられるようなところには、どこにも可能性や機会があるという。すなわち、この空隙を埋めて充足させる可能性や機会、人間のもつ発明の能力によって新たな秩序が完成される可能性や機会があるという。「自然」やほかの技芸とのアナロジーとして、人間を人間たらしめる一般的な技芸の原則が見出されることは、すでに『教授学』でいわれていた。このことと同様に『総合的審議』では、発見術が人間に関わるきわめて多種多様な事象にまで拡張されている。何とここで発見術は、人間に関わるあらゆる事象やあらゆる可能性、あらゆる制度からなる全体にまで拡張されている。このようにして今や類比が、すべてを支配する方法であることが示され、汎改革もその枠組みのなかではじめて可能であるといわれる。学校としての世界は類比の方法を必要とするというのである。――『パンアウギア』（汎啓明）で方法論が論じられているのに対応した内容上の事柄は、あらゆる部分的改革がめざす本来の目的について論じた部分、すなわち『パンオルトシア』（汎改革）に書かれている。『パンオルトシア』は、『総合的審議』のなかでも本来ユートピア的な内容が書かれた部分である。[60]それは（知識、教育、言語に関する）個別の改革を基礎としているので、われわれはまずこの個別の改革について扱い、その後に『パンオルトシア』についても扱うことになるであろう。これら三つの部分的改革に関する解説が、『総合的審議』の中心となっている。すでに述べたように、この中心部分は、新たな方法たる普遍的な光を応用することがどのような成果をもたらすかを展望する内容である。普遍的光とは、調和という意味における知の改革（人間的な汎知たる「パンソピア」（汎知学）、「汎連関」（Pantaxia）というほうが適切であろうが、それは一般的秩序に関する知を意味する）に応用されているし、教育の改革にも応用されている。教育は今やあらゆる人間において、どの人間においても現実に一般のものになろうとしているといわれている（『パンパイデイア』）。普遍的光は、さらには言語にも応用されている。ここに述べられているように改善されるとき、言語は精神的交流の妨げとなるのを止め、あらゆる面で精神的交流を促進するものとなる（『パングロッティア』）。これらのあらゆる観点に関して、人間の始原的状態が復元されるとされ、さらにはそれを超え出ることさえ達成されるといわれる。

集中する光に基づいて知を改革することは、単に博識によって百科全書を編集することではなく、統一的な知を構築するための鍵を与えることにほかならない。統一的な知とは、宇宙を完成する（Zu-Ende-Schaffen）作業に能動的に参画するという人間的実践の第一歩となるものである。それゆえ、人間がそもそも百科全書に導く赤い糸をも呈示しているのである。われわれは人間の運命や使命のこと、神たる汝が人間としての我に関係を持っていることを聞いている。また、創造という善行とそれに対する人間の応答のこと、天使と人間の堕落のこと、神の哀れみのことも聞いている。さらには、創造された事物が新たな局面へと高められることを最終的に意味するような、再創造のことも聞いている。コメニウスの百科全書は実際にサイクルや円環の構成をとるものであり、それは創造することへの決意で始まり、新たな創造や再生が行われることによって終わる。この新たな創造や再生は、あらゆる創造物が永遠性という新たな存在の段階へと高められることでもある。最高度に形式化された高度に合理的な形而上学の助けを借りながら彼が行おうとしたことは、最終的には人間の次元を超え出るものであった。このようにして彼は、自然と超自然、人間と事物、学問と技芸（技術）、客観世界と歴史、時間と永遠性といったことを、唯一の最終的な概念枠のなかに入れることをめざした。このような企ては最終的には破綻をきたす以外にないものであるが、コメニウスはこのような企てにとりくむという罪を自ら負ってしまった。彼にあっては〈光〉が唯一の真の改革手段を呈示するのであり、『光の道』〔が表そうとしているの〕は、能動的に把握しようとする姿勢、事物、人間、万物の創造主と接触しながら世界創造を完成する（Zu-Ende-Führen）という意義深い過程のうちに自らを置き入れる姿勢である。この作品は、信仰においてこの過程と結びつきながら構想されている。――そしてまた彼はその際、意味と結びついた汎知的知を、教育や事象に関する客観知とは異なるものとして明確に際立たせることはできなかった。教育に関する客観知と事象に関する客観知とを総合することは不可能であるのに、彼はこの総合をめざして努力した。自らの形而上学という鬼火を本物だと信じこんでしまったからである。このようにして、現実に客観的な知は得られないが、それにもかかわらず、このような知が問題となるかのように見受けられることになった。このように考えれば、コメニウスの百科全書も当然また全面的に誤ったものだということになる。すなわちコメニウスの百科全書は、天動説に基づいた前ガリレオ的、前デカルト的なものだということになる。この一方で、人間の存在が宇宙の客観的歴史として論じられる場合には、人間の堕落と混迷といった中心的モチーフの持つ固有の性格や、そこに含まれた深い人間的内実が論点になることはない。すなわち、人間が堕落し混迷することや、自らの普遍的使命を意識するような人間存在のもつ真理において、真の生を回復させる可能性が、そもそも中心的モチーフなのだが、その固有の性格や、そこに含まれた深い人間的内実は論点にならなくなるのである。

こういった理由から、われわれの関心は『パンソピア』（汎知学、『汎連関』）よりも『パンパイデイア』（汎教育）に向かう。『パンパイデイア』では、世界という学校に滞在するという、人間の生の原構造に関する体系的省察が生き生きと行われている。世界という学校ではたえず光が受けとられては再度与えられ、結果的に人間の生の期間は、すべてこうした教育の過程で占められることになる。『パンパイデイア』の目標は、人間の心をその根本的権利、その真の可能性のなかへ置き入れることである。というのも、人間は本質的に事物を観察する者、事物を形作る者であり、事物を統べる主人であるからである。存在するものはすべて見られるはずであり、それが現実に存在することを証言する者がいるはずである。証言者が目や言語を欠いたり、手を使う能力を欠いたりすることがあってはならない（証言者は、見たものを完成させてさらに伝達することを天職とする）。世界に住まう市民は、動物的で直接的な仕方でただ漠然と生きていてはならず、人間になるという課題を積極的にとらえて、それに集中しなければならない。コメニウスは事物を支配することについて述べているが、それは無配慮に事物を利用し尽くすことや事物を荒廃させることを意味するものではない。それは、人間の技芸と技巧によって完成すること（Zur-Vollkommenheit-Bringen）を意味するのであり、それゆえ事物の存在に人間の技芸と技巧が仕えるのである。『パンパイデイア』では、普遍的な教科書、学校、教授といった形でのみ教育の普遍性が示されているのではない。人生の全過程が教育的時期に区分されて、いわば学年に分けられているところや、したがって本来の準備期間や就学期間だけでなく人生の全過程が教育に当たるとされているところにも、教育の普遍性は示されている。ここに見られる本質的に哲学的な思考は、精神の光の本質や、それが人間の生においてもつ意味について語るものとなっているが、コメニウスはこのような思考を『パンパイデイア』のなかの誕生前の学校、壮年期の学校、老年期の学校、そして死の学校という過程においてはじめて応用している。[61] ここでは本質的に道徳哲学や倫理学に属すべき章の内容が扱われている、と反論することはできるであろう。[62] しかし、それは教育者の目によって見られた倫理学であり、自律的な意志の倫理学ではなく、共に存在する人間や事物との関わりに関する倫理学なのである。それは、援助を受けとるとともに与えようとし、自らを捧げて献身しようとする根本的な決意に基づいた倫理学である。またそれは、応答と接触の倫理学であり、責任を引き受けてそこから逃げないことの倫理学である。

コメニウスは一六四〇年代、スウェーデンの学校のために仕事をした時期があり、言語教授学に関する彼のもっとも重要な著作である『言語の最新の方法』もこの時期に書かれている。同書ではじめて論じられたことを完成させようとしたのが、『パングロッティア』（『汎言語』）という言語の改革に関する書である。ここで彼は、個々の母国語はどのようにして完成されるか、とくに得意とする外国語を身につけて相互理解を容易にするにはどうしたらよいか、といったことを探究している。また、事象に対応する徹底的に合理的な言語をただ一つ創設することによって、汎知の光を高めていく道が探究されている。この合理的言語とは、統一的な知を正確に映すものであり、バビロニアによる混乱よりも以前の人間たちが話していた、楽園における始原的言語を再現するものだといわれている。これは完全な言語であって、完全性、一義性、構造的一貫性を視野に入れるばかりでなく、音声器官が生み出すことのできる非常に多様な音声をすべて利用する。そして、この多様な音声を意味体系と有機的に関連づける。とりたてて強調する必要もないであろうが、最後に見られた願望はそれ自身のうちに矛盾を含んだものであり、合理的言語を構築しようという考えは不完全なトルソーのままで終わっている。

人間のもつ特性を改革しようとするときにわれわれに課される個々の主要課題は、『パンソピア』(『汎知学』)、『パンパイデイア』(『汎教育』)、『パングロッティア』(『汎言語』)といった書のなかで扱われている。そこでは、人間のもつ諸特性を、人間の社会的な実践のなかでひとつの全体的な特性に統合することが論じられている。このことが全面的改革(『パンオルトシア』)の企図したことであり、この点でコメニウスの著作は、具体的ユートピア、相対的ユートピア、開かれたユートピアと呼ばれることになった。この『パンオルトシア』ですら、『光の道』が至る最終的帰結と異なるものではない。すなわちそれは、受領と贈与という教育概念がもたらす最終的帰結なのである。受領とは〔同時に〕贈与、ないしは贈与すべく備えることであり、贈与とは〔同時に〕受領であり、互恵性である。人生の全体が学校であるということが本当ならば、共同体の生もまた学校であるはずである。そしてまた人間の共同体の意味も最終的には、真の人間教育たる教育が成り立つための条件を樹立することのうちにあるはずである。クラウス・シャラーのように、こうしたことを根拠として、コメニウスの教育学の最終目的が政治的なものであると説明することも、十分正当なことである。もっとも、政治そのものが本質において教育的であるという条件のもとでのことであるけれども。普遍的秩序を樹立し、全体的学問、全面的教育を行うことは、平和と合意を意味し、また、暴力の行使や無法状態を除去することを意味する。どこにあっても統一的である正義を全般的にいきわたらせ、光を全世界に計画的に浸透させることが、『パンオルトシア』のとる政治的方法であり、また目標でもあり成果でもある。したがって教育は、このように構想された政治の本質に属すものである。その一方で、人間の使命に向けたいかなる教育も、このような政治を前提としている。

『パンオルトシア』(『汎改革』)は本質的に教育的なユートピアを表すものではあるが、どのような意味においてもそれが一貫しているかといえば、ラディカルさを欠いている。『パンオルトシア』のなかでは、社会状況や経済状況を根本から変革するといったことはまったく述べられていない。この点で、この書はトマス・モアの『ユートピア』やカンパネッラの『太陽の都』と同類のものとは見なされえない[63]。共産主義や社会主義が前提されたり説かれたりすることもなく、それらが成立するための条件や、それが成立した場合の帰結が述べられることもない[64]。それは〈状況〉(Verhältnis)の改革ではなく〈志操〉(Gesinnung)の改革なのであり、教育の場合と同様に、いかなる強制も暴力もなしに生じる。またそれは、光が広がるのと同じように、つねに中心からあらゆる方向へ広がっていく。誰にあっても、改革を始めるのは自分自身ともっとも身近な周辺部からである。すなわち家族、近隣社会、共同体からである。とりわけ学校によって、改革は次第にその範囲を広げていく。そのとき特徴的に見えるのが普遍性である。すなわち、人類全体のことが考えられ、人類全体に対して妥当性をもつような諸機関によって改革が強固なものにされるということである。この諸機関は、国家を超えた国際的な組織をもつものであり、とりわけ人間が世界秩序を完成させるという課題に関わる。知については、教育と学校制度に関する国際的な省ともいうべき光のコレギウム(collegium lucis)が責任を負う。司法と立法を管轄するのは、世界法務省たる平和法廷(dicasterium pacis)であり、そして教会に関する案件のために普遍教会会議(consistorium universale）が存在する。そして最後に、これらすべてを統合するものとして、世界議会に当たる「世界会議」がこれらすべての頂点に位置する。これには、見解の違いに関係なくすべての国家が参加するという。

『人間に関する事柄の改善についての総合的審議』が全体としては未完に終わっているのと同様に、『パンオルトシア』（汎改革）も、部分的には未完成な著作である。このように未完成に終わったことは偶然ではない。ここで示されたユートピアの開放性のために、ユートピアが何らかの措置をとっていこうとしても、その措置が一度に完全に実現されることはありえないからである。なおコメニウス自身は、『パンオルトシア』のなかでは、一度に改革するのではなく、開かれた改善の継続が重要であると強調しているが、他の著作ではこの点を強調していない。このことと連動しているのは、改革全体を進めていく力は、広がりゆく全般的な光なのであり、この光の拡大は終わることのない過程をとるという事実である。広がりゆく光、伝わり反射する光は、また同時に、世界を教育の相のもとに（sub specie quadam educationis）見て、そのようなものとして世界を表した思想家の中心的思想を象徴するものでもある。

Ⅳ

われわれの偉大な祖先を記念して祝うという行為は、ある種の上等な葬儀を行うことになるのが常である。すなわち、確固たるものになっていてもはや異論の余地がないもの、このような意味で確立しているものは、それゆえに生き生きとした関心を呼ばないものでもあるため、葬り去られてしまうのである。

このような側面から見るとき、コメニウスの場合はどうであろうか。この偉大な教育者こそ、今日的に解釈しようとするとき、まさにさまざまな異論が呈せられる存在にほかならない。ある者たちは彼のうちに、単純に天才的な先駆者を見てとっている。教育や教授学に関わる現実の事象を感じとることによって、彼はこの分野に関する原則を直観的に捉えており、しかも、今日でも妥当するような原則を、かの時代にあってすでに予言的に捉えていたというわけである。すなわち、教授の内容を重視し、言語表現よりも事物を重視するという原則や、直観を出発点とするという原則、直観に基づく教授という原則のことである。また母国語を重視することや、教授内容の配列に循環的な性格をもたせること、習得されたことをたえず応用することが重要であるということや、習得された知が何を目的とするかを知ることに意義があるということ、思考と手と舌とは共通した活動を行うといったことも、この原則に属することである。このように見る人たちは、彼が学校制度を構想し、確固とした教授計画と標準化された教科書による学年ごとの集団的授業を体系的に考案した点で、不朽の功績を残したとして賞賛する。こうしてこの人たちは、例の教育と教授における民主主義を歓迎するまでに至る。先にⅡで述べた、輝かしい根本的な民主主義のことである。これと別の者たちは、これらの思想がコメニウスのみに固有のものではなく、大半は先駆者に由来するものであって、彼はそれを体系にもたらしただけだ（もっともこの体系は、考え抜いた上で教育問題に光を当てるもので、教育学的思考様式を自家薬籠中のものにしようと思う者には、誰にとっても示唆に富むものであるが）という点を顧慮する。――また、彼による体系的な統合と基礎づけが、非近代的な基礎に基づいていることが顧慮される。この基礎は、今日の状況にそぐわないものであり、今日では非科学的だといわれるもの、いずれにしてもどうしようもないほど時代遅れのものだというわけである。そしてこのように見る人たちは、次のような問いを提起する。それらは、彼の体系の下には、過ぎ去った時代のアナクロな神学的形而上学的なテーゼを超えるようなものはないのだろうか、創造力をもった衝動が感じられないだろうか、彼の教授学はすでに応用を含んでいて、この衝動は応用においてはじめてはっきり表されており、それは時代遅れのものとはなっておらず、新たな状況のもとで再び実り豊かなものになりえるのではないか、といった問いである。

コメニウスの年長の同時代人であるイングランドの大法官フランシス・ベーコンが抱いた夢を、われわれの時代は大半において実現した。――それは、人間帝国（regnum hominis）をつくるという夢、自然を完全に支配するという夢である。自然は〔完全に支配されて〕、かつて堕落以前の楽園においてそうだったように、どこまでも人間の役に立つものになるということである。ベーコンは力をもった知をただ瞑想することしかできなかったが、近代はこの知に肉体をもたせた。ところが、期待された楽園、待望された楽園は現れなかった。三〇〇年という異常なまでに短い期間で人類を「自然の主人にして所有者」へと押し上げた思考様式については、ベーコン、ガリレイ、デカルトがその基本的な道筋の概略を実際に描いてみせた。しかし、この思考の方法が、人間以外の本来の自然という最初の枠組みを踏み越えて、人間そのものにまで広がったときにも、期待された結果が現れることはなかった。客観化する方法が関わるもの、それが分析し支配するものは、当然のことながら事物だけなのであり、われわれの役に立つことのできるものだけなのである。しかし、われわれ自身――ほかのものの役に立つ存在ではなく、支配し、管理し、利用する存在たるわれわれ――はどうなるのか。われわれが行う支配はどこに収まることになるのだろうか。分析し客観化する方法の観点から見れば、われわれは、われわれ以外の自然と同様に、利用し尽くされる手段の総計にほかならない。この場合「支配」とは、自らの意志を貫徹させるための手段をもつ者たちに見られる恣意をさすことになる。この場合には、意志はたえずそれに反対する意志に出会うことになるため、実際の結果としては争いやカオスが生じることになる。単なる偶然以上のものが働いていると思われることであるが、一方の足を地球の上に乗せながらもう一方の足を「秩序としての宇宙」（Kosmos）に置いて人間を見るような時代においては、他方で同時に、われわれの惑星たる地球を諸体系に分割して考えるということが必ず確認される。このように分割して考える姿勢は、〔地球の〕全体の破滅への恐れととくに均衡をとりながら生じる。分割して考える姿勢では、自らの将来においてぶつかる現実の諸問題を全般的に提示することはできないし、ましてその解決に着手することはできない。

手段とは異なるものとしての人間――とは、事物とも異なるものである。事物は〈常に〉手段にほかならないからである――は、そのようなものとして、一方では人間であることにおいて把握されなければならない。人間は、自然と自らの「支配」の基礎を明確にし、支配の限界を見定め、支配の条件を確かめなければならない。――他方において人間には、常に自分の力で世界の支配者となり、世界を自由に支配することができるようになる道が開かれていなければならない。このような〈支配する人間であること〉が把握され、強化されなければならない。ここでいう人間であることとは手段でもなく、自由に使用される力でもなく、それ自身において意味に満ちた存在であり、あらゆる意味の本来の場所にほかならない。

コメニウスが自らに課した問題もこのようなものであった。彼が立てた問題は、ベーコンやデカルトの場合と違って、人間の〈王国〉に関するものではなく、人間そのものに関するものであった。そして、この問題を解決すると彼が見なしたのは、二〇〇〇年前の古典的な思想家と同様に、教育であった。しかしながらそれは、プラトンやアリストテレスの場合と違って、選抜された者を教育することではなく、人間一般を教育すること、個々人をすべて含み入れて一緒に教育することであった。この教育は、本来的な生へ至るための準備にとどまるものではなく、生そのものの本来的な脊柱となり、主軸となるものであった。それは、生を〈真に人間的な〉生にすることのできるものなのである。

人間の人間たるゆえんが問題になるとき、なぜ教育が解答を示すことになるのであろうか。労働、科学、技芸と同様に、教育は、人間であることが単に〈外に現れたもの〉だということにはならないのか。すなわち、人間が他の存在とは異なる固有な存在として備えるような、人間に固有の本性が単に〈外に表れたもの〉だということにはならないのか。コメニウスの見るところでは、教育は労働や科学、技術と同等のものではなく、それ以上のものである。彼が理解した教育とは、他の「人間に関する事柄」と比べ、もっと深いもの、もっと中心的なものなのである。というのは、人間は他の存在とは異なるものであって、石や星や犬のように単純に〈そこに〉あるだけのものではない。人間が単にそこにあるのだとしても、それはまだ、人間が〈本当に〉人間であるということを意味しない。本当の人間であるのは、誰の場合でも、まずそれに〈なる〉ことによって可能なのである。人間は自分で自分を人間にしなければならないのであり、他の誰かが代わってそのことをすることはできない。人間が人間たることは、現実でもなければ事実でもない。現実や事実であるとすれば、白のバラと赤のバラがあるのを確認する場合と同じように、確認するためにただ立ち止まっていればよいということになろう。人間であることとは可能性なのであり、それは〈成就〉されなければならない。それは使命と同様のものとして捉えられねばならない。このことは同時に、それが見逃されてしまう理由、それが捉えられそこなって出会われない理由でもある。実際に多くの人間はそれを見逃してしまう。われわれも見たように、コメニウスは『地上の迷宮と心の楽園』のなかで、人間のあり方が惑い混乱して、真の姿をとっていないという現実を描いている。惑った人間という誤った可能性のうちにほとんどの者が生きているからこそ、世界における人間のこのような状態を洞察した者は、共に生きる人間を助けなければならないと思うのである。このような状態を洞察した者はまた、最終的に争い、不和、もめごと、迫害、戦争が生じてしまうことも見ることになる。惑った状態にある人間は、自分を個別的なもの、部分的なもの、占有されるものと同一視してしまい、自らの固有性が見えなくなるからである。人間の固有性とは、人間が比類のない存在であって、世界の全体が人間にとって意味をもつということを意味する。それゆえ人間は、事物がそれ自体としては有していないような意味や意義を事物に認めることができる。人間は事物ではないが、迷宮のなかで迷った者は自分を事物にしてしまう。そうなると人間は、自分を人間として見ることができなくなり、人間としての使命と責任を引き受けることができなくなる。人間には自分自身と他者に対する使命と責任だけでなく、事物に対して――全体がもつ意味に対して――すら使命と責任があるのに、それを引き受けることができなくなるのである。

迷い苦しむ人間、絶望から自分自身を荒廃させ、自分自身を破滅させてしまう人間がたどる運命や、このような人間が落ち込んでしまう深淵を、コメニウスは自らの全生涯そのものに関して深く知ったし、また同時代の出来事を全般的に見ることによっても知った。このような人間には救いが〈なければならない〉。それはどのようにして可能だろうか。支配的な存在たる人間を、事物と同じように加工したり、操作したり、変形したりすることはできない。近代教授学は、心理学的、生物学的、社会学的補助方法を有していて、それだけでいく限り、人間を事物と同じように扱ってしまう傾向がある。人間は自分自身を救わなければならない。人間は本質的に自分自身を救うことができるし、救おうとする。ただそのためには、正しい〈機会〉が提供されねばならない。人間であることに〈自由に〉与ることができるためには、人間は〈導かれ〉ねばならない。このために人間は助け合い、必要なものは何でも提供し合わなければならない。――こうしたことを忘れて人間を救おうとすれば、どのように努力しても挫折する運命にある。専門技術的なやり方は、人間が必要とするあらゆる技巧を授けることはできる。しかもこのことは、経済的で信頼できるやり方をとることもできる。それゆえ専門技術的なやり方で、〈技芸を駆使する〉人間、専門家を育成しようとすることはできるし、名人を育成しようとすることすらできるだろう。――だがこのようなやり方では、人間そのものを自分自身へと導くことはできない。それどころか、自分のなかに問題らしきものがあることを見てとることすらできないであろう。このような見方をとったために、人間は、技巧と活動と成果との化身だということになってしまった。一九世紀と二〇世紀という、好んで教育的と呼ばれる二つの世紀において、〈人間〉が教育によって置き去りにされていることも、このように見ればよく理解できることである。この二つの世紀は教育的ではあるが、それは教育学がほとんどもっぱら、習慣や知の集積や技巧を形成するという観点から自らの課題を把握し、教授学の各論や教育論の観点から自らの課題を把握している点においてなのである。次のようにいわれることがあるが、それは誇張ではない。すなわち、平均して人間が今日ほど「教育を受けない」存在となったこと、人間が今日ほど内面的に躾けられていない存在となったことは、これまでなかったといわれる。また、人間が今日ほど本能や伝統の働き、社会的圧力に影響されたことはないとか、自由を誤って理解してしまい、それによって何をはじめたらよいかわからないような状況に、人間が今日ほどさらされたことはないといわれる。あるアメリカの社会学者は、自らも属する、最高の成功をおさめた社会、「人間の帝国」をもっとも進めたことを誇りとする自らの社会について熟察し、それを次のように性格づけているが、これは最も恐ろしいものにほかならない。それは「孤独な群衆」のことである。[65]

コメニウスのモットー
「暴力なくば，すべては自ずと発する」

だが救いは可能であり、人間を自分自身に向かわせる道を教育が示すならば、教育こそが救いとなる。教育は、世界が意味に満ちたものとなるために奉仕するという人間の使命を「知る」べく、人間を導かなければならない。教育は人間を導いて、世界の意味を満たしてそれを実現するために〈奉仕〉してこそ人間の支配も成り立つということを知らしめなければならない。――コメニウスの著作からわれわれに語られてくるのは、こうしたことである。「暴力なくば、すべては自ずと発する」[66]という彼の主要原理が意味するところは、単に、本来は気分がよいはずのことが、詰め込みによってすべていやなものになってしまうとか、詰め込みや機械的な猛勉強には効果がない、といったことではない。それが意味しているのはむしろ、人間は自分自身に至る道は自分のなかから見出すが、そのための諸条件は〔外から〕得られねばならず、この諸条件のなかで最も重要なのはまたしても人間だということである。人間は暴力を行使せずに暴力を操ることができる。つまり人間は、人間へ至る道をすでに自ら踏み出しており、そうすることによって、達成されるべき課題、問題、目標をすでに明らかにしている。人間はこのようにして、自己責任に向かって進もうとし、また自立的で自発的な生、自ら充実したものとなる生へと向かって進もうとする。このような人間こそが教育者にほかならない。教育とは導き出すこと、迷宮からその外へ導くことであり、それは生の課題である。生の課題としての教育は――、世界とはひとつの学校であり、この場所でわれわれは人間になり、また、自らを人間にする、といった言葉によっても表現されるであろう。

さてコメニウスの出現は、その当時どのような点で革新的だったのであろうか。またどのような点で、われわれ自身にとっても模範になるのであろうか。それは、コメニウスがはじめて〈教育の機会〉に関する制度について考え抜いた点にある。人間が人間になるためには、どの人間にも、この制度に至るための道がつけられていなければならないということである。世界はひとつの学校であり、そこを通って成果に至るためのものとして、〈諸学校〉が必要である。それは比喩的な意味においてではなく、本来の意味で必要なのである。学校という明確な教育と教授の過程のなかに、すべての人間が送り込まれなければならないし、またいかなる人間も送り込まれなければならない。成長を遂げつつある者が通過する段階としてはさまざまなものがありうるが、どの段階においてもこの者は、知性の火花が飛び散るような状態に置かれなければならない。知性の火花は、誰かをとらえた後、新参者に飛び火していく。知性の火花はまた、導く者にも助力になる。というのも、知るということは、言いかえればコミュニケーションによって知ることであり、接触において理解することだからである。教育とは〈開く〉ことである。教育は事物へ通じる道を開き、事物の理解というわれわれの課題へ通じる道を開く。事物の理解という課題にとりくもうとするとき、他者もまた同じ解決のやり方をとる場合もあるし、別の自分ならではのやり方をとる場合もあるが、このような他者に通じる道を開くのもまた教育である。あらゆる課題は全体から流れ出て意味豊かなものとなるが、この全体へも教育は道をつける。教育はわれわれ自身への道をつける。われわれは、この過程の終局において、自分が最初とは異なった形態のものとなっているのを見出す。

このようにして教育は、人間であることへと導くものとして規定されており、教育のとる中心的な姿がどのようなものとなるかも、このような規定から決まってくる。その中心的な姿によってこそ教育は人間にとっての主要な「事柄」となり、人間に備わるほかの特性や、政治、宗教、哲学といった人間の他の「事柄」も、これによってはじめて存在することができる。それゆえ人間であることへの教育は、何ら〈特殊な〉教育ではないのであり、それを「道徳的な」教育としてとらえるならば、それはすでに誤認である。それは、人間の精神を習慣づけて一定の反応をするようにさせたり、一定の持続的な性格を獲得させたりすることではないのである。またそれは、人間にあらかじめ備わった素質や能力を統制すること、それによって「人格」を一定の理想を実現するのにふさわしい存在とすること、たとえば「人間性の理想」のような理想を実現するのにふさわしい存在とすることとも違う[67]。近代に現れた「人格」という奇妙で神話的な理想のことをコメニウスは知らなかったが、だからといって彼の学説が本来の意味での教育論のうちに入らないということにはならない。多くの人がコメニウスに単なる教授学者という烙印を押して、彼の議論は本来の教育論ではないと考えたが、それは当たっていない。人間をめざす教育ははるかに深い場所に位置しており、そこでは、人間のあらゆる目標、理想、根本の可能性が姿を現して人間をとらえ、人間に伝わり、人間を満たし、人間を引き寄せる。

コメニウスの教育理念からくる民主主義は、人間が人間に至る道として教育をとらえるという見方と関連している。教育においては、人間であることの核心が問題になり、真に人間であることの可能性が問題となるのであり、だからこそ、意識的で体系的で制度化された教育がなければならない。言いかえれば、学校―教育は誰に対しても拒否されてはならないということである。社会は自らを確かなものにするために、自らのうちにあるものをすべて動員しなければならない。というのは、どのような社会であれ、それを最終的に正当化するもの、それに意味を与えるものは、社会自身のなかにあるからである。人生を生きていくなかでコメニウスには、真に人間的な社会は教育の社会であること、真の社会改革は、社会を教育の社会にすることで成立するということが、ますます明瞭に見えるようになった。

　さらにコメニウスは、人間に至る教育には特別な知が必要になると考えていた。それは個別的な知ではないし、特殊科学のもつ効率や効力に関する知でもない。それは世界全体に関する知でなければならない。それは、世界全体のなかで人間がどのような位置を占めるか、世界全体のなかで人間の生活がどのような意味をもっているかに関する知でなければならない。このような細分化されない知は、コメニウスにおいては汎知学という名で呼ばれており、彼はこのような知が学校で教授されるときの背景となることを求めている。このような知に至るためには、人間の理性とその応用に関する一定の改革が必要になる。この改革は、自らへ至る途上にある人間にとっても助力となるものである。それはこのような人間に対して、人間の諸目標が統一されていることや調和していることを明らかにするからである。それはデカルトやデカルト主義者がいうような意味での知性の改革（reformatio intellectus）ではない[68]。デカルトやデカルト主義者においては、理性はたしかに普遍的課題を解決する能力をもち、精神の能力を鍛えることも求められるが、これらは外に向かっている。汎知学的な人間は、精神の能力を人間的なるものへ向けるものであり、また同時に、そのことによって普遍的、宇宙的、平和的で協和的な存在となる。というのは、汎知学の目標は本質的に全体的なもの、普遍的なものであり、個別政治的な目標や個人的目標とは違って、人間同士をもめごとや戦闘に巻き込むのには適していないからである。そうではなく、汎知学の目標は、意見が衝突する場合にも人間同士を近づける。一見したところでは、コメニウスのこのような考えは空想的、非現実的、実行不可能であるように見える。このような考えは、近代自然科学とそれを手本に構築された他の分野に見られる「実効的な」知の領域においては実現しえない。すなわちそれは、（M・シェーラーのいう意味での）支配知の領域においては実現しえない(69)。しかし、われわれの近代において現れたような、純粋な事実に関する実効的な知を総合しようという試みはどうかといえば、それもまた同様にユートピア的なものであることは明らかである。総合をめざす実証的試みもユートピア的であることは、一目瞭然である。このような試みが示す「支配知」は本質的に無力であって、細分化がますます進み、特殊化や技術化の規模がますます大きくなるなかで「支配知」が放棄されることもありうるからである。だが、〈力である〉知のほかには知はないのであろうか。〈力〉が支配する領域においても、「全体に向かう視線」はありえないだろうか。すなわち、事物をあますところなくとらえて〈まとめる〉のではなく、事物を意味あるものにするような「全体に向かう視線」はありえないのだろうか。このような視線が必要であることは、支配知以外の知を知らない者にも薄々感じられていないだろうか。そうだとすれば、コメニウスの理念は——彼自身が与えている内容は、当然のことながらどうしても時代に制約されていて、古めかしいものになっているため、それは度外視するとしても——、われわれの目にも新たな内容をもったものに見えるであろう。

コメニウスの思想では社会改革は次のように定義されるが、これまで見たところからも、彼の思想はわれわれにとっても有意義なものになっている。すなわち、人間を人間へと導いていくことのできる存在に形成することが、どの程度できるかということによって、社会もまた評価されるという。この中心的事案がそのなかでどのように促進され、どのように阻害されるかという尺度によって、社会は評価されるというのである。このことのなかに、社会の状態を評価するための基準もあり、また諸社会からなる総体を評価するための基準、すなわち人類全体を評価するための基準もあるという。

どのような助力によって人間は人間となるのかということをコメニウスは検討しており、それを通過することによってはじめて教育論に到達している。その後、真の教育体系が前提とするような学問はどのようなものかを考慮した後に、汎知学に至っている。そして汎知学の後、普遍教育に関する制度が成立するための現実の条件について省察する過程を経て、最後に全面的改革、すなわち「汎改革」に到達している。「人間に関する事柄の改善」について彼が書いた最後の大著である『総合的審議』は、ユートピアのなかのユートピアであり、人間的な人間が実際に自らに対して立てることのできるあらゆる目標設定の体系である。(70) この最後の著作が未完に終わったのは、彼の時代には現実のものになりえなかったからである。それはまた、彼の思考手段によっては現実のものにならず、彼の形而上学的図式という点においても現実のものにはなりえなかった。またこの著作が対峙した精神的状況は、『教授学』、『汎知学の先駆』、『開かれた言語の扉』等、コメニウスの初期の独創的な著作が現れたときの状況とはまったく違ったものになっていた。時代の趨勢は、実効性をもった知に向かっており、神学と実証的学問とが分離していった。また自然学説においては数学的原理が着目されて、神学と形而上学は嫌悪されていった。改革についてコメニウスが晩年に書きつけたものを、熱心な編集者がコメニウスのノートから集めて出版しようとしたが、これらは公衆の関心を引くことがなく、出版されずに終わった。これらの草稿は、彼の努力を最後までわれわれに表してくれる。それらを見ると、他の著作の場合と同様、人間を真理へ導くという課題に彼がいかに真摯にとりくんでいたか、この課題を追求してどのような帰結に至ろうとしていたかが分かる。——コメニウスが教授学を実践し体系化したことは、部分的にはかなり前から評価されていたが、時代に合わない部分もあって、彼の原理として知られているものもとるに足らないものになってしまった。しかし、人間が正しい仕方で人間になるために人間を導く道としての教育という、彼に帰せられる最大のものは、今日でも、彼が生きていた時代とまったく同様に問題であり続けている。

コメニウスの教育の中心的な意図を新たな歴史的状況のなかで再現させようと思うならば、かの著者が書きとめたものと格闘する用意がなければならない。すなわち、『大教授学』、『汎知学校』、『パンパイデイア』といった書をものしてみせた人物が書きとめたものである。というのは、人間を真の人間にするような教育を実現しようとして、彼は全体的で合理的な学校制度を考え出したが、この学校制度は、啓蒙期以後、まったく正反対の路線をいこうとする取り組みによっても歓迎される枠組みとなっていったからである。そして、この傾向は時代とともにますます強くなっていった。〔コメニウスと正反対というのは〕人間がもっぱら職業活動に向けて準備する場として、もっぱら「実際の生活上の課題」に向けて準備する場として、学校を構想するような取り組みであり、このような立場もまたコメニウスの学校制度を歓迎した。今日、教授活動が拡張されて職業生活の全体にまで及んでいるが、これは、『パンパイデイア』のなかで、学校が全生涯を覆っており、全生涯が学校であるといわれているのとは正反対の状況である。

コメニウスの根本思想を甦らせようとするならば、おそらくはまず〈脱学校化〉（Entschulung）から始めなければならないだろう。今日の「教育」システムでは、労働をしたり成果をあげたりすることができるようになるための準備（この準備自体ももちろんすでに労働であり成果をあげることであるのだが）で生活が占められており、これを否定しようとすることは今日ではユートピアに見えるであろうが、この否定から始めなければならないのである。実務的な生活が送れるようになることを求め、この方面での能力を促進することがとくに重要になっているため、学校のシステムが巨大な生産部門とは異なるようなものにもなりえるということを、われわれは多くの場合、もはやまったく想像できなくなっている。巨大な生産部門とは独特の性格のものであって、そこでは、リヴァイアサン(71)の介入が弱められるのは、成果を達成する方法が効率のよいものとなるために必要となる場合だけである。そして、それにもかかわらず小さな驚きがいたるところにあるのが、巨大な生産部門というものである。そこでは、特殊な教授学や業績をあげるための教授学がもたらすニヒリズムについて語られることはなく、人間の教育の機会と仕事のための知識をいかにして〈正しく基礎づける〉かという問題だけが注目される。まさに学校制度の領域において、社会構造と関係することによって、われわれの生が自己疲弊に向かう兆候が急速に現れており、新たな迷宮が出現している。この迷宮もまた、部分的にはコメニウスが発見した性格を帯びたものになっている。われわれは危機が絶え間なく続く時代に生きている。それは持続的状態となっているため、正常な状態であるかのように見えている。自らも心の奥深くで危機の時代を経験したため、自らの人生が不安と嘆息のもとで過ぎ去ったと自ら語った、かの風変りな男を想い出す必要がある。時代からそれていたにもかかわらず、奇妙にも忘れさられることのない、かの男のことを思い出す必要がある。そうすることは、教育という領域においては何が正常なことなのか、何が健全なことなのか、という問題に向き合う上で役立つであろう。

注

(1)【訳注】この論文は、一九六八年の「プラハの春」以降に出版されたパトチカのコメニウス研究の内では質量ともに最大で最後の論文である。ドイツ語で単著として出版された(Schöningh, Paderborn)。この論文の序文と第一部から第三部は、基本的には、チェコ語で著され、『スラヴィア』(*Slavia*)第三九巻第四号に発表された「コメニウスの哲学について」(*O filosofii J. A. Komenského*)のドイツ語訳と見なされる。また、第四部は本書に収録しているチェコ語論文「コメニウスと今日の人間」とほぼ同内容である。

しかし、チェコ語テクストとドイツ語テクストを比較すると、記述に相当の隔たりがある。周知のように、チェコスロヴァキアの社会主義政権下では厳しい検閲が行われていたのであり、言論の自由は著しく制限されていた。両言語のテクストの差は、そうしたことが反映していると見なすことができるかもしれない。また、ドイツ語テクストにはパトチカの哲学や現象学についての知見がコメニウス解釈に投影されていると見なされる言及が少なからずみられ、パトチカが、ドイツのコメニウス研究や教育学論議を意識して加筆したとも考えられる。『ヤン・パトチカ選集』第一〇巻にはチェコ語のテクストが収録されているが、本書では、ドイツ語テクストを底本とし、チェコ語論文との主な記述の相違を訳注で指摘する。

この論文の眼目は、コメニウスの哲学思想が本質的に教育的な性格を帯びているということを明らかにしようとした点にある。序論での問題設定をうけて、Ⅰでは一六一〇年代から二〇年代にかけてのコメニウスの初期思想が扱われる。ここには、コメニウスとクザーヌスの関係を追求してきた成果が示されており、とくにコメニウスの自己中心性の概念についての検討はコメニウス像の見直しに向けた重要な問題提起となっている。Ⅱでは、Ⅰでの考察に基づいて、コメニウスの教授学の原理が再考されている。Ⅲでは、コメニウスがイングランドに滞在した当時に著した『光の道』をとくに重視し、新プラトン主義において重要なテーマであった光についての形而上学的な考察の意義を指摘し、光は世界を教育の相のもとに見たコメニウスの思想のシンボルであると指摘する。そしてⅣでは、パトチカ自身の近代教育に対する批判的分析が展開されている。ことに、「コメニウスの根本思想を甦らせようとするならば、おそらくはまず〈脱学校化〉から始めなければならないだろう」という言及は、これがイリイチの『脱学校の社会』の出版と同年（一九七一年）のことであることを考えると興味深い。

（2）【訳注】E・ラードゥル（Emanuel Rádl, 1873-1942）。チェコの生物学者、科学史家、哲学者。マサリクの支持者、ダーウィニズム批判でも知られる。

（3）【原注】E. Rádl, *Věda a víra u Komenského*, Praha, 1939, str. 78.
「独創性を欠いている点を非難して哲学者を否定的に評価することほど酷なことはあるだろうか。〔だが〕コメニウスに対してはこの非難をしないわけにはいかない。彼は教育学に対する関心と敬虔さによって心を奪われたため、哲学者としては劣った存在であった」。
コメニウスの独創性は自然哲学の領域にではなく、その教育思想にこそある。教育学に対する関心について述べている箇所で、ラードゥルがいっているのは教師の手腕を依拠する教授学主義についてである。これは正しい見方ではない。

（4）【訳注】この言及が、マルクス主義的な教育思想史研究のモデルともされた旧東ドイツの教育学者アルトによるコメニウス研究『コメニウス教育学の進歩的性格』（*Der fortschrittliche Charakter der Pädagogik Komenskýs*, Volk und Wissen Verlag, Berlin, 1953.）を意識しているであろうことは容易に見てとられるであろう。

（5）【原注】R. Kalivoda, *Consultatio catholica — eine Großtat tschechischen Denkens*, in : *Jan Amos Komenský, Wirkung eines Weks nach drei Jahrhunderten*, hrsg. v. Klaus Schaller, *Pädagogische Forschungen*, 46, Heiderberg, 1970, S. 56ff.

（6）【訳注】チェコ語の公刊テクストは、このパラグラフで終わっているが、その内容は大きく異なっている。チェコ語テクストのうちドイツ語テクストで展開されている実存論的解釈をうかがわせる表現は次の言及である。

「彼の思想の諸段階のなかで表現された内的連関、つまり体系的な内容をともなった連関におけるそれらの成長の論理は、その最大の部分はわれわれのもとにはなくなってしまっている。まず、そのようなコメニウスの表現に基づくことによって、われわれはその思想自体の本性においてその哲学思想を理解することができる。そして、それに基づいて、コメニウスの哲学思想が、今日のわれわれに呼びかけ心を揺さぶるのにはどれほど隔たっているのかを決めることができる」（ＪＰ10、二九〇頁）。

（7）【訳注】ここはコメニウスの『全事物界の劇場』の以下のくだりからの要約的な引用である。

「また、あなたは、知恵を湧き出させる比類なきあの泉であり、その満たされた泉から、われわれはすべてを恩寵として受けとるのです。ですから、あなたの全知（vševědoucnost）という泉に由来するあの源流は、たとえ人間の粗野によって汚されたとしても、正しくあなたのほうを向いていますから、唯一のすべての端緒と終結であられる方よ、あなたは今のままのお姿に留まりましょうし、かつ、いつまでもそのお姿のままであるということになりましょう」（ＤＫ1、一〇〇頁、藤田輝夫訳）。

（8）【訳注】この引用も『全事物界の劇場』からの要約的な引用である。

「ご自分のきわめて深い知恵と善意とにしたがって、あなたの賛美を表明しようとする被造物（詩編第六六編第二、八節）を出現させることはあなたの思し召しに適いました。すなわち、われわれ人間とわれわれよりも高貴な被造物すなわち天使とをです。あなたは、ご自分の称賛者たちをそのように二つの集団に区分し、地上（それは、彼らのために予め創造されたのですが）を彼らで満たし、われわれを地上の最底辺に、天使を最上辺に据え、そうして、あなたの賛美の声によってすべての地上が区分されたり満たされたりするようにさせました。天使たちは自分の遵守するべき義務を忠実に遵守しているというのに、われわれ人間は、われわれの創造主よ、あなたの調和を汚し、その他の事柄を大口をあけて待ち、自分の義務をないがしろにするのです。気高い主よ、そんなことをしても決してあなたから逃れられることはないのです。なぜなら、われわれが黙っている間に、あの理性のない被造物は、われわれの行わなければならなかったことを行い、われわれは恥をかくことになるからです」（前掲書、九九頁、藤田輝夫訳）。

（9）【訳注】R・ルル（Ramon Llull; Raymundus Lullus, c. 1232-c. 1315）。マジョルカ人の哲学者・論理学者。

（10）【訳注】F・パトリッツィ（Francesco Patrizi, 1529-1597）。イタリア・ルネサンス期の哲学者、アリストテレス主義批判で知られる。

（11）【訳注】R・フラッド（Robert Fludd, 1574-1637）はイングランドのパラケルスス派の医師、数学者、バラ十字団の擁護者として知られる。B・アスラクッソン（Bergensis Aslakssøn, 1564-1624）はデンマークの哲学者。

（12）【訳注】チェコ語テクストでは、次のような記述になっている。
「しかし、こうしたことはすべて、かの基礎的な迷宮的経験と迷宮からの出口を強調する手段にすぎない。というのは、いかにわれわれが幅広く考えるにせよ、迷宮からの出口にあるのは、教育の哲学思想とその帰結であるからだ」（ＪＰ10、二九七頁）。

（13）【訳注】チェコ語テクストには次のような記述がある。
「迷宮からの出口にあるのが教育なのである。というのは、教育とは導くことであるが、自身のもとに迷宮をとどめ、普遍的な回心を完全に成し遂げることができる者のみが導くことができるからである」（ＪＰ10、二九七頁）。

（14）【訳注】『神の子であることについて』（*De filiatione dei*）、坂本尭訳『クザーヌス』、キリスト教神秘主義著作集、一〇、教文館、二〇〇〇年。

（15）【訳注】本書、三五頁注（４）。

（16）【原注・訳注】クラウス・シャラーの編集による『平安の中心』のドイツ語版（Heiderberg, 1964, S. 77.）の注。
ここで用いられている **Eigenheit** は、チェコ語の原テクストでは **samosvojnost** であり、本書では「自己中心性」と訳出した。
（17）【原注】教授すること（docere）＝引き出すこと（ducere）と教育＝迷宮から救い出すこととは、イエス・キリストが導くことであると解釈するのが基本的なモチーフとなっている。このモチーフのもつ教育学的な核心を、チェコ語で著された慰めの書からはじめて取り出したのは、クラウス・シャラーである。われわれの論述はそこから刺激を得ている部分もあるし、それに異論を呈している部分もあるが、いずれにしてもこの著書に多くを負っている（K. Schaller, *Die Pädagogik des J. A. Comenius und die Anfänge des pädagogischen Realismus im 17. Jahrhundert*, in: *Pädagogische Forschungen*, XXI, Heidelberg, 1962, Ss. 184-203.）。
（18）【訳注】J・フス（Jan Hus, 1369-1415）。チェコの宗教改革者。一四一一年に破門され、コンスタンツ公会議で有罪とされて火刑に処せられた。フスの宗教的主張は、分裂や消長を経ながら一七世紀まで伝わった。
（19）【訳注】慰めの書を著した当時のコメニウスには厭世的・静寂主義的な傾向も見てとられるが、パトチカはそれをコメニウスの基調としては見ていない。
（20）【原注】「第一の生において、われわれは第二の生の準備をし、第二の生では第三の生の準備をする」（『教授学』、DK11、四六頁）。
「これらの学校はすべて、われわれが天の下で生きている現世のためにあり、来生のためではありません」（『光の道』、ロンドン王立協会への献辞、第一九節、DK14、二八八頁）。
（21）【訳注】この節は、「コメニウスの教育哲学（一七世紀の三〇年代初期における教授学とその他の著作について）」という表題で、単独に出版されてもいる。
（22）【訳注】ドイツ南端の街。修道院が七四六年に創設された。
（23）【原注・訳注】『光の道』、ロンドン王立協会への献辞、第二節。
「ダビデと同様の祈りが私の心に湧き上がるのを神がお許しになってからもう四〇年が経ちました。私は叫びました、「あなたの光と真理を遣わしてください……」と。……戦火が国境を越えてまず隣国をとらえ、やがてヨーロッパ全体に広がり、キリスト教世界全体を破壊と分裂の危機に陥れたとき、神の古代の約束、至高の最後の光がついには闇に優るという約束を見出す以上の安らぎはありませんでした。これに何らかの人間の助力が必要とすれば、それは、若者が世界の迷路から解放されるために、あらゆる事柄を（もっとも初歩的で基礎的なことから）よく教育すること以外にはありえないと私は考えました」（DK14、二八五頁）。
（24）【訳注】『地上の迷宮と心の楽園』第三三章には、ソロモンが地上世界を司る知恵の女王が虚偽的な存在であることを暴く叙述がある（DK3、三六一～三六二頁。邦訳、一七二～一七四頁）。
（25）【訳注】パトチカは、コメニウスも採用した当時の存在論が、理論レベルで人間の物象化に陥るリスクを負っていたことを指摘したうえで、コメニウスにおいては、贈与論的な人間理解によってそのリスクが回避されたと見ている。
（26）【訳注】この段落のここまでの言及に対応する記述がチェコ語テクストにはない。
（27）【訳注】『地上の迷宮と心の楽園』で、主人公の巡礼が地上世界の迷宮的状況への絶望から、自身の心に立ち返り神と出会った三七章以降の後半部分を指す。
（28）【訳注】『大教授学』第九章第八節からの引用。
「手工職人、百姓、荷運び人夫、それに女までが学問をおぼえたら、いったいどんなことになるだろう、とこんなことをいう人がいるとしましょう。私は答えます。正しい方法で組織されたこの普遍的な教育をありとあらゆる青少年が受けるならば、今後誰もが頭で考え、心で願い、手で求め、身体で行うものは皆善以外にないようになるのであります。つまり、一生を通じ行動と意欲とのすべてをあげてなにを目指さなくてはいけないのか、どんな枠の中で進まなくてはいけないのか、誰もが自分の立場を守るにはどうしなくてはいけないのか、それがすべての人にわかってくるのであります。……つまり、一言で申せば、すべての人が、いたるところに神を見、いたるところで神をほめたたえ、いたるところで神と抱きあうことを、学ぶのですし、こうして苦悩にみちた現世の生活をもっと楽しくすごしいっそう大きなあこがれと希望とを抱いて永遠の生活を待ちこがれることを、学ぶのであります」（DK15Ⅰ、七六～七七頁、邦訳、1、一〇二頁）。
（29）【訳注】R・アルト（Robert Alt, 1905-1978）。旧東ドイツの政治家、教育学者。マルクス主義に依拠したコメニウス解釈、教育史解釈は冷戦下で大きな影響力があった。
（30）【訳注】『大教授学』第一六章、一七章、一八章で示されている的確に（certo）・平易に（facilis）・着実に（solide）の教授原則のこと。パトチカは、それぞれ verläßlich、leicht、gründlich をあてている（DK15Ⅰ、九九～一二七頁、邦訳、1、一五一～二一〇頁）。

（31）【訳注】チェコ語テクストでは、これ以降の記述が大きく異なるが、ここにはまたコメニウスの教授理論に対する独自の分析が見られる。

「今のところわれわれは、「演繹的（ア・プリオリな）」教授学的原理の思想構造のすべてを適切に分析できてはいない。実体及び形式における教育観、すなわち「自然は飛躍しない」（『大教授学』第一六章基礎七、DK15Ⅰ、一〇七頁、邦訳、1、一六五頁）、「自然はすべてを一様に行う」（『大教授学』第一七章基礎一〇、DK15Ⅰ、一一七頁、邦訳、1、一八七頁）というような教育上の金言が、分析の方法に反映しているのは明らかだ。しかし、これらの概念や命題は主要な事柄ではない。コメニウスはここで分析的方法に属するはずの観察から経験的な規則を演繹してはいない。ただ、学習の技芸の創造的な観念を証明しているだけであり、自然からの平行関係を例示しているだけである。というのは、その方法によって自然のアナロジーや人間の異なる技巧の類似性が見つかるならば、すべての技法のなかの技法へと移行するようになるからである。さまざまな分野や領域のなかに示されるのは、常に唯一で同一の「神的な技法」、すなわち技巧のイデアや人為性のイデアの異なる側面なのである。それによれば、「自然の基礎」は、コメニウスによって示された例にはあたらないであろう。それらの例とは、卵をかえす鳥、大地と移植、園芸または建築の技法である。つまり自然の基礎とは神的な技芸であり、それはただ平行関係において例示し証明されるだけのものなのである。ゆえに、そのことはヒュープナーや彼に続く多くの解釈者たちが誤って考察したように、自然の経験からの推論ではあるものの、すべての多くの経験の理念的な基礎を認識することにともなう問題ではないのだ。そしてそれは、かの共同的かつ根拠づけられた特質であるところの「理念的視点」を仮定する。すなわち、理念的視点によって、技巧と同様に、目標を達成する方法が、第一に動物のところで、第二に植物のところで、第三に個々の人間の技巧のところで現れるのである。ゆえに、そののちに生成する方法によって教授学の技巧である一般的な技巧の領域にも置き換えることができるのである。なるほどコメニウスの原理は、証明されたものというより図解された例なのである。しかし、それらの原理はなお証明すべき価値があるのであって、単なるメタファーではないのである。つまり創造物や達成物の異なる方法を見たり集めたり、どのように結論に結びつくかという多種多様な段階の思考に基づいて、主として非暴力的、自己完結的で、全体として指導的な達成モデルについて考察するなら、メタファーは実際に教授者を助けるのである。このメタファーは、そこに共同の契機を確立するのである」（JP10、三〇四〜三〇五頁）。

コメニウスの教授学理論に対しては、彼の生前にあってもさまざまな疑念が寄せられた。そのひとつにブランデンブルク選帝侯の顧問官を務めたJ・ヒュープナー（Joachim Hübner, 1611-1666）からの批判がある。彼は、一六四一年九月にロンドンを訪れたコメニウスを迎えた一人でもあるが、一六三九年にコメニウスに書簡を送り、とくにアナロジーをとおして教授原則を導き出そうとするコメニウスの方法論を酷評した（KK1、七三〜八三頁）。コメニウスは、チェコ語で著した『教授学』をラテン語に訳した『大教授学』を一六三九年にはほぼ完成していたが、これが活字になったのは、一六五七年に『教授学著作全集』が出版された時であった。

チェコ語テクストにおけるパトチカの考察は、類比の方法の意義を再考察するものであるといえる。なお、藤田輝夫によるコメニウス宛ヒュープナーの書簡の全訳を読むことができる（『日本のコメニウス』第九号、一九九九年、五三〜七七頁）。

（32）【訳注】『大教授学』で示された三つの教授原則が扱われた第一六章、一七章、一八章のこと。

（33）【訳注】チェコ語テクストでは、次のように以下の記述がやや異なる。また、続く三つの段落についてもチェコ語テクストには対応する記述がない。

「的確・平易・着実という教授と教育のすべての原理は、単に有用なだけではないし、それらは同じ水準にあるわけでもない。それらは、創造された物と産出された物の明確な印象を提示する方法ではない。この方法は、本来は農業生産の時代において、人間が暦の周期やその際の天体の状況に関して伝承してきたことのうちにあったものである。しかし、考察においてただちに知られるのは、これらすべての原則が、堅固な制度として構想された集団的な学校教育の有機的な概念の個々の見取り図を描くということである。その制度には、連続的で着実な教材があり、学んでいる生徒には継続的で区分された時間がなければならない。またその制度は、それ自体として時間を厳格に組織しなければならない。つまり、勉学の秩序は的確に考えられたものでなければならない。しかし、いかなるときも根本的な目標から考察を始めてはならないのである。なぜなら、人間を作るのは全体の存在であり、その存在はとりわけ自らのなかで自らに対して生きるのではなく、全体から全体のために、また全体に対して生きるからなのだ。それゆえにかの原理は、個別性においても、常に概括的な全体性から洗練された個別性へと進んでいかなければならないということを示す。たとえば常に眼前に意味深い全体を保ちながら、今われわれが主題として扱っている方法で、常にかの直接的な個別性以上の何ごとかを教えるということなのである。自発性をもった受容力、手作業による認識と学び、そして至るところで構造的な人間の生の全体をとらえようとするコメニウスの努力と結びついた不可分の原理は、少なからず重要な原理として全体の原理に加わるのである。ちなみに手作業とは、知識や行為などの抽象性に分解できない人間の凝集性の固有の例なのである」(JP10、三〇五〜三〇六頁)。

(34)【訳注】注(31)参照。

(35)【訳注】『大教授学』第四章等で示されている学識(Eruditio)、徳性(Virtus)、敬神(Pietas)のこと(DK15Ⅰ、五九頁、邦訳、1、六三頁)。

(36)【訳注】コメニウスは、さまざまな文脈で人間の知的営為の段階づけを試みた。『大教授学』では、着実性の基礎として、知ること(Nosse)、言葉で表現すること(Eloqui)、手で創作すること(Operari)の三項目があげられている(DK15Ⅰ、一二五頁、邦訳、1、二〇四頁)。『パンパイデイア』(汎教育)では、教育と学習の原理として、理論(theoria)、実践(praxis)という一般的な二項に加えて応用(chresis)が強調されている(CC2、六〇頁)。このほか、死後に刊行され、コメニウス独自の哲学的体系が示された『開かれた事物の扉』(*Janua rerum reserata*)第一章には、事物の観察(Contemplatio)、理性的な探求(Scrutinium)、思慮深い活用(Usurpatio)という学習の段階が示されている(DK18、一六三頁)。シャラーは『コメニウスの教育学と一七世紀における教育学的リアリズムの誕生』でこれらの概念の整理を試みている(*Die Pädagogik des J. A. Comenius und die Anfänge des pädagogischen Realismus im 17. Jahrhundert*, S. 51.)。応用というレベルが最上位におかれていることは、コメニウスの哲学の実践的性格を示すものである。教育方法論という面では、教授と学習の着実な進展には、観察や認識にとどまらず、とくに手を介した応用が不可欠であるという主張に連なっている。また「応用」は、異なった相の事象の間に平行関係を見ようとする新プラトン主義者コメニウスのアナロジー的思考が反映している。ちなみにパトチカは、「応用」のドイツ語として Anwendung をあてている。

(37)【訳注】チェコ語テクストには、この段落に対応する次の記述があるが、ドイツ語テクストとはやや異なりがある。

「付言するならば、可塑性の原理と教授実践の原理は彼独自のものではないが、彼によって体系的に徹底したものとなった。直観教授における可塑性の宣言は、コメニウスにおける感覚論の証拠と見なされている。しかしそれは、彼の自然的な教授学が自然主義であるという以上のことをさすものではない。感覚については、人間の他の能力に対して分離されるものではなく、記憶と理性に対する関係においてのみあるというのが、コメニウスの見解であった。教育の全伝統においても、彼においても、感覚とは、個別性において現れている現実の事象を認識する際の真理の源泉であるということが理解される。すなわち、理性はついには感覚の証言に訴えることになる。しかし、コメニウスがこうした傾向にある理由は、感覚論的かつ主観主義的な類型の経験論者にとっては、精神的な生が結局は知覚と多かれ少なかれ不正確なイメージからなり、他方、知覚がわれわれに原型としての事物を与えるからだ。それが示しているのは、コメニウスによれば知覚と記憶の間の重要な関係であり、光によってなぞらえられる注視の強調である。というのは、光なくしては、実在は何も確実には見られないのであり、すなわち光は学びの過程における活発な要素の強調を意味するのだ。コメニウスにあって、主観主義的な感覚論と可塑性には共通するところがない。同様に教授実践の熟練についての強調も行動主義を予期させるものではない。そうではなく、人間の実存の具体的理解とその実践的な根源から帰結するである」（ＪＰ10、三〇六頁）。

（38）【訳注】この段落に対応する言及は、チェコ語テクストにはない。

（39）【訳注】Ａ・バイエ（Adrien Baillet, 1649-1706）。フランスの学者・批評家、デカルトの最初の伝記を著したことで知られる。

（40）【訳注】チェコ語テクストの対応する箇所の続きは次のようになっている。

「その手引き書には『言語の扉』への準備となるもの、あるいは拡張されたもの、さらについにはそこに直観的な（もちろん実物ではなく絵としての）意味を結合させたものがある。『開かれた言語の扉』は、（原型ではなくイメージとしての）視覚的な像と言語の結合を準備し、それが広がるきっかけとなったのである。まさにコメニウスの他の「発明」と同様に、この小品も他国の影響や手本から生じていることが知られている。しかしそれは、手本にしたものの影響が忘れられるほど洗練されたのである。一方において同時代人たちは、『開かれた言語の扉』の哲学的な意義を予感していたが、他方においてそれにもかかわらず、当時はまだ生きた言語であったラテン語学習者の授業で教授する際の実際的な手引き書としてのみとらえられたのだ」（ＪＰ10、三〇七頁）。

（41）【訳注】コメニウスは、一六三一年に『開かれた言語の扉』を著したのちも言語教科書の改革にとりくんだ。一六三三年には、『開かれた言語の扉』の入門編として『開かれた言語の前庭』が出版された。『開かれた言語の扉』自体も改訂が加えられたほか、コメニウスが一六五一年から五四年にかけてトランシルヴァニア侯国で教育実践にあたった際には学校劇の台本『遊戯学校』に翻案された。一六五八年に出版された初めての絵入り教科書とされる『世界図絵』は、内容や分量からすると『開かれた言語の扉』や『前庭』の前段階の教科書とも位置づけられる。このほか、一六五九年には『開かれた言語の扉』よりも進んだ内容の教科書として『学識の学修の前庭』も著された。

（42）【訳注】F・スアレス（Francisco Suárez, 1548-1617）。スペインの神学者。一六世紀末にスコラ哲学の再度の体系化にとりくんだ。

（43）【訳注】チェコ語テクストには人名の表記はないが、これが「教育学の重要なモチーフとなっている」という記述がある。

（44）【訳注】ここから以下、チェコ語テクストでは次のように記述されている。

「一見すると、とくに聖書の解釈において、迷宮からの脱出の過程への吟味が一貫しているのは、コメニウスのすべての改革案が教育を教会の目的に宗教的に従属させているような印象を呼び起こす。われわれが実際に想像するのは、コメニウスの教育概念により広い意味があるのならば、それは教育の形式と内容が究極的には一致する共通点を有するに違いないという彼の中心的な思想であり、それはまたより多くの現代的価値を有しているということである。それは「教育の相から」世界を把握するということを意味する」（JP10、三〇九頁）。

（45）【訳注】一九三〇年代、コメニウスの協働者ハートリブの遺稿がイングランド北部で発見された。シェフィールド大学教授を務めたターンブル（George Henry Turnbull, 1889-1961）は、この「ハートリブ文書」を丹念に研究し、同文書がヨーロッパ一七世紀の知識革命の第一級の史料であることを明らかにした（George Henry Turnbull, *Hartlib, Dury and Comenius, Gleanings from Hartlib's papers, London*, 1947.）。ターンブルの研究から見出されたコメニウスの作品のひとつが『汎知学の前認識』（*Praecognita*）である。なお、ハートリブ文書は一九九五年にデジタルデータ化されている。

（46）【訳注】コメニウスの汎知学の構想を受けとったハートリブは、『コメニウスの意図の序曲』との表題でオックスフォードから一六三七年に出版し、コメニウスの構想はヨーロッパの知識人の知るところとなった。一六三九年には『汎知学の先駆』に表題が改められて再版された。

（47）【訳注】『汎知学の意図の説明』が執筆されるに至ったのは、コメニウスの汎知学構想がプロテスタントに共通する教義を逸脱しているのではないかという疑念によるものであった。

（48）【訳注】この段落前半の、コメニウスにおける「応用」の概念の発展についての詳細な言及は、チェコ語テクストでは簡潔に済まされている。

（49）【訳注】『汎知学の二重描写』（*Pansophiae diatyposis*）は、イングランドを訪問したコメニウスが、内戦の勃発のために余儀なくイングランドを離れ、政商デ・イェール（Louis De Geer, 1587-1652）の庇護を得て、現ポーランド領のエルブロンクに落ち着いた一六四三年にグダンスクで発刊された。ここでは、『教授学』以来の必要性、可能性、平易性といった構成原理に対して、普遍性、真理性、平易性という三相の構成原理が前提とされた。この時期、庇護の条件として教科書の編纂が求められていたコメニウスは、汎知学研究には理解が得られず、秘密裏に汎知学研究を進めていった。

（50）【訳注】ここであげられているのは、一六四一年九月にロンドンを訪れたコメニウスを迎えた面々である。J・ペル（John Pell, 1611-1685）はイングランドの数学者、外交官。ハートリブと密接に協働、普遍言語を提唱、アムステルダム大学の数学教授、イングランドの護国卿O・クロムウェル（Oliver Cromwell, 1599-1658）の代理人も務めた。T・ハーク（Theodore Haak, 1605-1690）はドイツのカルヴァン派学者、翻訳者。

（51）【訳注】この段落の以下の言及はチェコ語テクストにはない。

（52）【訳注】ここからの三段落はチェコ語テクストでは一段落にまとめられている。

（53）【訳注】チェコ語テクストでは、「世界は、人間がその使命を見出さねばならない場所なのである」（JP10、三一三頁）となっている。

（54）【訳注】コメニウスは『地上の迷宮と心の楽園』で、巡礼の若者と若者を惑わす同行者の旅として人生を描いている。ここでパトチカがそれを念頭においているのが見てとられる。コメニウスと対談したデカルトは、『方法序説』のなかで当時の諸学問について吟味したことはよく知られているが、コメニウスが『地上の迷宮と心の楽園』で行った地上世界の吟味を、パトチカは同じような哲学的営みとして見ている。

（55）【訳注】これらの構想をコメニウスが具体的に考察したのが『総合的審議』にほかならない。

（56）【訳注】ここからの二段落に対応する言及は、チェコ語テクストにはない。

（57）【訳注】この草稿のオリジナルは、現在、プラハのチェコ国立図書館に所蔵されている。パトチカもこの編纂作業に関わっているが、必ずしもポジティブといえない記述が何を意味するのか、関心を引くところである。

（58）【訳注】言うまでもなく、『地上の迷宮と心の楽園』の後半部分との対応が指摘されている。
（59）【訳注】このあとの『パンアウギア』と『光の道』の論点の相違についての言及は、チェコ語テクストにはない。
（60）【訳注】この段落の以下の記述は、チェコ語テクストでは簡潔になっている。
（61）【訳注】本書七八〜七九頁注（25）。
（62）【訳注】『パンパイデイア』に先立つ『総合的審議』第三部『パンソピア』には自然界から人間精神に至るさまざまなレベルの「世界」の平行関係が考察されており、道徳的世界についても扱われている。
（63）【訳注】一六世紀から一七世紀にかけて多くのユートピア文学が現れた。代表的な作品として、イングランドの政治家・思想家トマス・モア（Thomas More, 1478-1535）の『ユートピア』（*Utopia*, 一五一六年刊）、カンパネッラの『太陽の都』（*La città del sole*, 一六〇二年筆）、アンドレーエの『クリスティアノポリス』（キリスト者の都、*Christianopolis*, 一六一九年刊）、ベーコンの『ニュー・アトランティス』（*New Atlantis*, 一六二七年刊）等があげられる。これらのテクストに見られる社会の全般的な改革の主張は、一九世紀からの社会主義思想の展開のなかで、しばしばその前史的形態と見なされた。
（64）【訳注】『パンオルトシア』が社会主義に連なるような改革構想ではなく、志操の改革を意図しているという言及は、当然のことだろうがチェコ語テクストにはない。
（65）【訳注】D・リースマン、加藤秀俊訳『孤独な群衆』、みすず書房、一九六四年。
（66）【訳注】コメニウスは後半生の著作の多くの巻頭に「暴力なくば、すべては自ずと発する」（Absit violentia rebus, omnia sponte fluant.）との標語を掲げた。
（67）【訳注】チェコ語テクストの対応部分には「人格」についての記述がない。
（68）【訳注】デカルトやデカルト派と比較した言及は、チェコ語テクストにはない。
（69）【訳注】M・シェーラー（Max Scheler, 1874-1928）。ドイツのユダヤ系哲学者、哲学的人間学の提唱者。チェコ語テクストでは、シェーラーは参照されていない。ここでいわれているのは、シェーラーが晩年の大著『知識形態と社会』（*Die Wissensformen und die Gesellschaft*）第二部で、知識の根本的形態を救済知、本質知、支配知に分類したことを指していると思われる。
（70）【訳注】これ以下のコメニウスの著作が忘れ去られていった過程についての言及はチェコ語テクストにはない。

（71）【訳注】ここでいわれているリヴァイアサンの介入とは、ホッブズ的な意味での国家権力の介入を指すのであろう。

編訳者あとがき

「この世界に存在するものは、それが何であろうとも、教えるか、学ぶか、あるいはその両方を交互に行っているかのいずれである。」（コメニウス『光の道』第一章第二節）

パトチカのコメニウス研究は、コメニウス研究と教育学研究にとってのみならず、哲学史や思想史にとっても重要な意義を有していると思われる。にもかかわらず、日本ではほとんどとりあげられない状態が長く続いてきた。日本の教育哲学や教育思想史の研究が独自の発展を遂げてきたことには、それなりの意味がある。日本人の手になるコメニウス研究の単著が一九七〇年代からたびたび公刊されてきたのは、日本の研究水準の一端を示すものであろう。しかし、海外のコメニウス研究は、旧東ドイツのアルトによる『コメニウス教育学の進歩的性格』（邦題『コメニウスの教育学』、江藤恭二訳、明治図書出版）が一九五九年に邦訳出版されて以来、実に半世紀以上も独立した書としては紹介されてこなかった。この点は、コメニウス自身が邂逅した同時代の大哲学者デカルトと比較すると、その差は歴然としている。パトチカについても、その紹介は現象学研究の一部の論文にとどまっていた。

クラウス・シャラー博士と
（2009 年 12 月，ボーフムのご自宅で）

しかし、パトチカの生誕一〇〇年にあたる二〇〇七年、デリダにも刺激を与えた『歴史哲学についての異端的論考』の日本語訳（石川達夫訳、みすず書房）が出版され、岩波書店『思想』誌がパトチカ特集を編んだ（同年一二月号）。この際、私は、『思想』編集部の互盛央氏からパトチカとコメニウスとの関係についての論考の執筆依頼を受けた。そして、この論考「パトチカとコメニウス——デカルト的自我論との距離——」にとりくむなかで、パトチカのコメニウス研究への参照を怠ってきた自らの研究を猛省させられることになった。互氏からの依頼がなければ、いまだに惰眠を貪っていたに違いない。互氏からの打診は、コメニウスが『光の道』で用いているアナロジーによれば、到来したひとつの光であり、パトチカが『コメニウスの教育の哲学』で展開している「贈与」そのものであった。

その後、さいわいなことに私は、科学研究費（基盤研究（C）「コメニウス教育思想の現代的展開に関する研究」（平成二一年度～二三年度）、基盤研究（C）「コメニウス教育思想の再解釈に向けての基礎的研究」（平成二四年度～二八年度））の交付を受け、パトチカと知的交流を続けたドイツ・ルール大学名誉教授のクラウス・シャラー氏やチェコ共和国科学アカデミー附属ヤン・パトチカ・アーカイヴの所長でパトチカの教えを受けたイヴァン・フヴァチーク氏へのインタビューを行うなど、パトチカのコメニウス研究が生み出された多様な文脈の一端に触れることができた。両氏ともパトチカのコメニウス研究の日本語訳が世に出ることに期待を示してくれた。

パトチカは『コメニウスの教育の哲学』で「「精神の薬」としての哲学」という規定を引いている。これが客観的に見れば明らかに不遇としかいいようのない人生を送ったパトチカの言葉であったことを思うと、味わうべき意味がある。パトチカは、精神の薬としての哲学をもって生きることができたし、むしろ精神の薬を作り、服用することで生きられたとはいえないだろうか。そして、その薬は他者に開かれたものであった。いろいろな評価はあるだろうが、パトチカが彼の仕方で、文字どおりコメニウスを自家薬籠中のものとしたことは否定できないだろう。

パトチカからもたらされる薬は、けっして図々しく自己主張しないものの、少しでも真摯に読む人を教育的な思考に引き込まずにはおかない示唆に満ちている。コメニウスをもとにしたパトチカの哲学的思考は、価値相対主義やニヒリズムといった現代の運命を見据えつつ、にもかかわらず教育の可能性を考察している。それはかりではない。コメニウスは、単なる理論やその適用としての実践にとどまらず、さらに他の事象に応用できてこそ、学びははじめて一応の完結を見ると考えていた。パトチカは、この意味を学問的に探究するにとどまらず、自らの思索をその実存にまで応用して見せたのである。

パトチカは、過去のものとされがちなコメニウスのテクストを、一方において当時の歴史的文脈に位置づけることを試みつつ、他方においてそのテクストが現代にまで語りかけてくることの意味を考えた。パトチカがコメニウスの思想において注目した大きなポイントのひとつに光のアナロジーがある。コメニウスのアナロジー的思考は同時代人からも批判を浴びたが、パトチカは、なぜコメニウスがアナロジー的方法論をとったかにアプローチした。そしておそらく彼は、自身の哲学的思考との間に深い共鳴を感じた。

「光はあらゆるものに強制することなく働きかける。というのは、事物は光を通してはじめて、光のなかではじめてその形を現すからである。……光はあらゆるものをそれ自身に対してと同時に、他のものに対しても開く。それゆえ、人間に関する事柄を改革するためには、人間の心のなかの光のようなものが必要となる。……光が、世界において問題となる出来事を理解するための手引きとなるのだ。また、受けとりつつ自らを与え続け、自らを送り続けるという、教育の本質をなす過程を理解するための手引きとなるのだ」（本書二一九頁）。

パトチカの非―主観的現象学によれば、人間を含めた世界のあらゆる現実は、何らかの「現出（現れ）」（Erscheinen）と見なされる。ここであらゆる事物は、実体や関係としてとらえられるのではなく、運動の現れと見なされている。こうした見方をとる彼にとって、コメニウスによる光への注目とその普遍的な応用は、単なるアナロジー的な「思考」の域にとどまらず、文字どおり、ある限界を超えて現れてやってくる何かであっただろう。アナロジーはカテゴリー錯誤を招くといわれる一方で、私たちはアナロジーがうまく使われていると感じるとき、複雑な話が「腑に落ちた」感触を抱く。そして、そこには強制されたのではない心地よさがある。アナロジーのうちにコミュニケーションにともなう暴力を軽減する機能があることは否定できないだろう。

このあとがきの冒頭にコメニウスの『光の道』の一節を掲げたが、彼は世界における光の発出・受容・反射等の現象そのものを一種の教育、広い意味でいえばコミュニケーションととらえた。逆にいえば、世界そのものを教育（コミュニケーション）という相から見ることをとおして、教育なりコミュニケーションなりのあり方を考えようとした。こうしたとらえ方を壮大なロマンティシズムと見ることもできれば、アナロジーの誤用として否定することもできる。しかし、コメニウスのアナロジー的思考には、パトチカが明確な言い方ではないが洞察していた「理念化」がともなっていることは無視できない（本書二五〇頁）。

実際の教育なりコミュニケーションは、常に心地のよい光のやり取りのように行われることはない。苛烈な光に火傷を負いそうな思いをすることもあれば、逆に光が弱くて何を伝えたいのか分からないようなこともある。しかし、あらゆる事物が現れであるのならば、発してくる何かを工夫次第では受けとめることができるはずだ。そして、受けとめたことは、その瞬間に光として現れてしまう。受けとるということは、同時に返すことであり、送ることである。そう考えると、受けとるということに相当な努力が要る（と考えることができる）。発する側に努力が要るのはもちろんのことである。あらゆる事物は現れなのだから、受けとめられないのは受けとめない側が悪いとはいえない。工夫すべき課題は数限りなくある。しかし、何より重要なのは、発しようとする側が「本当」でないといけないということだ。体裁だけきれいに見せようとしたり、都合の悪いことを隠そうとしても無駄である。あらゆる事物が現れであるならば、そこにいるだけでもう露見してしまっているわけだから……。光というアナロジーが導入されると、教育やコミュニケーションは、文字どおり光が当てられ、そこから「こうした方がよいのではないか」という手引きが見えてくる。光のアナロジーには、一種の理念的・規範的機能があるのだ。

私事で恐縮だが、二〇一〇年からの四年間、私は職場の大学運営に関わることになり、日常は多忙を極めるようになった。しかし、パトチカのコメニウス研究から得た気づきを、単に客観的にとらえるのではいけない（と考えた）ので、日常生活、教育、仕事に応用するのを試みてみると、そこからまた新たな気づきや効果を感じることが多かった。この意味で、パトチカのコメニウス研究は私にとっては効き目のある「精神の薬」であった。

パトチカは、「人間を人間へと導いていくことのできる存在に形成することが、どの程度できるかということによって、社会もまた評価される」（本書二四一頁）と記した。ここでいわれている教育は、人間のコミュニケーションの総体を含んでとらえられる。また、ここでいわれている社会は、国家のみならず、あらゆる組織を指すだろう。コメニウス＝パトチカ的な見立てによれば、社会の是非は、そこでのコミュニケーションが人の育ちあいを志向しているかで評価されるということになる。そこでは、実際のコミュニケーションが生き生きとした光のやり取りのような「運動（動き）」になるように手間を惜しまないことが重要になってくる（というようなことに気づかせてくれる）。

イヴァン・フヴァチーク博士
（2011年2月，プラハのヤン・パトチカ・アーカイヴにて，編訳者撮影）

ところで、コメニウスの光のアナロジーでいえば、贈られてきた光を受けとめ、後生大事に抱えておくだけでは、それは「応用」のレベルに達しているとはいえない。パトチカのいう「開けた魂」であるなどといえないことはいうまでもない。応用や開放性は、伝達や再演という運動として現れ始める。そうしたことで、パトチカのコメニウス研究という薬は誇大に自己主張しないものの、その意義を他者に伝えるように促さないではおかないものであった。

とはいえ、チェコ語で書かれたパトチカの論文は私の手には余りあるものであった。また、パトチカがドイツ語で執筆した論文には、彼の現象学的・哲学的思考が反映しており、教育学の知識だけでは訳すのに限界があった。そこで、同僚でチェコ現代政治史を専攻する矢田部順二氏と現象学を専攻する宮坂和男氏に協力を依頼した（光を送った）ところ、学務等がきわめて多繁ななか、快く引き受けてくれた（反射してくれた）。期せずして、出身地や学歴や専攻分野も異なる三人が協働することになったが、ヨーロッパの多様な文化圏を往来し、関連する学問領域も多岐にわたるコメニウスやパトチカのような人物のテクストと向き合うのには有効なアプローチとなったのではないかと思われる。光のアナロジーでいえば、三者三様の異なった視点から光が当てられたことで、誤りも明らかになり、イメージの膨みを実感することが多々あった。ひとつことをなすのに、複数の眼に触れさせるということは、やはり重要である。とはいえ、思わぬ誤りが含まれているかもしれない。それらの責はすべて編訳者に帰せられる。

本書の出版が実現するまでには、多くの方々の真心の〈贈与〉があった。

ヤン・パトチカ・アーカイヴのフヴァチーク所長には、たびたび貴重な史料をお送りいただき、不躾な質問にも快く迅速に答えていただいたばかりか、翻訳権の取得でご高配をいただいた。チェコ共和国科学アカデミー哲学研究所でコメニウス研究をリードし、二〇年近くお世話になっているヴラディミール・ウルバーネク氏からも多くの助力を得た。カバー表1の写真は、フヴァチーク氏の仲介でインドジフ・プシビーク氏から厚意を得た。本書のカバーにふさわしい写真を探していたが、パトチカが子どもと写っているこの写真をインターネットで見た瞬間、「これしかない」と即決した。カバー表4の写真は、コメニウスがラテン語を学び、のちにはラテン語教師として教壇に立ったプシェロフの街に立つコメニウス像で、私が撮ったものである。チェコには多くのコメニウス像があるが、子どもと一緒になっているのはプシェロフの像である。なお、パトチカの写真は、プシビーク氏の許可を得て、画像処理によって白黒写真のカラー化を試みたものである（やり過ぎか）。

ところで、出版の引き受け先が決まるまでには紆余曲折があった。近年の学術専門書の売れ行き不振を考えればやむをえないことだが、いくつもの出版社に企画を提案しては断られた（光は届かなかった）。なかばあきらめかけていた折り、九州大学出版会の古澤言太氏から科学研究費助成事業への申請をお勧めいただいた。翻訳出版の採択は難しいと思っていたが、このたび、日本学術振興会より平成二六年度科学研究費助成事業（科学研究費補助金）（研究成果公開促進費）の交付決定により（課題番号二六五一九九）、半世紀ぶりに海外のコメニウス研究を書物として送り出すことができるようになった。編集にあたっては同出版会の奥野有希氏にご尽力いただいた。私はよく仕事が速くて葬式の段取りも済んでいるのではないかなどといわれているが、私の半歩先をいく奥野氏の迅速で的確な仕事ぶりは驚異的であった。自分より優れた存在は正直少し妬ましい。しかし、素直に降伏し、奥野氏をマラソンのペースメーカーに見たてて走ることにした。そうしてとりくんだ仕事には終始心地よい緊張感があった。感謝は尽きない。また、勤務先では、担当部局の種田朗氏、平岡健氏、有田真理子氏、井上寛昭氏が温かく心遣いをして下さった。謝意を表したい。

こうして、互氏の「贈与」(放射)からはかなり時間がたってしまったが、今、ようやくひとつの返礼(反射)が果たせたと感じている。改めてお礼申し上げたい。気がつけば、本書は、東欧革命、ビロード革命からちょうど四半世紀を経て、ポスト冷戦の世界像の模索が続くなか、世界でも地域でもそこここに生じている軋みが胸に痛い二〇一四年に世に出ることになった。感慨深い。

本書の企画をコメニウスとパトチカへの過剰な思い入れと受けとる読者もおられるかもしれない。コメニウスの『大教授学』を訳出した鈴木秀勇氏は、コメニウスの文献がほとんど手にできなかった時代に英訳の『大教授学』を借り受け、「素晴らしい、素晴らしい、と感激しながら、これを筆写した」という回想を綴っている(『コメニュウス「大教授学」入門』下、一九八二年、明治図書出版、一四九〜一五〇頁)。教育機会の均等が重要な社会的アジェンダであった時代、あらゆる者への教育の実現を説く『大教授学』はたしかに魅力あるテクストであったに違いない。その後、社会の学校化がもたらした弊害が深刻化するなかで、『大教授学』は教師中心の教え込みの教授学としてしばしば批判される。しかし、こうした批判もテクストがそこにあるからできることである。この意味で、思い入れに意味がないとはいえない。コメニウスにならっていえば、光は普遍的に贈られているが、それを感受する者もしない者もいる。また、あらゆることに反応できるわけでも、しなければならないわけでもないだろう。言えることは、感受した誰かの反応(反射)が表現となり、その表現がまた、それぞれの読者や時代において受容や批判の対象となっていくということだ。

パトチカのコメニウス研究は、長きにわたって注目されてこなかった。そこには、語られなかった歴史がある。この事態は、教育史、教育思想史がはらんできた方法論と無縁ではない。そうした問題は書かれる必要がある。また、コメニウスとパトチカのテクストをもとに、そこから何が論じられるかということも、コメニウスが重視した「応用」ということを見て見ぬふりをしないのであれば、やはり避けて通れない課題であろう。この点については、概括的な考察を『教育的思考のトレーニング』(東信堂、二〇〇八年)に示しておいたが、とりあえず教員養成に「応用」するという観点から構成したため、考察が不十分な点がある。これらの課題については、近いうちに稿を改めて一書としたい。

近年、「読み」をとおした表象の学習が軽視される傾向が強まっている。座学よりも経験ということであろう。哲学・思想・歴史等の人文学の意義(アクチュアリティー)が問われているのは、そうした流れと無縁ではない。これに対して、パトチカのコメニウス研究は、古典と向き合うことは、単なる過去への沈潜などでは決してなく、現実を理解しそれと切り結ぶことを考えることができるようになる一つの条件であることを示しているように思われてならない。

チェコの文人大統領ハヴェルが述べたように、言葉は、あるときは暴力に、あるときには生の拠り所ともなる。この頼りなく見える言葉のうちにそれでも潜んでいる力を信じ、それを甦らせようとする営みが、チェコの思想史に独特の陰影を与えているのであろう。コメニウス、教育哲学、教育思想史に関心を持つ方を越えて本書が少しでも手にとられるならば、訳者一同にとって大きな喜びである。

本書は広島修道大学に捧げられる。

二〇一四年七月三日

相馬伸一

事項索引

＊書名は除く

さ行

た行

な行

は行

ま行

や行

ら行

人名索引

＊想像上の人物，集団・団体を含む

さ行

た行

な行

は行

ま行

ヤン・パトチカ（Jan Patočka, 1907-1977）

チェコ20世紀の哲学者・現象学者・思想史家。プラハのカレル大学に学び，パリのソルボンヌ大学に留学。その後，ドイツ・フライブルクでフッサール，ハイデガーに学ぶ。ナチスのチェコ侵攻にともなってカレル大学の教職を離れ，第二次世界大戦後に復帰するも，社会主義政権の成立とともに再び大学を追われる。その後，科学アカデミーの研究所に勤務するかたわら，哲学，現象学を研究。コメニウス研究にも多くの業績を残す。1968年の「プラハの春」とともにカレル大学に復帰するが，その挫折後，再び教職を解かれる。1977年，ビロード革命後に大統領となるハヴェルらとともにチェコスロヴァキア政府に人権擁護を求める「憲章77」の代表的メンバーとして活動するが逮捕され，その取り調べ中に死去。主著に，『哲学的問題としての自然的世界』，『歴史哲学についての異端的論考』（石川達夫訳，みすず書房）等がある。チェコでは1996年から『ヤン・パトチカ選集』の刊行が進んでいる。

編訳者略歴

相馬伸一（そうま・しんいち）

1963年札幌生まれ。筑波大学大学院博士課程教育学研究科単位取得退学，博士（教育学）。現在，広島修道大学人文学部教授。専攻分野は教育思想史，教育哲学。主要業績，『教育思想とデカルト哲学――ハートリブ・サークル 知の連関――』（ミネルヴァ書房，2001），コメニウス『地上の迷宮と心の楽園』（監修）（東信堂，2006），『教育的思考のトレーニング』（東信堂，2008），「教育と歴史の哲学に向けて」（教育哲学会『教育哲学研究』第104号，2011）など。

共訳者略歴

宮坂和男（みやさか・かずお）

1962年長野県生まれ。東北大学大学院文学研究科哲学専攻博士後期課程修了，博士（文学）。現在，広島修道大学人間環境学部教授。専攻分野は哲学，倫理学。主要業績，『哲学と言語――フッサール現象学と現代の言語哲学――』（ナカニシヤ出版，2006），「解釈学としての現象学――ディルタイがフッサールに与えた影響――」（東北大学哲学研究会『思索』第45号，2012）など。

矢田部順二（やたべ・じゅんじ）

1961年東京都生まれ。学習院大学大学院政治学研究科博士後期課程単位取得，カレル大学哲学部政府給費奨学生。在チェコ日本大使館専門調査員，北海道大学スラブ研究センターCOE研究員を経て，現在，広島修道大学法学部教授。専攻分野は国際政治史，チェコスロヴァキア現代史。主要業績，『チェコとスロヴァキアを知るための56章』（第2版，明石書店，2009，共著），「リスボン条約とチェコ共和国――アイデンティティを問う契機としての歴史問題――」（広島修道大学『修道法学』第33巻第2号，2011）など。

ヤン・パトチカのコメニウス研究《けんきゅう》
——世界を教育の相のもとに——

2014年8月24日 初版発行

編訳者 相馬伸一

共訳者 宮坂和男
矢田部順二

発行者 五十川直行

発行所 一般財団法人 九州大学出版会
〒812-0053 福岡市東区箱崎7-1-146
九州大学構内
電話 092-641-0515(直通)
URL http://kup.or.jp/
印刷・製本／大同印刷㈱

ISBN978-4-7985-0136-9